Joachim Berga, Norbert Brumberger, Jakob Schöfberger

W0383621

Glaubens- und Lebensfragen

Ethik für die Altenpflegeausbildung

1. Auflage

Andreas Schwaiger

Bestellnummer 0503A

Bildungsverlag EINS

www.bildungsverlag1.de

Bildungsverlag EINS GmbH
Sieglarer Straße 2, 53842 Troisdorf

ISBN 978-3-8242-**0503**-5

© Copyright 2002: Bildungsverlag EINS GmbH, Troisdorf
Das Werk und seine Teile sind urheberrechtlich geschützt. Jede Nutzung in anderen als den gesetzlich zugelassenen Fällen bedarf der vorherigen schriftlichen Einwilligung des Verlages. Hinweis zu § 52a UrhG: Weder das Werk noch seine Teile dürfen ohne eine solche Einwilligung eingescannt und in ein Netzwerk eingestellt werden. Dies gilt auch für Intranets von Schulen und sonstigen Bildungseinrichtungen.

Vorwort

Fallbeispiel

Szenen aus dem Pflegealltag:

- Eine Altenpflegerin tritt in ein Bewohnerzimmer, ohne anzuklopfen...
- Eine alte Frau wird mit einer „Windel" versorgt, eine Unterhose wird ihr nicht angezogen, dazu fehlt die Zeit...
- Ein alter Mann wird angeschrieen: „Jetzt spielen Sie doch nicht so mit dem Essen 'rum!"...
- Die Zimmertür steht offen, eine Frau sitzt mit entblößtem Unterkörper auf einem Nachtstuhl, ungeniert gehen Besucher vorbei...
- Zwei Altenpflegerinnen unterhalten sich über ihre gestrigen Erlebnisse, während sie einen Bewohner versorgen. Der bekommt ja sowieso nichts mehr mit...
- Ein Sterbender stört im Zweibettzimmer. Auf Bitten der Angehörigen des Mitbewohners schiebt man ihn kurzerhand in den Abstellraum...

Szenen aus einer anderen Pflege-Welt? Nein, Szenen, wie sie sich täglich in bundesdeutschen Senioreneinrichtungen ereignen. „Übertrieben!" mag Ihre Reaktion jetzt klingen oder „Bei uns doch nicht!". Dennoch geschehen diese geschilderten Begebenheiten. Die Autoren dieses Buches konnten sie während ihrer Tätigkeit selbst erleben und beobachten.

Die Altenpflege erhebt oft den Anspruch auf teils christliche, teils soziale Berufselemente, gepaart mit dem nachdrücklichen Zusatz der Professionalität. Doch oft wird übersehen, dass zur professionellen Ausübung der Altenpflegeberufe ein festes Fundament berufsethischer Anschauung vonnöten ist, zumal es bei dieser anspruchsvollen Tätigkeit um existenzielle menschliche Bedürfnisse geht.

Das vorliegende Buch möchte seinen Beitrag zur Entwicklung dieses berufsethischen Fundaments leisten und Altenpflegeschüler/innen ermutigen, sich konstruktiv mit den täglich wiederkehrenden Problemen in den teils krisenhaften Lebenslagen der ihnen anvertrauten alten Menschen auseinander zu setzen. Dabei können sie sich in den verschiedenen Kapiteln selbst auf ihre Anschauungen, ihre persönlichen Normen und Werte überprüfen. Einstellungen und Ansichten können somit neu entwickelt werden und zur persönlichen und beruflichen Reifung beisteuern.

Wenn wir es schaffen, dass täglich nur ein Mensch mehr in seiner Würde respektiert wird, ein wenig Toleranz und Wertschätzung mehr praktiziert wird, dann ist das Ziel dieses Buches erreicht.

Die Autoren

1 Was ist Ethik?

Den lebensrettenden Weg finden

Zwischen der Insel Pellworm und Süderoog liegt ein 14 Kilometer langer Weg durchs Wattenmeer. Dreimal wöchentlich geht der Postbote fünf Stunden, um einem Pächterehepaar, den einzigen Bewohnern der kleinen Insel, die Post zu bringen. Für seinen Marsch durch das Watt braucht er vor allem einen Kompass, den Gezeitenkalender und den Wetterbericht, denn ein unerwarteter Sturm kann den Botengang lebensgefährlich werden lassen. Am bedrohlichsten aber ist aufkommender Nebel. Wenn die schwarzen Orientierungspfähle im dichten Nebel verschwinden, wenn die Angst hochkommt, dann kann nur noch der Kompass den richtigen Weg weisen. Bei Nebelgefahr, so erinnert sich der Postbote, nahm sein Großvater immer ein Nebelhorn mit, ein zweites besaß die Großmutter. Sie stand am Pellwormer Ufer und gab dann Signale, um ihn so auf den Heimweg sicher nach Hause zu lotsen.

(Hoffsümmer, W., Kurzgeschichten 4, Mainz 1991, S.48 ff.)

Aufgaben

1. Welche Funktion haben „Nebelhorn", „Kompass" und „Gezeitenkalender" in der Kurzgeschichte?
2. Welche „Orientierungspfähle" haben Sie in Problemsituationen Ihres Lebens?
3. Welche Menschen geben Ihnen bei wichtigen Entscheidungen in Ihrem Leben Orientierung?
4. Beschreiben Sie eine Situation in Beruf, Familie, Alltag o. Ä., in der Sie auf „Nebelhorn" und „Kompass" angewiesen waren!

Die in der Geschichte angesprochene Problematik ist – im übertragenen Sinne – jedem bekannt. Um im Alltag bestehen und handeln zu können, braucht man Orientierungen und Entscheidungshilfen, mit denen Probleme und Konflikte lösbar werden.

Caspar David Friedrich: Der Mönch am Meer

In der Geschichte entscheidet sich der Postbote für ganz bestimmte Hilfen, die ihn ans Ziel kommen lassen. Er wählt im Rahmen des Gegebenen also bewusst aus.

Im übertragenen Sinn bedeutet das: Jeder Mensch ist eingebunden in bestimmte gesellschaftliche, institutionelle und gesetzliche Vorgaben, innerhalb derer er in eingeschränktem Maße eine Auswahl treffen kann und muss.

Um als Einzelner überhaupt befähigt zu sein, einer der jeweiligen Problemsituationen gerecht zu werden, die richtige Auswahl aus dem „Angebot der Orientierungshilfen" treffen zu können, bedarf es einer Unterscheidungs- und Urteilsfähigkeit. Man muss entscheiden können, was gut oder schlecht, richtig oder falsch, sinnvoll oder weniger sinnvoll ist.

Dazu muss man natürlich auch Handlungsalternativen kennen.

Die Fähigkeit dazu erlangt man durch Sozialisation und Erziehung, die die Persönlichkeit des Menschen formen. Für ein letztendlich verantwortliches Handeln sind neben dem gesetzten Rahmen (Institution, Gesetze etc.) und der eigenen Persönlichkeit (Erziehung, Lebensgeschichte etc.) die Frage nach den Auswirkungen des eigenen Handelns in Bezug auf andere oder anderes und nach dem Ziel des Handelns von großer Bedeutung.

Die nachfolgende Grafik stellt die Bedingungen für verantwortliches Handeln schematisch dar:

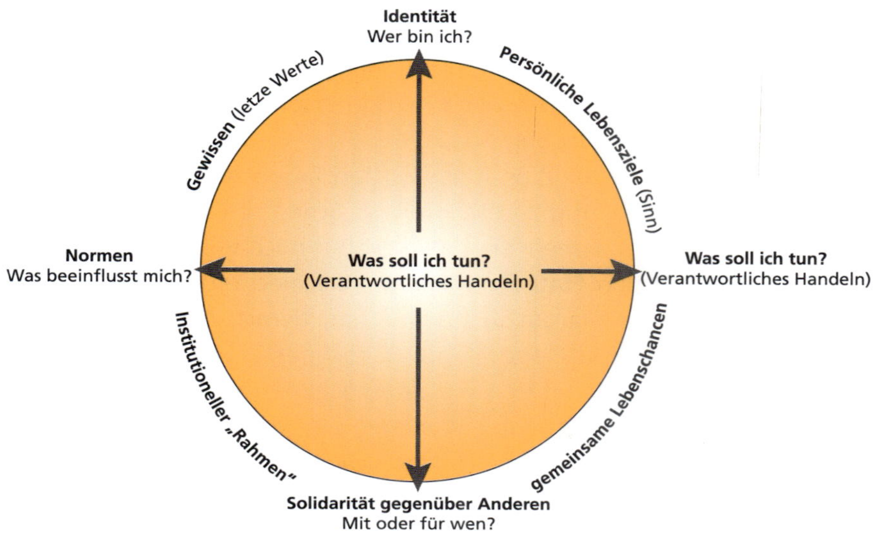

Fallbeispiel

Eine Mutter bemerkt nach dem täglichen Einkauf im Supermarkt, dass ihr Sohn unerlaubterweise ein Spielzeugauto mitgenommen hat. Auf die Frage, weshalb er das getan habe, antwortet das 3-jährige Kind: „Die Frau im Supermarkt hat ganz viele Autos, mit denen sie nicht spielt!"

Aufgabe

Versuchen Sie unter Berücksichtigung der Grafik in einem Dialog oder Rollenspiel dem Kind zu erklären, dass es unrecht gehandelt hat und das entwendete Spielzeugauto zurückbringen soll.

Definition

Ethik (griech.: Sittenlehre): Lehre von den Grundsätzen der Lebensführung, von der Wahl der Lebensziele und dem für die Menschen möglichen Verhalten. Damit der Mensch sich im Leben Ziele setzen kann, ist es nötig, dass er die Freiheit hat, sich zu entscheiden und zu wählen. Die Freiheit, etwas zu tun oder zu lassen, die Freiheit von Zwang und die Freiheit von etwas Beliebigem lassen den Menschen verantwortlich werden, für das, was er tut. Diese Verantwortung bringt ihn dazu, über die richtigen Wahlmöglichkeiten in einer Situation nachzudenken, das heißt der Mensch betreibt Ethik.

1.1 Begründbarkeit ethischen Handelns

Fallbeispiel

Die Altenpflegerin Margot hat sich in den letzten Jahren mit einer Bewohnerin, Frau Fleischmann, angefreundet. Auch Frau Fleischmann, die mittlerweile pflegebedürftig ist, findet „Schwester Margot" sehr nett; sie hat in der Altenpflegerin eine Bezugsperson gefunden, der sie sich öfter anvertraut. Beide mögen sich.

Frau Fleischmann geht es in den letzten Tagen gesundheitlich so schlecht, dass ihr baldiger Tod zu erwarten ist. Schon seit Tagen dämmert sie vor sich hin, isst kaum mehr und reagiert nur noch selten auf Ansprache.

Der Zustand von Frau Fleischmann verschlechtert sich an dem Tag, an dem Schwester Margot Spätdienst hat, derart, dass jederzeit mit dem Ableben von Frau Fleischmann zu rechnen ist. Eine halbe Stunde vor Dienstschluss verlangt sie nach „ihrer Schwester". Margot hat aber heute Hochzeitstag und ihrem Mann, der sich deswegen einen Tag Urlaub genommen hat, für sie kochen und sich mit ihr einen schönen Tag machen will (beide sehen sich wegen des Schichtdienstes selten), ist dieser Tag sehr wichtig.

Die Altenpflegerin ist hin- und hergerissen: Einerseits ist es ihr wichtig, in der Stunde des Todes bei Frau Fleischmann zu sein, um sie beim Sterben zu begleiten. Sie weiß, dass sie die einzige vertraute Person für die alte Dame ist.

Andererseits ist der Altenpflegerin bewusst, wie wichtig der Hochzeitstag für ihren Mann ist, besonders auch deswegen weil beide in den letzten Monaten kaum Zeit füreinander gefunden haben.

Aufgaben

1. Was soll Schwester Margot tun? Wie soll sie sich entscheiden?
2. Wie würden Sie sich in dieser Situation entscheiden? Begründen Sie Ihre Entscheidung ausführlich!
3. Von welchen (ethischen) Kriterien und Maßstäben lassen Sie sich bei der Entscheidung leiten?

Die Altenpflegerin ist in einer schier ausweglosen Entscheidungssituation, denn egal wie sie sich entscheidet, sie muss sich in jedem Falle gegen einen Menschen entscheiden.

Sie wird also versuchen, eine Entscheidung zu treffen, mit der sie vor sich selbst und anderen bestehen und die sie verantworten kann. Grundlage ihrer Entscheidung sind in erster Linie ihre eigenen Bedürfnisse (Dienstschluss, Feier des Hochzeitstages) und die Bedürfnisse der anderen (Frau Fleischmann braucht sie, ihr Mann will Zeit mit ihr verbringen, die Leitung des Altenheims erwartet ein pflegerisches Engagement, das über das übliche Maß hinausgeht). Außerdem will sie ihren eigenen ethischen und pflegerischen Ansprüchen („Der alte Mensch steht im Mittelpunkt meiner Arbeit!") gerecht werden. Hinzu kommen ihr lebensgeschichtlicher Hintergrund – ihr Vater ist alleine verstorben, was bei ihr Schuldgefühle ausgelöst hat – und die allgemeinen Wertvorstellungen.

Die Altenpflegerin versucht, indem sie alle Aspekte abwägt, eine Entscheidung zu finden, die sie vor sich und anderen begründen kann. Ausschlaggebend für die Entscheidung ist ihre Grundhaltung.

Sie könnte folgende Begründungen für ihr (ethisches) Handeln geben:
- Es ist gut, was mir nützt (utilitaristische Ethik)
- Es ist gut, was ich vor mir, den anderen und der Gesellschaft verantworten kann (Verantwortungsethik)
- Es ist gut, was in der Bilanz der Nächstenliebe entspricht (christliche Ethik)
- Es ist gut, was die Mehrheit meiner Kollegen/innen mir rät (faktische Ethik)

Utilitaristische Ethik

Sehr viele Menschen beurteilen die Handlungen nach ihrem Nutzen. Diesen Ansatz nennt man Nützlichkeitsethik oder utilitaristische Ethik. Gut ist dann etwas, wenn es mir oder meiner Gruppe nützt, ohne andere Interessen in meine Entscheidung miteinzubeziehen. Sätze wie „Was bringt mir das?" oder „Was habe ich schon davon?" kennzeichnen diese ethische Haltung. Letztendlich ist diese ethische Einstellung egoistisch motiviert.

Das Individuum entscheidet anhand seiner Vernunft und seiner persönlichen Werte, d. h., die ethische Entscheidung wird individualisiert. Begründet hat diese Position René Descartes (1596–1650), der den einzelnen Menschen in den Mittelpunkt des Denkens gestellt hat („Ich denke, also bin ich.").

Die Balance zwischen den Interessen und Bedürfnissen des Einzelnen und der Gemeinschaft droht dabei verloren zu gehen.

Eine weitere Ausprägung der utilitaristischen Ethik ist: „Indem ich das Wohl der anderen erstrebe, fördere ich zugleich das eigene." Das heißt: Ich fühle mich wohl und gut, wenn ich anderen helfen kann. Diese ethische Grundhaltung hat der Philosoph Platon (427–347) formuliert.

Verantwortungsethik

Die Verantwortungsethik, begründet von dem deutschen Soziologen Max Weber (1864–1920), verbindet zwei ganz unterschiedliche ethische Denkweisen miteinander: Die deontologische Pflichtenmoral und die teleologische Veranwortungsethik.

Die deontologische Pflichtenmoral besagt, dass es Handlungen gibt, die grundsätzlich gegen ewige Sittengesetze verstoßen (z. B. Tötung von unschuldigem Leben). Diese

Handlungen können auch durch einen noch so guten Zweck nicht moralisch gerechtfertigt werden.

Nach der teleologischen Verantwortungsethik ist eine Handlung gut, wenn ihre Folgen in der Bilanz gut sind und nur so erreicht werden können und letztlich hohe Wertziele wie z. B. Menschenwürde, Menschenrechte, Nächstenliebe angestrebt werden.

Max Weber fasst diese beiden unvereinbar scheinenden Ansätze zusammen, indem er sowohl die Folgen als auch die Handlung selbst betrachtet. Das stellt hohe Anforderungen an den Menschen, denn er muss in jeder Situation seine Handlungsmöglichkeiten und ihre Folgen mit Vernunft gegeneinander abwägen, um so diejenige Entscheidung treffen zu können, die seinen Wertvorstellungen und Idealen am ehesten entspricht.

Er muss sein Handeln ethisch begründen und verantworten (siehe Grafik S. 2) können:

- vor sich und seinem Gewissen,
- vor anderen Menschen, z. B. seinen Kollegen, Arbeitgebern, den Angehörigen,
- vor den staatlichen Gesetzen (Strafgesetzbuch, Grundgesetz) und den institutionellen Vorgaben.

Aufgaben

1. Diskutieren Sie in der Gruppe ein ethisches Problem (Aktive Sterbehilfe, Tötung von Embryonen, Krieg o. Ä.).
2. Konkretisieren Sie dieses anhand eines Beispiels.
3. Stellen Sie verschiedene Handlungsmöglichkeiten und deren ethische Begründungen dar.

Es ist deutlich geworden, dass in der Altenpflege die Ethik eine zentrale Rolle spielt, da man es mit abhängigen, hilfsbedürftigen und kranken Menschen zu tun hat. Von allen Mitarbeitern erfordert dies ein hohes Maß an Reflexions-, Urteils- und Entscheidungsvermögen. Außerdem ist es wichtig, die eigenen ethischen Positionen und Ideale gegebenenfalls zu überdenken.

1.2 Werte als Maßstäbe ethischen Handelns

Fallbeispiel

Auf der Pflegestation eines Altenheims besteht der Verdacht, dass ein Mann seine pflegebedürftige Frau, die er regelmäßig besucht, schlägt. Immer nach dem Besuch des ansonsten sehr freundlichen Mannes weist die Bewohnerin Blutergüsse auf. Die Frau selbst äußert sich dazu nicht.

Aufgaben

1. Erarbeiten Sie in der Gruppe eine mögliche Handlungsstrategie, mit der der alten Frau nach Ihrer Meinung am ehesten geholfen werden kann.
2. Beschreiben Sie kurz die ethische Grundlage bzw. die ethischen Maßstäbe Ihres Handelns.

Die Altenpflegerin hat mehrere Möglichkeiten darauf zu reagieren:

- Sie lässt es auf sich beruhen, denn sie hat sehr viel zu tun und kaum Zeit, sich um das Problem zu kümmern.
- Sie sammelt stichhaltige Beweise, um den Mann zu überführen und gegebenenfalls anzuzeigen.
- Sie hilft der Frau durch Zuwendung, Trostspenden und Gespräche, ihr Schicksal erträglicher zu machen.
- Sie alarmiert die Stations- und Heimleitung, holt sich also fremde Hilfe.

Jeder wird in einer solchen Situation das Richtige tun und die richtige Entscheidung treffen wollen, mit der er vor sich und anderen bestehen kann.

Grundlage einer solchen Entscheidung sind Maßstäbe (Werte), an denen man sich orientiert. Die folgende Grafik zeigt bezogen auf oben genanntes Fallbeispiel Orientierungen auf:

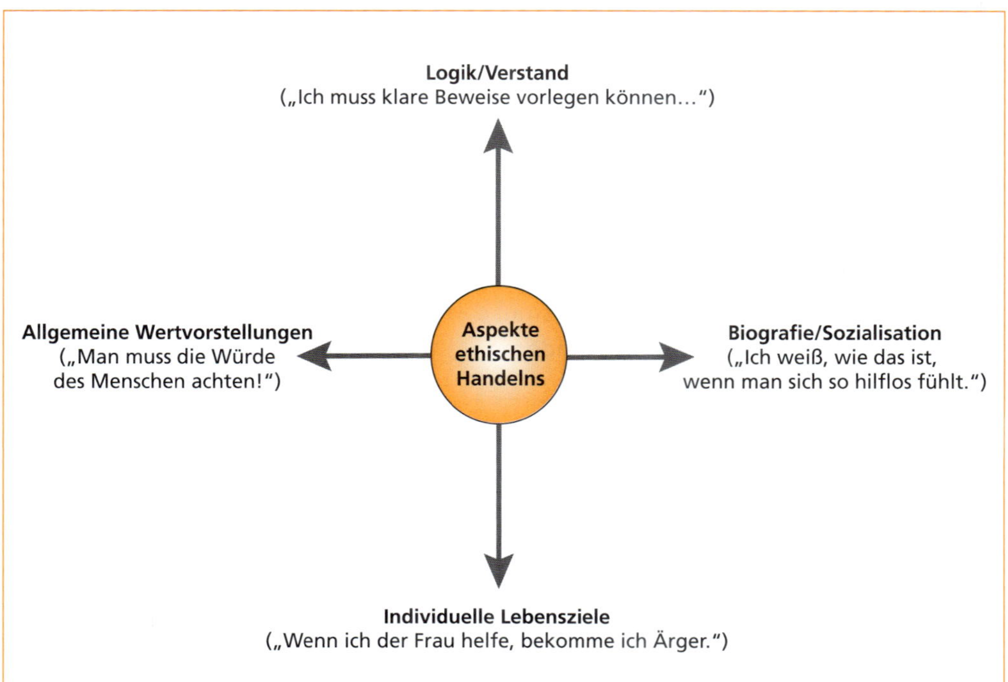

Man unterscheidet qualitativ zwei Arten von Werten:

Die Grundwerte (z. B. Recht auf Leben, Meinungs- und Religionsfreiheit, Gleichheit) sind von zentraler Bedeutung für das Zusammenleben und Funktionieren einer menschlichen Gesellschaft. Grundwerte sind abhängig von der Kultur und der Weltanschauung einer Gemeinschaft.

Die so genannten Sekundärtugenden (z. B. Fleiß, Gehorsam, Disziplin, Pünktlichkeit) sind im Prinzip anerzogene menschliche Eigenschaften. Die Sekundärtugenden und ihre gesellschaftliche Akzeptanz bzw. Wertigkeit ändern sich ständig. Gehorsam gegenüber Autoritäten (z. B. Lehrer, Priester) hat z. B. nach dem Zweiten Weltkrieg an Bedeutung verloren.

Definition

Werte sind die von einer Mehrheit von Menschen, die in einem Kulturkreis leben, anerkannten Maßstäbe, die das Handeln bestimmen und Entscheidungen ermöglichen.

Gibt es nun Werte, die allen Menschen am Wichtigsten sind, auf die sich alle einigen können?

Der deutsche Philosoph Immanuel Kant (1724–1804) behauptete, dass es eine „Hierarchie von Werten" gibt, d. h. es gibt Werte (z. B. Recht auf Unversehrtheit des Lebens), die wichtiger als andere (z. B. Gleichheit) sind.

Andere betonen dagegen die Relativität von Werten und Normen, z. B. mit der These, dass Massenmörder oder Triebtäter ihr Lebensrecht verwirkt hätten. Die Diskussion um eine allgemein verbindliche Wertehierarchie kann letztendlich nicht gelöst bzw. entschieden werden.

In Zusammenhang mit der Diskussion um eine Wertehierarchie spricht man heute von „Wertewandel" und „Werteverfall", womit die Vielfalt von Werten gemeint ist, die aber nicht mehr allgemein verbindlich sind, d. h., die für den einen nicht dieselbe bindende Wirkung haben wie für den anderen.

Der wissenschaftlich-technische Fortschritt bedingt außerdem, dass man von verschiedenen „Fachethiken" spricht, die den Menschen vor ganz neue ethisch-moralische Herausforderungen stellen. Gemeint sind hier vor allem die Medizinische Ethik, Bioethik, Umweltethik und die Wirtschaftsethik.

Diese „Aufspaltung" der Ethik in verschiedene Ethiken bedeutet zwar nicht, dass es keine allgemein gültigen Werte mehr gibt, doch es ist ein Hinweis darauf, dass das Leben und die Welt komplexer, vielfältiger und nicht zuletzt komplizierter geworden sind.

Workshop

- Erstellen Sie in der Gruppe zehn ethische Grundsätze und Verhaltensmaßregeln zum Schutze der Rechte und der Würde des alten Menschen in unserer Gesellschaft. Versuchen Sie diese Regeln in ansprechender Form zu präsentieren!
- Der NATO-Einsatz im Kosovo-Krieg wurde von allen beteiligten Ländern ethisch begründet und gerechtfertigt. Diese ethischen Begründungsstrategien fanden aber auch Kritiker. Stellen Sie beide Positionen und Begründungsstrategien dar, ordnen Sie diese ein und diskutieren Sie diese in der Gruppe.
- Um sich Wertehaltungen bewusst zu werden, muss man sich mit Werten auseinander setzen und sie reflektieren. Bearbeiten Sie den Fragebogen zunächst einzeln, dann in Vierergruppen. Suchen Sie eine interessante Form, um das Ergebnis zu präsentieren.

Wenn ich der mächtigste Mensch der Welt wäre, würde ich ...
damit beginnen, dass ...
akzeptieren, dass ...
respektieren, dass ...
aufgeben, dass ...
vieles ändern:
beibehalten, dass ...
vergessen, dass ...
folgendes ersetzen:
planen, dass ...
folgendes bekämpfen:
beenden:
ausschließen, dass ...
wertschätzen ...
verteidigen ...
mich erinnern, dass ....

- Erstellen Sie für sich eine Wertepyramide, die Sie kurz begründen.

Literaturhinweise:

Weischedel, W., Skeptische Ethik, Frankfurt a. Main, 1980.
Ricken, F., Allgemeine Ethik, Stuttgart 1983.

2 Menschenbilder – Grundlage pflegerischen Handelns

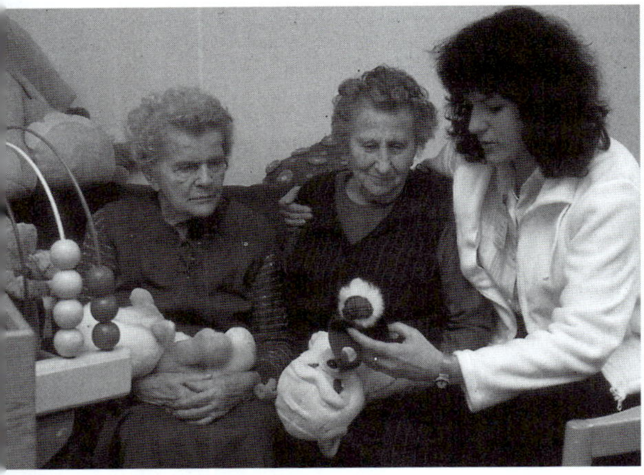

Aufgaben

1. Welcher der abgebildeten Menschen ist Ihnen auf Anhieb sympathisch, welcher überhaupt nicht? Begründen Sie Ihre Meinung.
2. Erstellen Sie zu den jeweiligen Bildern passende Lebensläufe und Biografien.
3. Die auf den Bildern abgebildeten Menschen sind Bewohner des Altenheims, in dem Sie arbeiten. Formulieren Sie zu jedem „Gesicht" ein Problem aus dem Pflegealltag, das Sie mit dem jeweiligen Menschen haben könnten.

Begegnungen mit Menschen gehören zum Alltag: in der Nachbarschaft, im Straßenverkehr, in den Medien, auf der Straße, beim Einkaufen, bei der Arbeit. Oft sind es nur flüchtige und zufällige Begegnungen, manchmal auch bewusste oder vereinbarte.

Wir begegnen Freunden, Bekannten, Kollegen, Vorgesetzten und Bewohnern. Es sind Menschen verschiedenen Alters, unterschiedlicher Herkunft, sympathisch, unsympathisch, freundlich, unfreundlich, Menschen, die uns beeindrucken, uns wichtig sind, die uns ein Stück auf unserem Lebensweg begleiten, aber auch Menschen, die uns gleichgültig sind.

Die Frage stellt sich: Wie gehe ich mit Menschen um? Und: Wie gehen die anderen mit mir um?

Das Gelingen oder Nichtgelingen von Begegnungen hängt immer von einer Vielzahl unterschiedlicher Faktoren ab: Ob ich mir Zeit nehme, ob ich im anderen einen Freund, Partner, Feind sehe, ob er jemand ist, der mir nützlich sein kann, ob er nur ein Objekt für mich ist als „Schlaganfall von Zimmer 23" oder Herr Meier, ob er Aufgabe für mich ist oder nur eine Last.

Unser Verhalten anderen Menschen gegenüber und unser zwischenmenschlicher Umgang miteinander ist also geprägt von bestimmten Mustern:

Die anderen haben ein bestimmtes Bild von mir – ein einseitiges, verzerrtes, oberflächliches Bild, vielleicht auch nur eine Projektion ihrer Wünsche, Hoffnungen und Erwartungen. Und ich habe auch Bilder in mir – von anderen.

Hinter all diesen konkreten Bildern von konkreten Menschen entdecken wir die Frage nach einem Grundbild von Menschen, nach einem Grundmuster des Menschseins, nach dem Bild vom Menschen an sich.

Besonders in beschaulichen, stillen Zeiten – im Urlaub vielleicht oder in der Auseinandersetzung mit einem schweren Schicksalsschlag oder im Bewusstwerden unserer eigenen Begrenztheit oder bei der Betrachtung der Sonnenfinsternis, beim Blick auf das weite Meer – steigen in uns Fragen wie diese auf: Was ist der Mensch? Wer bin ich? Was macht das Menschsein aus? Was ist der Sinn meines Lebens? Wozu das alles?

Es hängt von der Grundeinstellung, die jemand zum Leben, zur Welt, zu sich und anderen hat, ab, wie die Antworten auf solche Fragen ausfallen. Je nach seinem „Weltbild", je nach seinem „Menschenbild" werden die Antworten unterschiedlich sein: der Christ wird andere Antworten finden als der Marxist, der Theologe andere als der Naturwissenschaftler, der Hindu andere als der Buddhist.

Der wissenschaftlich-technische Fortschritt bedingt unter anderem auch Veränderungen des Menschenbildes, die sich ebenfalls auf das konkrete Handeln des Menschen auswirken. Einige Beispiele, an denen sich das erkennen lässt:

- In vor- und frühgeschichtlicher Zeit passte sich der Mensch an die Welt an und sicherte sich so sein Leben ähnlich den Tieren, nur mit anderen Mitteln (mit einfachen Werkzeugen). Seit etwa 10 000 Jahren geht der Mensch dazu über sich die Welt anzupassen, d. h., er produziert etwas, er verändert die materielle Welt, um sie sich nutzbar zu machen. Durch die neuzeitlichen Wissenschaften wird der Mensch zum Schöpfer und Gestalter der Welt, er steuert, gestaltet und verändert das Leben und die Welt. Dieser „Schöpfer"-Mensch fühlt sich nicht mehr nur der Ethik der alten vorgegebenen Ordnungen verpflichtet, sondern er muss zu einer Ethik aus der Verantwortung für das eigene und fremde Leben kommen.
- Falls das Klonen des Menschen (= Anfertigung einer genetisch identischen Kopie eines Menschen in beliebiger Anzahl) eines Tages möglich wäre, würde sich das Menschenbild radikal verändern, denn der Mensch wäre kein einzigartiges und unverwechselbares Individuum mehr, sondern (zumindest theoretisch) beliebig oft kopierbar: Der Wert und die Würde des Menschen würden dadurch erheblich abgewertet werden.

„Wählen Sie, Sie haben alle die gleichen Eigenschaften, leicht zu handhaben, Abiturgarantie, Führungspersonen!"

Zusammenfassend lässt sich sagen, dass Menschenbilder geschichtlichen Prozessen unterworfen sind und sich somit verändern. Es muss aber Elemente im Menschenbild geben, die unverzichtbar, unaufgebbar und wesentlich sind, die das Menschsein garantieren und vor Verzerrungen schützen.

2.1 Darstellung verschiedener Menschenbilder

Das christliche Menschenbild

„Gott schuf also den Menschen als sein Abbild; als Abbild Gottes schuf er ihn. Als Mann und Frau schuf er sie." (Gen 1,27)

„Seht auf die Raben: Sie säen nicht und ernten nicht, sie haben keine Speicher und keine Scheune; denn Gott ernährt sie. Wie viel mehr seid ihr wert als die Vögel!" (Lk 12,24 ff.)

„Denn ich bin der Herr, dein Arzt." (Ex 15,26)

„Was ihr für einen meiner geringsten Brüder und Schwestern getan habt, das habt ihr mir getan." (Mt 25,40)

„Deinen Nächsten sollst du lieben wie dich selbst. (Lk 10,27)

„Was ist der Mensch, dass du an ihn denkst, des Menschen Kind, dass du dich seiner annimmst?" (Ps 8,5) *(zitiert: Die Bibel: (Einheitsübersetzung), Freiburg/Basel/Wien 1980.)*

Aufgaben

1. Versuchen Sie aus den Bibelzitaten das christliche Menschenbild zu skizzieren.
2. Welches dieser Zitate könnte für Ihre tägliche Arbeit ein „roter Faden" sein? Begründen Sie Ihre Wahl.

Will man das christliche Menschenbild beschreiben, so lässt sich das nur anhand des schriftlichen Zeugnisses bewerkstelligen, auf das die christliche Lehre gründet. Die Bibel entwirft keine Systematik des Menschen, sondern sie hat narrativen (erzählenden) Charakter.

Sie erzählt von den Erfahrungen des Menschen, seinem Glück, seinen Krisen, inneren Konflikten und von seinem Leiden. Diese Erfahrungen werden immer in Zusammenhang mit Gott gebracht, d. h., die Beziehungsfähigkeit des Menschen zu Gott ist vorausgesetzt.

Der Mensch, wie ihn der Schöpfungsbericht (Gen 1, 1–2 ,4 a) entwirft, wird in zweifacher Hinsicht charakterisiert:

Der Mensch ist Abbild Gottes,

d. h., Gott kann man zuallererst im Menschen begegnen und nicht (wie z. B. in altorientalischen Religionen) in Statuen, Bildern, Kulten, Tempeln, von denen man glaubte, dass von ihnen göttliche Kraft und Macht ausgeht, wenn man sie verehrt, anbetet, ihnen opfert und huldigt. Der biblische Glaube lehnt Götterbilder ab, er gibt jedem Menschen die Würde, Bild Gottes zu sein. Durch den Menschen will Gott in dieser Welt präsent bleiben. Dadurch dass Menschen sich von ihm ergreifen und verändern lassen, seine Wege gehen, werden sie zu „Bildern Gottes".

Wenn man im Menschen Gott begegnet, ist die Ebenbildlichkeit des Menschen mit Gott für den Pflegealltag von erheblicher Bedeutung, da dem Menschen ein sehr hoher und zentraler Wert und eine große Würde beigemessen wird.

Die Gottebenbildlichkeit des Menschen ist demnach tägliche Bewährungsprobe und Herausforderung für die praktische Pflege des alten Menschen.

Der Mensch wird erst durch andere Menschen zum Menschen.

Im Schöpfungsbericht (Gen 1–25), der nicht als geschichtlicher Tatsachenbericht, sondern als Mythos und Sage zu verstehen ist, findet sich eine seltsame Geschichte: Gott bläst Adam, dem aus der Erde entstandenen Wesen, seinen Odem ein und setzt ihn in ein für ihn bereitetes Paradies, das er pflegen, hüten und bebauen soll. Auch als Gott ihm Tiere zuführt, denen er Namen geben darf, bleibt er allein. Erst als aus seiner Rippe eine Frau geformt wird, erkennt er sie als gleichwertiges personales Gegenüber. Adam wird erst durch die Existenz von Eva zum Menschen. Nicht im Beherrschen und Unterwerfen der Umwelt, nicht durch das Paradies oder die Benennung von Tieren, sondern durch das personale Gegenüber, durch den anderen Menschen wird er Mensch.

Dahinter steckt eine Lebenserfahrung, die für die Pflege sehr wichtig ist: ein Mensch kann nicht leben, wenn er nicht bereit ist, den Mitmenschen als Hilfe zu seinem Leben anzunehmen. Ein Mensch, dessen Stolz es ist, Herrschaft auszuüben, „oben zu stehen“ und ungeteilte Verantwortung zu tragen, ist in seiner Menschlichkeit gefährdet. Der Schöpfungsbericht ist eine klare Absage an den autoritären Lebensstil, an die menschlichen Allmachtsfantasien. Adam wird klar gemacht, dass Überlegenheit und Dominanz ihm nicht helfen können. Hinter dem Benennen der Tiere steckt ja letztendlich eine herrscherliche Pose: Sieger gaben den Unterworfenen Namen, so wie Erfinder ihren neuen Produkten. Wer Namen gibt, klassifiziert, ordnet ein und unter.

Auch kranke oder alte Menschen werden oft nach dem befallenen Organ oder der Krankheit benannt („Die Inkontinente auf Zimmer 16.“) – Hilfe erfährt der Mensch dadurch nicht. Sie ist nur dort zu gewinnen, wo Menschen sich gegenseitig annehmen, wo sie partnerschaftlich miteinander umgehen.

Der Wert des Menschen gilt jenseits aller Leistung

Dieser Aspekt des christlichen Menschenbildes wird vor allem in den Gleichnissen des Neuen Testaments deutlich. Der Vater feiert für seinen zurückgekehrten Sohn sogar noch ein Fest, obwohl dieser Sohn sein gesamtes Geld durchgebracht, alles verschleudert und kaputt gemacht hat. Eigentlich hätte der Sohn das nicht verdient. Ebenso ist es im Gleichnis von den Arbeitern im Weinberg: alle erhalten für unterschiedliche Leistung den gleichen Lohn. Gleichnisse sind Erzählungen, die das Reich Gottes verdeutlichen sollen. Der Mensch ist an sich wertvoll, wichtig, einzigartig und liebenswert, gleichgültig, was er geleistet oder im Leben erreicht hat. Ob Penner oder Manager, Bettler oder Millionär, krebskrank oder leistungsstark, alt oder jung – vor Gott ist der Wert und die Würde des Menschen schon gegeben, d. h., sie müssen und können nicht erarbeitet werden.

Gott steht auf der Seite der Leidenden

In der so genannten Gerichtsrede identifiziert sich Jesus mit allen Elenden, Kranken, Notleidenden: „Was ihr für einen meiner geringsten Brüder und Schwestern getan habt, das habt ihr mir getan." (Mt 25,40). An anderer Stelle drückt er es noch deutlicher aus: „ Nicht die Gesunden brauchen den Arzt, sondern die Kranken. Darum lernt, was es heißt: Barmherzigkeit will ich, nicht Opfer. Denn ich bin gekommen, um die Sünder zu rufen, nicht die Gerechten." (Mt 9,12 ff.).

Vor allem in den sog. Wundergeschichten des Neuen Testaments (Jesus heilt Blinde, Besessene, Lahme, pflegt Umgang mit Prostituierten, Aussätzigen etc.) wird deutlich, dass Jesus nicht nur bloße Identifikationsfigur mit den Leidenden ist, sondern die personifizierte Solidarität, dass er einer ist, der mit und in den Menschen leidet.

Im Christentum sind die psychisch und physisch Leidenden die Privilegierten, für diejenigen Gott seinen Sohn geopfert hat. Die Relevanz dieses Aspekts des christlichen Menschenbildes für die Pflege versteht sich von selbst. Gerade die alten Menschen, oft abgeschoben, einsam, krank und hilfsbedürftig werden zum Subjekt im christlichen Menschenbild.

Zusammenfassend lässt sich sagen, dass der Mensch im Christentum im Zentrum steht: Er ist Abbild Gottes und in seinem Angewiesensein auf andere relativiert und partnerschaftlich orientiert. Er hat Wert und Würde an sich, d. h., er muss nicht erst etwas werden, um sein zu dürfen. Der leidende Mensch hat im christlichen Menschenbild einen ganz besonderen Stellenwert.

Fragen und Anregungen für die Pflegepraxis:

- Pflege ich alte Menschen, um mein Ideal von Nächstenliebe zu verwirklichen, obwohl ich eigentlich überfordert bin? Pflege ich bis zur Selbstaufgabe, nur damit ich dem christlichen Ideal Genüge leiste?
- Ist die Wertschätzung des Bewohners wirklich „echt" und authentisch?
- Ist das Helfen und die aufopferungsvolle Pflege nicht auch ein Mittel, um von meinen eigenen Problemen abzulenken?

Das naturwissenschaftlich-technische Menschenbild

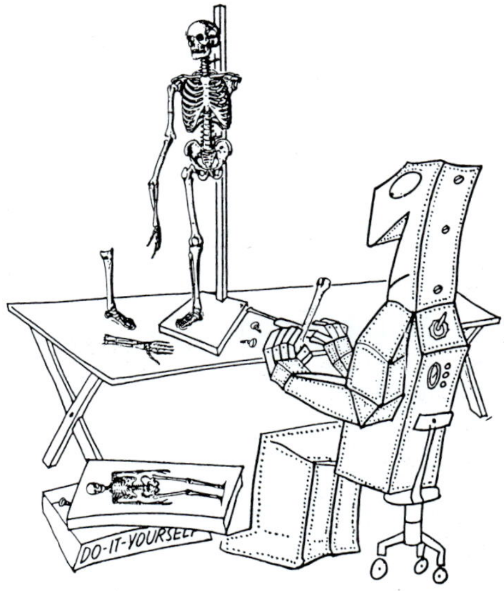

„Robotermensch"

Aufgaben

1. Geben Sie Ihre spontanen Eindrücke zu diesem Bild wieder.
2. Versuchen Sie in der Gruppe die Aussage dieser Karikatur auf die Pflege im Krankenhaus bzw. im Altenheim zu übertragen.
3. Diskutieren Sie ein gesellschaftliches Problem (z. B. „Jahr-2000-Problem", Apparatemedizin, Internet o. Ä.) und bewerten Sie dabei kritisch die Rolle der Technik.

Unser Leben ist entscheidend geprägt durch den rasanten technischen Fortschritt, der aus der fast explosionsartigen Zunahme naturwissenschaftlicher Forschungsergebnisse erwachsen ist.

Naturwissenschaft und Technik, die Anwendung der Naturwissenschaften, bestimmen nicht nur das äußere Erscheinungsbild des menschlichen Lebens, sondern auch das Denken und damit auch das Menschenbild und Menschenverständnis.

Der Mensch als rationales und vernunftbegabtes Wesen

Den Ausgangspunkt der Naturwissenschaft und Technik bildet der Verstand (lat.: ratio) , der sich sowohl in der Wissenschaft als auch in der Technik entfaltet.

Das Forschen und die Suche nach verstandesmäßiger Erkenntnis, die zum Ziel hat immer neue Erkenntnisse zu gewinnen und dadurch den technischen Fortschritt immer weiter trägt, wird zum Ideal.

Der Mensch will forschen und nach neuen Erkenntnissen suchen, will wissen, was „die Welt im Innersten zusammenhält" (Goethe, Faust I).

Durch die Betonung des Verstandes und des Erkenntnisstrebens grenzt sich das naturwissenschaftlich-technische Menschenbild wie folgt von den anderen ab:

Verstand, Logik,	Gefühl, Emotion
Streben nach neuen Erkenntnissen	Weitergeben überlieferter Traditionen
Nachprüfbare, beweisbare Tatsachen	Spekulationen, die jenseits der sinnlichen Erfahrungen liegen

Durch die Vorherrschaft der Naturwissenschaft und der Technik wird auch das **Wissen zu einem Ideal erhoben,** das fordert: Der Mensch muss möglichst viel Sachwissen („Wissen ist Macht!") sammeln.

Das spiegelt sich auch darin wieder, dass Wissenschaftler, Akademiker und Experten in unserer Gesellschaft hohes Ansehen und Sozialprestige genießen. Vor sachkundigen und wissenden Menschen hat man in der Regel Respekt.

Wenn die Naturwissenschaft, der Glaube an Fortschritt und Erkenntnis zum Ideal und zur Weltanschauung erhoben werden, entsteht der so genannte Positivismus. Er lässt nur das „Positivum", das Gegebene, mit Sinnen wahrnehmbare, die Tatsachen gelten. So gesehen hat für den Menschen nur das Bedeutung und ist nur das Wirklichkeit, was sinnlich wahrnehmbar, messbar, zählbar, nachprüfbar und wiederholbar ist.

Durch diese Sichtweise des Menschen und der Wirklichkeit werden ganz bestimmte Bereiche des Menschen ausgeschlossen: Das Irrationale und Nichtverstandesmäßige, wie z. B. Gefühle, Emotionen, Fantasie, aber auch das Religiöse, der Glaube, das Übersinnliche, gehört demnach in den Bereich der Spekulation.

Begründet wurde der Positivismus vom französischen Philosophen und Soziologen Auguste Comte (1798–1857). Nach ihm erfolgt der Fortschritt der Menschheit nach einem „Drei-Stadien-Gesetz". Es entwickelt sich von einem theologischen (der Mensch erklärt Naturerscheinungen wie Gewitter, Blitz und Donner durch das Wirken übernatürlicher Kräfte, die religiös verehrt werden) über ein metaphysisches Stadium (die Welt und der Mensch werden spekulativ erklärt), hin zu einem positiven Stadium (rational-wissenschaftliche Erforschung der Naturerscheinungen, z. B. durch Naturgesetze, Physik). Das positive Stadium überwindet das religiöse und metaphysische und der Mensch kommt so zu einer nüchtern – sachlichen Erkenntnis.

Der Mensch als naturbeherrschendes Wesen

Die Erkenntnisse der Naturwissenschaften finden Anwendung in der Technik, die es dem Menschen ermöglicht, die Natur zu beherrschen.

Durch die rasante Entwicklung der Technik prägt sie das Menschenbild unserer Zeit durch die **Ideale des Fortschritts und der Machbarkeit.**

Die stets neuen naturwissenschaftlichen Erkenntnisse üben eine ungeheuere Faszination aus und haben zu der Haltung geführt, dass die Technik und die Naturwissenschaft zu unbegrenzten Fortschritten fähig seien und die Probleme des Menschen Schritt für Schritt lösen können.

Dieses Fortschrittsideal steht in sehr enger Verbindung mit dem Glauben an die Machbarkeit, d. h., der Mensch kann mit technischen und naturwissenschaftlichen Mitteln alle Probleme bewältigen und lösen, die Natur völlig beherrschen und die Zukunft gestalten.

Die Ideale der Machbarkeit und des Fortschritts zeigen sich am deutlichsten im Technikerberuf. Er gestaltet die Welt und die Natur, entlastet den Menschen, steuert das Leben durch immer neue Erfindungen, Maschinen und Technologien.

Zugespitzt formuliert verfällt der Mensch in diesem technikzentrierten Menschenbild in Fortschrittsgläubigkeit und Machbarkeitsglauben; alles Heil sieht er in Technik und Wissenschaft, ohne dass ihm praktische und ethische Grenzen gesetzt werden.

Allein die menschliche Kraft kann die Erlösung von allen Übeln bringen. Als praktische Weltanschauung kann diese Haltung zu zwei verschiedenen Verwerfungen führen:

- Der Mensch wird Mittel zum Zweck, die Technik bzw. technische Verfahren bestimmen den Lebens- und Arbeitsrhythmus des Menschen „Fließbandarbeit", d. h., der Mensch muss sich der Technik unterwerfen.
- Die Herrschaft der Techniker und die Abhängigkeit von Technikern: Sie geht von der Reparatur und der Bedienung der eingesetzten technischen Geräte bis hin zu fragwürdigen Forschungen (Rüstungs-, Atom-, Gentechnik).

Der Mensch als Leistungswesen

In einem so gestalteten Menschenbild ist es nur folgerichtig, dass ausschließlich das zum Erfolg führt, was zweckmäßig bzw. „praktisch" ist. Der Wert einer Sache und des Menschen bemisst sich nach seiner Zweckmäßigkeit, seiner Tauglichkeit und seinem Nutzen für eine bestimmte Aufgabe. Vermeintlich unnütze Dinge wie z. B. Kunst, Literatur etc. geraten in einem solchen Menschen- und Weltbild an den Rand. Entscheidend ist das Handeln, das auf einen bestimmten Nutzen und Zweck ausgerichtet ist.

Es werden Menschen geschätzt, die ohne psychische Probleme „funktionieren", ihre Aufgabe erfüllen wie z. B. ein kühler Rechner, ein kaltblütiger Manager oder der nur an der Sache interessierte Funktionär.

Zweckmäßigkeit zielt aber immer auch auf ein wirtschaftlich nutzbares Ergebnis ab. Die Technik will einen optimalen Effekt und eine größtmögliche Wirkung erzielen. D. h., im menschlichen Leben sind sichtbare Leistungen und materielle Erzeugnisse wichtig. Gefragt sind z. B. immer häufiger junge, dynamische und leistungsfähige Menschen. „Welche Leistung bringt er?", „Nach Leistung wird bezahlt.", „Leistung muss sich wieder lohnen." sind Sätze, die dieses Leistungsideal verdeutlichen und betonen.

Die praktische Weltanschauung dieses Menschenbilds ist der Utilitarismus (siehe Kapitel I). Man orientiert sich nur noch am nutzbringenden und zweckmäßigen Handeln „Was nützt es mir?", „Was bringt´s mir?". Das, was dieses am Nutzen orientierte Handeln stört, wie z. B. Gefühle, psychische Probleme, aber auch zweckfreies Tun wie Genießen, Musikhören, Spielen etc., ist einem Zweck unterworfen oder wird z. B. als Faulheit diskreditiert und diffamiert.

Andere Utilitaristen orientieren sich am Wirtschaftlichkeitsideal. Der Lebenssinn ist sehr stark geprägt von Geld und Wohlstand, von wirtschaftlichen Erfolgen und Leistungen. Was keinen wirtschaftlichen Nutzen bringt, wenn ein Mensch nichts leistet, wie z. B. alte, kranke, behinderte Menschen, ist verpönt.

Auch Glaube, Ethik und Religion werden oft als unnützer „Luxus" und „sentimentale Gefühlsduselei" abgetan.

Fragen und Anregungen für die Pflegepraxis:

- Bin ich in der Gefahr vorwiegend nur mit dem Kopf und dem Verstand und ohne oder mit wenig Herz zu pflegen?
- Sehe ich schwerkranke Menschen manchmal als unnütz an, da es sowieso nichts mehr bringt, sie weiter am Leben zu erhalten? Denke ich deswegen oft an Aktive Sterbehilfe?
- Bin ich immer weniger für die Arbeit motiviert, weil ich glaube, dass meine Arbeitsleistung nicht genügend entlohnt wird?
- Bewerte ich die alten Menschen nach der Leistung oder nach dem materiellen Reichtum, den sie haben, und beeinflusst dies den Umgang mit ihnen?

Das psychoanalytische Menschenbild

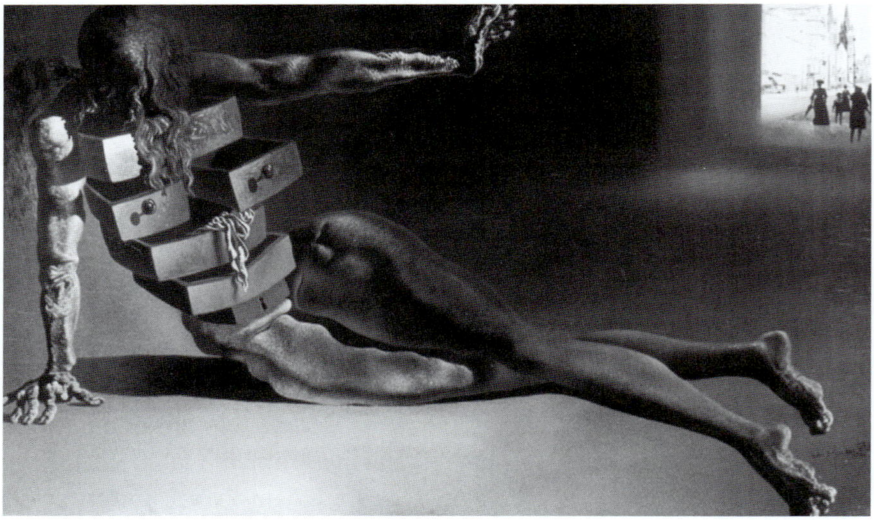

Aufgaben

1. Versuchen Sie das Bild Dalis, das einen Traum darstellt, zunächst zu beschreiben und zu deuten.
2. Versuchen Sie innerhalb einer Meditation Ihre Ängste zu malen.
3. Wie sehen Ihre Ängste auf dem jeweiligen Bild aus? Sprechen Sie in der Klasse darüber und stellen Sie Ihr Bild den Klassenkameraden/innen vor.
4. Weshalb ist es für uns so schwer, Gefühle bildlich darzustellen?

Definition

Die Psychoanalyse ist eine von Sigmund Freud (1873–1939) begründete Richtung der Psychologie. Aus dieser Richtung haben sich mehrere Schulen herausgebildet, die Freuds Theorie weiterentwickelt, verändert und der Zeit angepasst haben.

Die Psychoanalyse befasst sich als Psychologie, d. h. als Wissenschaft vom Seelenleben, mit den Formen und Gesetzmäßigkeiten seelischen Erlebens und Verhaltens. Sie beschäftigt sich mit einem besonderen Bereich des Seelischen: dem Unbewussten. Sie wird deshalb auch Tiefenpsychologie genannt, und ist – kurz gesagt – eine Analyse des Unbewussten.

Damit Freuds Menschenbild verständlich wird, ist es notwendig die Grundzüge der psychoanalytischen Theorie aufzuzeigen. Freud wollte mit der Psychoanalyse nicht nur eine wissenschaftliche Theorie und eine Heilmethode schaffen, sondern auch eine Gesamttheorie des Menschen, die fundamentale Aspekte der menschlichen Natur und des menschlichen Verhaltens erklärt.

Freud geht zunächst von der Vorstellung aus, dass die Seele des Menschen ein „mehrschichtiger Apparat" ist, der in drei Bereiche bzw. Instanzen aufgeteilt ist: Das Es, das Ich und das Über-Ich.

Das Es

Das Es besteht aus den angeborenen Trieben, die konstitutionell festgelegt sind. Das sind Wünsche, die nach Befriedigung drängen und die eigentliche Lebensabsicht des Menschen darstellen. So sind z. B. die angeborenen Bedürfnisse eines Neugeborenen Sättigung und vor allem Zuneigung und Geborgenheit. Diese Bedürfnisse eines Babys müssen gestillt werden, ansonsten schreit es, verlangt also nach Bedürfnisbefriedigung.

Das Es drückt demzufolge die eigentliche Lebensabsicht des Menschen aus, nämlich die Befriedigung von angeborenen Bedürfnissen. Wenn die Wunschregungen der Triebe im Laufe der Entwicklung des Menschen zurückgedrängt werden, d. h., das Es nicht mehr ausreichend „genährt" wird, wird es zum Speicher von Verdrängungen.

Das Ich

Das Ich hat im Seelenleben des Menschen vermittelnde Funktion. Es muss zwischen den Triebansprüchen des Es, der realen Außenwelt und den Anforderungen der Moral, der Sittlichkeit etc. vermitteln. Das gelingt dem Ich nur dann, wenn es Herrschaft über die Triebansprüche des Es gewinnt, indem es entscheidet, ob sie zur Befriedigung zugelassen werden sollen, die Triebansprüche auf eine andere Zeit und andere Umstände verschoben oder ob sie generell unterdrückt werden. Das Ich hat demnach die Aufgabe der Selbstbehauptung gegen das Es und das Über-Ich. Außerdem muss das Ich die Realität und die Anforderungen des normalen Alltagslebens mit berücksichtigen.

Wenn ein kleines Kind Hunger hat, will es dieses Bedürfnis sofort befriedigen. Es schreit bis das Nahrungsbedürfnis von der Mutter befriedigt wird. Die Mutter kann aber dem Kind jetzt nichts zu essen geben, da sie gerade kocht. Das bedeutet für das Kind, dass das Bedürfnis nach Essen aufgeschoben werden muss. Die Macht des Faktischen erfordert dies auch zwingend. Durch die Realität muss das Kind auf die Befriedigung des Bedürfnisses warten.

Das Über-Ich

Das Über-Ich ist die Instanz in der Seele des Menschen, die die Handlungen und Gedanken des Ich und des Es überwacht bzw. kontrolliert. Das Über-Ich entsteht während der Kindheit durch den elterlichen Einfluss im Rahmen der Erziehung. In die Erziehung fließen auch Familien-, Rassen-, Volks-, Kultur- und Religionstraditionen sowie die Konventionen und Anforderungen des jeweiligen sozialen Milieus ein. Das Kind verinnerlicht durch die elterliche Erziehung kulturelle und soziale Konventionen, lernt zu unterscheiden, was Gut und Böse ist, was man darf und was nicht, was sich gehört, wie man anständig ist usw. Das Über-Ich übt demnach die Funktion des Gewissens aus.

Die Qualitäten des psychischen Apparats

Freuds eigentliche wissenschaftliche Leistung ist, dass er herausgefunden hat, dass das Unbewusste das eigentlich Psychische ist. Diese Erkenntnis ist deshalb höchst bedeutungsvoll, da jeder psychische Akt als unbewusster beginnt und entweder so bleiben kann oder sich weiterentwickelt und zum Bewusstsein vorschreitet, je nachdem ob er auf Widerstand trifft oder nicht. Das Unbewusste sind also dauernd vorhandene, aber verborgen ablaufende Seelenvorgänge, die nur durch besondere Bemühungen wie z. B. eine Therapie bewusst gemacht werden können. Das Unbewusste ist demnach im Es abgespeichert.

Das Bewusste sind nach Freud alle offen ablaufenden Vorgänge im Seelenleben, die der Mensch untergliedert in Gefühle, Denkvorgänge und Willensakte. Das Bewusstsein ist einerseits an Wahrnehmungen der Außen- und Innenwelt geknüpft, die individuell verschieden sind, und andererseits an die Sprache. Ein Gegenstand wird erst dann bewusst, wenn sich die Sachvorstellung mit einer Wortvorstellung verbindet, d. h., durch die Wortvorstellung werden innere Denkvorgänge zu Wahrnehmungen gemacht.

Die Trieblehre

Die Triebe sind nach Freud die körperlichen Anforderungen an das Seelenleben und die Ursache jeder Aktivität. Es gibt zwar eine unbestimmte Anzahl von Trieben, die er aber auf zwei wesentliche Triebe zurückführt, die auch von zwei Grundprinzipien gesteuert sind:

Im Zentrum seiner Trieblehre steht der Sexualtrieb, verstanden als Ausdruck aller körperlichen-sinnlichen Bedürfnisse des Menschen. Dieser Trieb will befriedigt werden, zielt also auf Lustbefriedigung. Gesteuert wird er vom Lustprinzip, das nichts anderes wünschen kann als Lustgewinn und Ausweichen der Unlust. Das Lustprinzip herrscht uneingeschränkt im Es.

Der mit dem Sexualtrieb ständig im Widerstreit befindliche zweite Grundtrieb ist der Todestrieb, der Zusammenhänge auflösen, zerstören und töten will. Der Todestrieb kann unter anderem am besten mit Gefühlen wie Aggression, Wut und Zorn umschrieben werden.

Während im Es ständig neue Wünsche durch das Lustprinzip nach Befriedigung drängen, tritt dem Lustprinzip das Realitätsprinzip bremsend entgegen: Es schaltet das Denken ein, das an der Realität prüft, ob die Wunscherfüllung Nutzen oder Schaden bringt. Dieser Vorgang gestattet ein bedachtes und besonnenes Handeln.

Es wird deutlich, dass in der frühen Kindheit ausschließlich das Lustprinzip vorherrscht und das Realitätsprinzip im menschlichen Reifungsprozess immer mehr an Gewicht und Bedeutung in der Persönlichkeitsentwicklung des Menschen bekommt.

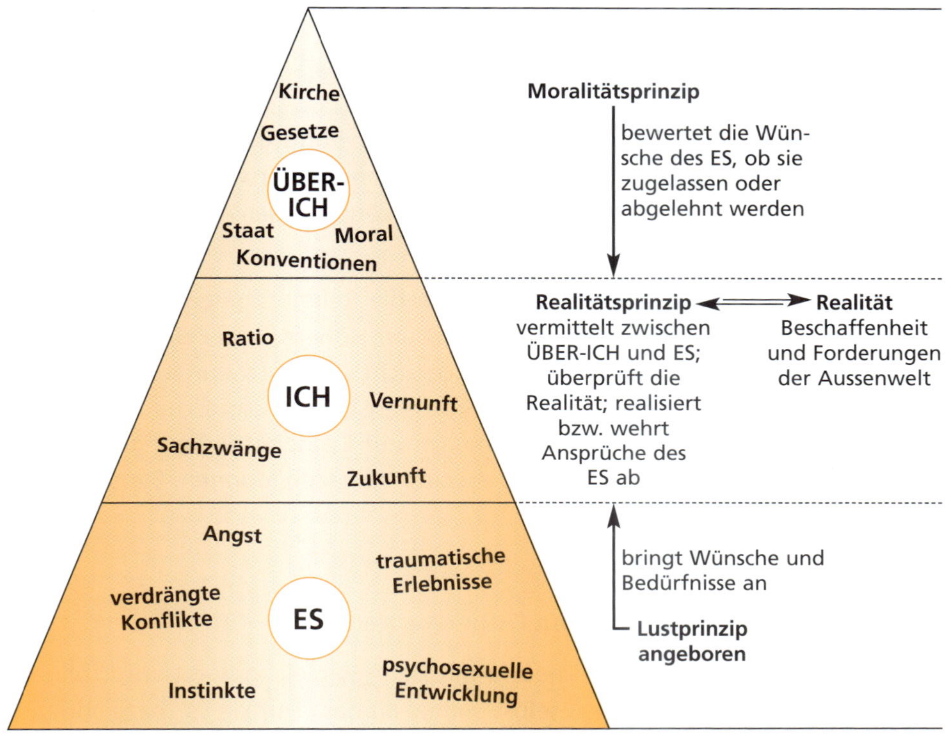

Der Mensch ist determiniert vom Trieb

Die Forschung Freuds zeigt sehr deutlich, dass der Mensch in seiner tiefsten Schicht aus Triebregungen besteht, die auf Befriedigung abzielen. Die Triebregungen sind weder gut noch böse, aber sie bestimmen und beherrschen den Menschen, d. h., der Mensch ist durch die Triebe determiniert (= in seiner Entscheidung begrenzt).

Am meisten wird der Mensch durch den Sexualtrieb geprägt. Das Streben nach Lustgewinn beherrscht das Leben des Menschen von Kindheit an. Die Verdrängung der sexuellen Triebregungen bildet nach Freud die Grundlage für Neurosen und psychische Erkrankungen. Symptome dieser Neurosen sind Ersatzbefriedigungen irgendeines sexuellen Strebens oder Maßnahmen zu ihrer Verhinderung.

Der Todestrieb wirkt in zwei Richtungen: Nach innen als angeborene Neigung zur Selbstzerstörung, die ihren extremsten Ausdruck in der Selbsttötung findet, nach außen als angeborene Neigung zur Aggression, die sich in Mord und Krieg am stärksten niederschlägt findet. Der Todestrieb muss gebändigt und gehemmt werden. Er muss in seiner gehemmten Form dem Menschen die Befriedigung seiner Lebensbedürfnisse gewährleisten und ihm Herrschaft über die Natur verschaffen. Gegenüber den Mitmenschen äußert sich der Todestrieb durch andauernde oder versteckte Aggression.

Durch den Triebverzicht und die konstruktive Umleitung der Triebenergie entsteht laut Freud Kultur. Sie entsteht dadurch, dass die angeborenen sexuellen und todessehnsüchtigen Triebe nicht befriedigt werden können, der Mensch dadurch aber Ersatz braucht.

Ein Stück dieser Triebverdrängung wird durch die Religion geleistet, da sie es dem Menschen ermöglicht, seine Triebe unbewusst auf Höheres und Feineres zu verschieben. Diese Triebverschiebung und der Triebverzicht sind auch durch andere kulturelle Leistungen möglich: wissenschaftliche, künstlerische, ideologische und psychische Tätigkeiten. Religion und Kunst sind demnach nur Ersatzbefriedigungen für Triebe, die man nicht ausleben kann oder darf. Es sind Wunschbildungen, Fantasiebefriedigungen oder Illusionen.

Der Mensch ist determiniert vom Unbewussten

Das Unbewusste, das in Freud's Theorie mit dem Es gleichgesetzt wird, bildet den Kern unseres Wesens. Freud hat es selbst einmal als das „Dunkle Es" bezeichnet. Es ist der Urgrund und die Quelle aller seelischen Vorgänge, der normalen und der krankhaften, und lässt sich durch das Ich letztlich nicht beherrschen. Sogar das Ich ist vom Es abgeleitet.

Da aber das Es angeboren ist, wirkt das Unbewusste determinierend und bestimmend bei allen seelischen Vorgängen mit. D. h., der Mensch ist dem Es insoweit unterworfen,als das Ich das Es nicht unter Kontrolle hat, es nicht „nähren" kann.

Ein wichtiger Aspekt in Freuds psychoanalytischem Menschenbild sind die Erlebnisse der frühen Kindheit, die das Unbewusste wesentlich prägen. Die frühen Kindheitserlebnisse, alle Wünsche, Triebregungen, Einstellungen und Reaktionsweisen sind unauslöschlich und besitzen Vorbildcharakter für das weitere Leben. Sie sind beim gereiften Menschen noch vorhanden und können unter bestimmten Umständen und Bedingungen zum Vorschein kommen. Da sie überlagert sind von anderen Erlebnissen, versucht die Psychoanalyse diese durch eine Therapie zu „heben". Besonders die sexuellen Verdrängungen der frühen Kindheit setzen sich im Unbewussten fest und üben eine zwingende bis neurotische Macht auf das seelische Geschehen des Menschen aus.

So gewinnt die persönliche Vergangenheit bei jedem Menschen eine Macht und Herrschaft über die seelischen Vorgänge der Gegenwart, der man nach Freud zeitlebens nicht entfliehen kann.

Es stellt sich in diesem Zusammenhang auch die Frage nach der Freiheit des Menschen. Laut Freud wird der Mensch sein Leben lang mit den Problemen und Defiziten, die er in den ersten Lebensjahren erfahren hat, zu „kämpfen" haben.

Ein Mensch z. B., der in frühester Kindheit zu wenig Liebe und Anerkennung bekommen hat, sucht sein ganzes Leben nach dieser Liebe und Anerkennung. Das kann sich in verschiedenster Weise zeigen: in übergroßem ehrenamtlichen Engagement, in häufig wechselnden Partnerschaften, in Freigiebigkeit, im „Nicht-nein-sagen-Können" etc.

Fragen und Anregungen für die Pflegepraxis

- Bin ich manchmal in der Versuchung, alles auf die Kindheit des alten und kranken Menschen zu schieben, quasi als Entschuldigung und Entlastung? Dies gilt besonders für verwirrte und desorientierte alte Menschen.
- Kann ich die neurotischen „Macken" der Bewohner im Altenheim akzeptieren und annehmen oder nerven sie mich und versuche ich sie ihnen abzuerziehen?
- Wie gehe ich mit den Neurosen oder Psychosen der Bewohner um, wenn sie in mir selbst komplementäre Ängste und Gefühle auslösen?

Übersicht über die Menschenbilder

	Das christlich-biblische Menschenbild	Das naturwissenschaftlich-technische Menschenbild	Das psychoanalytische Menschenbild
Hauptaussage Grundzüge	Mensch als Abbild Gottes	Mensch als nutzbringendes und leistungsstarkes Wesen	Mensch als seinen Trieben unterworfenes Wesen
Gefahren für die Pflegepraxis	„Helfersyndrom" sich selbst vergessen	Außerachtlassen der seelischen und religiösen Dimension des Menschen	Triebsteuerung des Menschen als Entschuldigung
Philosophische Grundlage und Hauptvertreter	Das Alte und das Neue Testament	Auguste Comte	Sigmund Freud

2.2 Konsequenzen aus den Menschenbildern für das pflegerische Handeln

Menschenbilder oder besser gesagt, das „Bild“ und die Einstellung, die wir gegenüber dem Menschen haben, hat besonderes Gewicht in der täglichen Pflegepraxis. Dies soll an einer Alltagssituation verdeutlicht werden:

Fallbeispiel

Der Frühdienst beginnt um 6:30 Uhr morgens. Die Pfleger gehen in die Zimmer der Bewohner/innen, um das Frühstück zu bringen und um sie zu waschen, Betten zu machen und Medikamente zu geben. Verschiedene Handlungsmöglichkeiten und Denkweisen der Pflegenden sind möglich:

- „Guten Morgen Frau Huber, sind wir schon ausgeschlafen und munter? Hier ist das, Frühstück das wir heute aber schön aufessen“
- Die Altenpflegerin klopft vorsichtig an die Tür und sieht nach, ob Frau Huber schon wach ist, wenn nicht, geht sie ins nächste Zimmer und lässt Frau Huber schlafen.
- „Guten Morgen Frau Huber, hier ist ihr Frühstück, – heute wird aber mal aufgegessen, das hat doch so keinen Sinn – wenn ich wieder komme, will ich aber nichts mehr auf dem Teller sehen.“
- Die Altenpflegerin bringt Frau Huber, die nur mehr schwer essen kann, einen Brei aus Jogurt, eingeweichten Brötchen, Milch und Honig. Alles ist zusammengerührt, die Bewohnerin hat nicht die Möglichkeit auszuwählen.
- Die Pflegerin klopft an die Tür, als sie von der Bewohnerin ein „Herein“ hört, tritt sie ein: „Wunderschönen guten Morgen Frau Huber, haben Sie schon ausgeschlafen oder soll ich später noch einmal kommen? Brauchen Sie noch ein bisschen Zeit, um wach zu werden? Darf ich Ihnen beim Frühstücken etwas Gesellschaft leisten? Heute ist ein wunderschöner sonniger Tag, darf ich die Vorhänge aufziehen?“
- Die Altenpflegerin drückt die Türklinke sofort nach dem Anklopfen herunter, so dass Frau Huber keine Zeit mehr hat zu reagieren. Sie stellt das Frühstück fast wortlos hin und macht ganz mechanisch alle anfallenden Arbeiten wie Vorhänge aufziehen, Kissen aufschütteln, das Bett hochstellen etc. Sie geht mit der Bemerkung: „Ich komme bald wieder und nehme das Tablett wieder mit! Guten Appetit!“ Nach einer halben Stunde kommt die Pflegerin zurück, nimmt das Tablett mit. Frau Huber hat kaum etwas gegessen.
- Die Altenpflegerin kommt zu Frau Huber ins Zimmer, nachdem sie von ihr hereingebeten worden ist. Frau Huber ist geistig verwirrt und scheint sich nur noch an ihre Vergangenheit zu erinnern. Außerdem verwechselt sie alle Menschen. Sie empfängt die Pflegerin mit den Worten: „Gut,

dass Sie endlich kommen, Herr Pfarrer, Sie sind ein guter Mensch. Meine Nachbarin will unser Haus anzünden. Ich habe Angst..." Die Altenpflegerin reagiert darauf: „Es ist schon schlimm mit Ihnen – Sie fantasieren schon wieder etwas zusammen. Niemand zündet Ihr Haus an. Sie haben doch gar keines."

Aufgaben

1. Versuchen Sie die Menschenbilder, die den jeweiligen Aussagen zugrunde liegen, zu umschreiben. Begründen Sie Ihre Auffassung.
2. Welche dieser Aussagen lassen eine gewisse Wertschätzung dem Menschen gegenüber erkennen, welche nicht? Geben Sie Noten von 1 bis 6. Begründen Sie Ihre Auffassung.

An diesen Beispielen aus dem Pflegealltag kann man erkennen, dass Menschenbilder nicht nur aus theoretisch-philosophischer Sicht interessant sind, sondern den Alltag prägen, mitbestimmen und wichtig in Bezug auf die berufliche Einstellung bzw. die Berufsethik sind. In ganz alltäglichen Situationen lassen sich Menschenbilder erkennen und erfahren.

Menschenbilder zeigen vor allem auch die Wertschätzung und die Bedeutung, die Menschen für den Pflegenden haben. Das ist besonders wichtig in pflegenden und helfenden Berufen, da man mit Menschen, die hilfsbedürftig sind, zu tun hat. Die Wertschätzung eines Menschen wird spürbar im Umgang miteinander und ist ganz besonders wichtig für das Gelingen von Kommunikation und Beziehung.

Deutlich wird aus den oben genannten Beispielen auch, dass die Menschenbilder oft stimmungs- und situationsabhängig sind.

Eine Altenpflegerin, deren familiäre Situation sehr belastend für sie ist, da sie sich andauernd mit ihrem Mann streitet, hat natürlicherweise eine andere Art der morgendlichen Begrüßung als eine, die sich verliebt hat. Menschenbilder, auch wenn sie sich verändern, bezeichnen nicht Stimmungen und Launen, sondern sind tiefergehende und im Innersten verwurzelte Grundeinstellungen zum Menschen. Professionelle Pflege und professionelles Helfen sollte also darauf ausgerichtet sein, sich die Menschenbilder bewusst zu machen, Einstellungen zu verändern und gegebenenfalls zu korrigieren. Dazu ist es unbedingt erforderlich, dass man sich selbst sehr gut kennt, um mögliche Projektionen vermeiden zu können. Konkret: Die Altenpflegerin, deren familiäre Situation belastend ist, sollte es vermeiden, diese Situation auf die alten Menschen oder die Arbeitskollegen zu übertragen und ihren Ärger an anderen auszulassen. Dazu ist es notwendig, dass Einstellungen, Defizite und Haltungen bewusst gemacht werden und ein Klima geschaffen wird, in dem man sich frei äußern kann. Leider werden grundlegende Einstellungen, die z. B. in den Menschenbildern zum Ausdruck kommen, in der Ausbildung und im Berufsalltag kaum thematisiert.

Workshop

Besprechen Sie in der Gruppe die „Fragen und Anregungen" zu den jeweiligen Menschenbildern und stellen Sie diese in überzeichneter Form anhand einer Alltagssituation im Altenheim in kurzen Szenen dar. Diskutieren Sie jede gespielte Szene im Plenum.

- Frau E. ist 87 Jahre alt und liegt nach einem Schlaganfall im Krankenhaus. Eine vollkommene Rehabilitation und Wiederherstellung ihrer Gesundheit ist sehr unwahrscheinlich: Frau E. kann sich nur schwer mit dem „Gehwagen" bewegen, sie ist inkontinent und muss dreimal in der Woche am Dialysegerät behandelt werden. Sprechen kann sie nur sehr unverständlich, deshalb schweigt sie die meiste Zeit.

- Frau E. ist niedergeschlagen, apathisch und depressiv. Meist starrt sie mit einem leeren Blick zum Fenster hinaus. Sie ist wegen ihrer Verwandten, die sich nicht um sie kümmern, sehr verbittert. Sie ist außerdem sehr misstrauisch gegen Ärzte und Pflegepersonal, die sie verdächtigt, sie zu bestehlen und umbringen zu wollen.
  1. Beschreiben Sie die mögliche Sichtweise dieses „Falls" aus der Perspektive
     a) des Verwaltungschefs des Krankenhauses,
     b) des behandelnden Arztes,
     c) der Krankenschwester und d) einer Tochter von Frau E.
  2. Wie könnten die Pflegenden Ihrer Meinung nach Frau E. beistehen?
  3. Welche persönlichen Schwierigkeiten müssen die Pflegenden überwinden, wenn sie Frau E. als Mensch gerecht werden wollen?

- Versuchen Sie (evtl. im Rahmen einer Meditation) Ihr eigenes Menschenbild am Umgang mit Menschen (z. B. Familie, Ehepartner, Freunde etc.) zu analysieren.

- Menschenbilder zeigen sich besonders deutlich in der Sprache. Schreiben Sie für Sie charakteristische Sätze und Redewendungen auf (z. B. „Das bringt doch nichts!" oder „Da muss man sich fügen.")

  Versuchen Sie sich zu vergegenwärtigen, in welchen Situationen genau Sie diese Sätze und Wendungen gebrauchen.

Literaturhinweise:

Kraus, G.: Blickpunkt Mensch, München 1983.

Garhammer, E. (Hrsg.) Menschenbilder. Impulse für helfende Berufe, Regensburg 1989.

3 Altern in Würde

Die Lebenszeit

Als Gott die Welt geschaffen hatte und allen Kreaturen die Lebenszeit bestimmen wollte, kam der Esel und fragte: „Herr, wie lange soll ich leben?" – „Dreißig Jahre", antwortete Gott, „ist dir das recht?" – „Ach Herr", erwiderte der Esel, „das ist eine lange Zeit. Bedenke mein mühseliges Dasein: vom Morgen bis in die Nacht schwere Lasten tragen, Kornsäcke in die Mühle schleppen, damit andere das Brot essen, mit nichts als mit Schlägen und Fußtritten ermuntert und aufgefrischt zu werden! Erlass mir einen Teil der langen Zeit!" Da erbarmte sich Gott und schenkte ihm achtzehn Jahre. Der Esel ging getröstet weg und der Hund erschien. „Wie lange willst du leben?", sprach Gott zu ihm. „Dem Esel sind dreißig Jahre zu viel, du aber wirst damit zufrieden sein." – „Herr", antwortete der Hund, „ist das dein Wille? Bedenke, was ich laufen muss, das halten meine Füße so lange nicht aus; und habe ich erst die Stimme zum Bellen verloren und die Zähne zum Beißen, was bleibt mir übrig, als aus einer Ecke in die andere zu laufen und zu knurren?" Gott sah, dass er Recht hatte und erließ ihm zwölf Jahre. Darauf kam der Affe. „Du willst wohl gerne dreißig Jahre leben?", sprach der Herr zu ihm. „Du brauchst nicht zu arbeiten wie der Esel und der Hund und bist immer guter Dinge." – „Ach Herr", antwortete er, „das sieht so aus, ist aber anders. Wenn`s Hirsebrei regnet , habe ich keinen Löffel. Ich soll immer lustige Streiche machen, Gesichter schneiden, damit die Leute lachen, und wenn sie mir einen Apfel reichen und ich beiße hinein, so ist er sauer. Wie oft steckt die Traurigkeit hinter dem Spaß! Dreißig Jahre halte ich das nicht aus." Gott war gnädig und schenkte ihm zehn Jahre. Endlich erschien der Mensch, war freudig, gesund und frisch und bat Gott, ihm seine Zeit zu bestimmen. „Dreißig Jahre sollst du leben", sprach der Herr, „ist dir das genug?" – „Welch eine kurze Zeit!", rief der Mensch. „Wenn ich mein Haus gebaut habe und das Feuer auf meinem eigenen Herde brennt, wenn ich Bäume gepflanzt habe, die blühen und Früchte tragen, und ich meines Lebens froh zu werden gedenke, so soll ich sterben! O Herr, verlängere meine Zeit!" – „Ich will dir die achtzehn Jahre des Esels zulegen", sagte Gott. „Das ist nicht genug", erwiderte der Mensch. – „Du sollst auch die zwölf Jahre des Hundes haben." – „Immer noch zu wenig." – „Wohlan", sagte Gott, „ich will dir noch die zehn Jahre des Affen geben, aber mehr erhältst du nicht." Der Mensch ging fort, war aber nicht zufrieden gestellt.

Also lebt der Mensch siebzig Jahr. Die ersten dreißig sind seine menschlichen Jahre, die gehen schnell dahin; da ist er gesund, heiter, arbeitet mit Lust und freut sich seines Daseins. Hierauf folgen die achtzehn Jahre des Esels, da wird ihm eine Last nach der anderen aufgelegt: Er muss das Korn tragen, das andere nährt, und Schläge und Tritte sind der Lohn seiner treuen Dienste. Dann kommen die zwölf Jahre des Hundes, da liegt er in den Ecken, knurrt und hat keine Zähne mehr zum Beißen. Und wenn diese Zeit vorüber ist, so machen die zehn Jahre des Affen den Beschluss. Da ist der Mensch schwachköpfig und närrisch, treibt alberne Dinge und wird ein Spott der Kinder.

(Kinder- und Hausmärchen/ gesammelt durch die Gebrüder Grimm. – Drei Bände. – Frankfurt a. Main: Insel Verlag, 1981. – Bd.3, S.147 ff.)

Aufgaben

1. Stimmen Sie mit der in diesem Märchen geäußerten Auffassung zu den Lebensabschnitten überein?
2. Wollen Sie selbst gerne alt werden? Diskutieren Sie in der Gruppe darüber und halten Sie die Ergebnisse fest.
3. Verfassen Sie in der Gruppe einen „Gegen-Text", in dem das Altern als Bereicherung bzw. als schöner Lebensabschnitt dargestellt wird.

Viele Menschen haben Angst vor dem Alter bzw. vor dem Altwerden. Der Abbau von physischen, psychischen und kognitiven Fähigkeiten, die Einsamkeit und das Ausgeliefertsein an Pflegekräfte wird sehr häufig von Menschen gleichgesetzt mit einem Verlust der Menschenwürde. Der Satz „Die Würde des Menschen ist unantastbar." (Art.1 Abs.1 Grundgesetz) scheint im Alter nicht mehr selbstverständlich zu sein.

Für Pflegende ist das Bewahren der Menschenwürde, die bewusste Ehrfurcht vor dem wie auch immer „schwierigen" oder „verunstalteten" Menschen eines der wichtigsten Prinzipien pflegerischen Handelns. Ob ein Pflegender die Würde des Bewohners achtet und respektiert, zeigt sich im alltäglichen Umgang und in den Pflegeverrichtungen, d. h., in der Art wie Pflegende mit dem Bewohner umgehen, wie sie mit ihm oder über ihn sprechen, wie sie auf ihn zugehen usw.

Befragt danach, was Menschenwürde besonders im Hinblick auf Menschen bedeutet, antworteten Altenpflegeschüler/-innen:

Aufgabe

Finden Sie zusätzliche Aspekte, die in diesem Schaubild nicht berücksichtigt sind und ergänzen sie diese.

3.1 Würde in zwischenmenschlichen Beziehungen

Eine wesentliche Dimension des Menschseins ist das Bezogensein des Menschen auf andere. Kein Mensch kann für sich alleine leben, er ist angelegt und angewiesen auf andere Menschen. Nur durch soziale Bindungen und Beziehungen erlebt der Mensch sein Leben als ein erfülltes und sinnvolles. Der Mensch baut Kontakte auf und kommuniziert mit Menschen. Aus dem Miteinander erwächst das Füreinander, denn Menschen leben nicht nur zusammen, sondern sind auch abhängig voneinander, sind aufeinander bezogen und ausgerichtet. So entsteht das, was man „Gesellschaft" nennt.

Wie aber können zwischenmenschliche Beziehungen im besonderen Bereich der Pflege so gestaltet werden, dass die Würde des Bewohners, der häufig auf den Pflegenden vollkommen angewiesen und ihm ausgeliefert ist, respektiert wird?

Fallbeispiele

Einige negative Beispiele aus dem Pflegealltag:

Die Altenpflegerin Regina übt den Beruf schon seit 20 Jahren aus. Sie kennt sich aus und hat schon alle Höhen und Tiefen dieses Berufs miterlebt und durchgemacht. Sie teilt wie gewohnt am Morgen das Frühstück und die Medikamente aus. Für Regina ist es wie jeden Morgen: Sie klopft an die Tür der Bewohnerin Frau Maier, ohne zu warten tritt sie ein, wünscht Frau Maier einen guten Morgen, zieht die Vorhänge auf und stellt das Tablett auf den Tisch. Der einzige Satz, den sie über die Lippen bringt, ist: „So Frau Maier, guten Appetit, heute essen Sie mal was. Ich komme in einer halben Stunde wieder vorbei und nehme das Tablett wieder mit." Regina merkt nicht, dass Frau Maier gerne ein Gespräch mit ihr anfangen möchte. Sie fühlt sich einsam und depressiv. Das Frühstücksgeschirr wird nach einer halben Stunde von Regina wieder abgeholt mit dem Hinweis, dass sie in einer Viertel Stunde wieder kommt, um sie auf die Toilette zu bringen.

Die 80 Jahre alte Frau Schiller hatte einen Schlaganfall. Deswegen geht das Essen bei ihr sehr langsam. Ihre motorischen Fähigkeiten wurden in der Reha-Klinik aber so gefördert, dass sie vollkommen selbstständig essen kann. Die Altenpflegerin Ruth weiß das zwar, füttert die Bewohnerin aber, weil sie ihr irgendwie leid tut und sie das langsame Essen nicht mit ansehen kann. Auch wenn Frau Schiller höflich darauf hinweist, dass sie selbst essen kann, wird sie weiter gefüttert mit dem Hinweis, dass dies doch einfacher für sie sei.

In einem Altenheim wird den Bewohnern zum Frühstück ein „Einheitsbrei" vorgesetzt, in dem Brot, Jogurt, Früchte und Brei miteinander „vermanscht" sind. Frau Bauer mag das aber nicht essen. Sie äußert einen Essenswunsch, dem aber nicht stattgegeben wird.

Der Altenpfleger Franz hat die Eigenart jeden Bewohner mit „Opa" oder „Oma" anzureden. Außerdem duzt er die Bewohner grundsätzlich: „Na Opa, warst du heute schon auf der Toilette?" Als ein Bewohner sich dagegen wehren will, tut Franz dies mit einer flapsigen Bemerkung ab.

Eine ältere, geistig rüstige Frau mit gelegentlichen Depressionen wird von ihren Verwandten wie ein unmündiges Kleinkind behandelt. Sie sprechen in der Kindersprache mit ihr. Über die bevorstehende Einweisung in ein Pflegeheim wird sie auch im Unklaren gelassen.

Frau Brunner ist aus der geriatrischen Rehabilitation, in der sie drei Monate lang wegen eines Schlaganfalls behandelt wurde, in ein Pflegeheim eingewiesen worden. Dort wird sie aber von den Pflegekräften aus Zeitmangel nicht hinreichend gefördert (Motorik, Sprache etc.).

Als der Sohn von Frau Wallner seine im Altenheim lebende Mutter besucht, sprechen Sohn und Pflegerin in deren Gegenwart über ihren gesundheitlichen Zustand und ihr weiteres Schicksal, ohne sie mit ins Gespräch einzubeziehen. Als die alte Dame versucht sich in die Unterhaltung einzumischen, wird sie mit floskelhaften Phrasen abgefertigt.

Aufgaben

1. Nennen Sie weitere Beispiele aus der Pflegepraxis, in denen die Würde des alten Menschen verletzt wird.
2. Versuchen Sie zu jedem Beispiel mit einem Begriff die Art und Weise der Verletzung der Würde zu beschreiben.
3. Suchen Sie sich zwei Beispiele aus und stellen Sie die Problematik im Rahmen eines Rollenspiels positiv dar.

Die Pflegekräfte müssen sich dessen bewusst werden, dass sich im Umgang mit pflegebedürftigen Menschen ihre eigene Beziehungsproblematik widerspiegelt. Häufig sind Beziehungsstörungen in einer allzu großen Distanz bzw. einer zu großen Nähe begründet. Beides, sowohl Beziehungslosigkeit als auch Beziehungsverhaftung, kann zu Störungen und Fehlverhalten, die in der Pflege fatale Auswirkungen haben können, führen.

Folgende Gründe für Störungen im zwischenmenschlichen Umgang kann es geben:

- **Routine** im Sinne eines seelenlosen, automatisierten Umgangs mit Menschen. Menschen sind nicht mehr Subjekte, sondern „Pflegegegenstand" bzw. Objekt.
- **Bemutterung, Bevormundung:** Ursache ist häufig ein unkontrolliertes „Helfersyndrom" oder Hilflosigkeit, die man durch unreflektierten „Pflegeaktionismus" überdeckt.
- **Machtausübung** kann sich in sehr subtilen Formen äußern (Manipulation, Desinformation, Vermitteln von Überlegenheit, abhängig halten etc.).
- **Missachtung der Würde des alten Menschen.** Der Wille des Menschen wird nicht beachtet (z. B. beim Essen) und respektiert.

3.2 Würde in politisch-gesellschaftlicher Hinsicht

Die Menschenwürde ist insbesondere auch durch die im Grundgesetz festgelegten bzw. genannten Grund- und Menschenrechte gewährleistet. Diese fundamentalen, unverzichtbaren Grundrechte sind in Gesetzesform „gegossene" ethische Prinzipien.

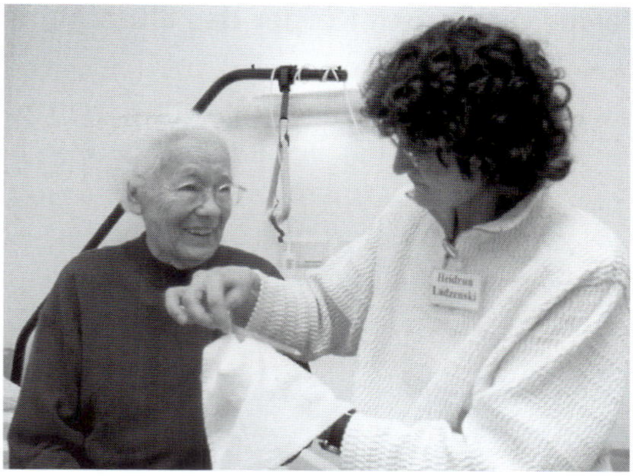

Definition

Grundrechte: fundamentale Rechte, die dem Einzelnen gegenüber dem Staat durch das Grundgesetz garantiert werden, z. B. Unverletzlichkeit der Wohnung.

Menschenrechte: Rechte jedes Menschen, die der Staat zu respektieren hat und die jedem gewährleistet werden müssen, z. B. das Recht der freien Meinungsäußerung.

Armut im Alter

Fallbeispiel

Die 80 Jahre alte allein lebende Rentnerin Ruth Ebner fristet ihr Leben mit einer sehr spärlichen Rente, die ihr kaum zum Leben reicht. Sie schämt sich zum Sozialamt zu gehen und Sozialhilfe zu beantragen. Sie hat immer von ihrer Hände Arbeit gelebt und noch nie staatliche Hilfeleistungen in Anspruch genommen. Sie versucht zu sparen, um über die Runden zu kommen.

Aufgaben

1. Was würden Sie tun, damit sich die finanzielle Situation dieser Frau verbessert und sie ihren Stolz nicht verliert ?
2. Versuchen Sie einen politischen Vorschlag zu machen, der diese sozialen Missstände abschafft.

Diese Art von Altersarmut ist weit verbreitet, wenn auch kaum sichtbar für die Gesellschaft. Besonders alte Menschen leben häufig an oder unter der Armutsgrenze, obwohl sie oft ihr Leben lang gearbeitet haben.

In Art. 1 des Grundgesetzes (GG) ist der Leitsatz der gesamten Verfassung verankert. Er gewährleistet die Würde des Menschen. Dieser Leitgedanke ist so zu verstehen, dass es das Ziel allen staatlichen Handelns sein muss, dem Menschen ein würdevolles Leben zu ermöglichen. Unter anderem lässt sich damit der Anspruch auf Sozialhilfe begründen und ableiten.

Respekt vor dem Körper des alten Menschen

Fallbeispiel

Der Altenheimbewohner Herrmann ist stolz darauf, dass er noch nie in ärztlicher Behandlung gewesen ist. Er war Landwirt, hat immer gesund gelebt und misstraut jedem Arzt. Er will sich auch jetzt seine Prostataerweiterung nicht, obwohl ihm alle dringend dazu raten, ärztlich behandeln lassen. Weder seine Kinder noch die Pflegekräfte im Altenheim können diese Starrköpfigkeit des Bewohners verstehen.

Aufgabe

Stellen Sie im Rahmen eines Rollenspiels ein Gespräch zwischen einem Arzt und dem Bewohner nach, in dem der Arzt versucht den Bewohner von der Notwendigkeit einer ärztlichen Behandlung zu überzeugen.

Art. 2 des Grundgesetzes garantiert die körperliche Unversehrtheit des Menschen. Will sich der Bewohner also nicht – gegen jede Vernunft – behandeln lassen, ist das in vollem Umfang zu respektieren. Er muss, falls er sich behandeln lässt, auch umfassend über die Risiken und die Behandlung informiert werden.

Versicherungsleistungen im Alter

Fallbeispiel

Die 75 Jahre alte Katharina B. hat aufgrund eines Schlaganfalls im motorischen und geistigen Bereich schwere Schädigungen. Als sie aus der Intensivstation entlassen werden soll, sagt man ihrem Sohn, dass es äußerst schwer sein werde für eine Frau in diesem Alter einen Rehabilitationsplatz zu finden. Als dieser endlich gefunden ist, erfahren die Angehörigen, dass ein „Reha–Zyklus" üblicherweise nur drei Wochen dauert. Die Ärzte müssen nach Ablauf der drei Wochen die Verlängerung der Reha-Maßnahme gegenüber der Krankenkasse begründen. Da die Krankenkasse aus finanziellen Gründen ein Interesse daran hat Katharina B. ins Pflegeheim oder in die häusliche Pflege zu übergeben, geraten die Angehörigen der Patientin unter Druck, denn sie wissen, dass medizinische Fortschritte noch innerhalb eines Jahres möglich sind. Es setzt ein „Kampf" zwischen Angehörigen, Pflege- und Krankenversicherung um weitere Verlängerungen der durchaus sinnvollen Rehabilitationsmaßnahme ein.

Aufgabe

Diskutieren Sie in der Gruppe dieses Fallbeispiel und versuchen Sie Lösungen für diese Problematik zu finden.

Zur Würde des alten Menschen gehört auch, dass er in vollem Umfang medizinisch betreut und behandelt wird. Die sinnvolle und angemessene Behandlung alter Menschen darf keinesfalls zwischen den „Mühlen" der verschiedenen Kostenträger „aufgerieben" werden. Auch wenn ca. 80% der gesamten Kosten des Gesundheitswesens bei Menschen über 65 Jahren anfallen, dürfen die notwendigen und aufwändigen medizinischen Maßnahmen nicht bei alten Menschen, die keine Lobby in unserer Gesellschaft haben, gekürzt werden.

In den Bereich der gesellschaftlich-politischen Dimension der Menschenwürde fallen auch die Garantie der Freiheit, der Schutz der Wohnung, die Meinungs- und Pressefreiheit sowie das Brief-, Post- und Fernmeldegeheimnis. Diese Grundrechte werden im Pflegealltag bewusst oder unbewusst unterlaufen oder nicht ganz so genau genommen. Auf diese ethisch-juristischen Problemfelder wird in Kapitel 8 noch näher eingegangen.

Religiosität im Alter

Eine Dimension des Lebens, insbesondere des alten Menschen, ist die Religiösität. Die existentiellen Fragen des Woher, Wozu und Wohin werden im letzten Lebensabschnitt sehr wichtig und stellen sich für viele Bewohner sehr eindringlich. In solchen Fragen liegt die Sehnsucht des Menschen „über sich hinaus zu wollen"; es ist die Sehnsucht, Vergänglichkeit, Beliebigkeit und Endlichkeit zu überschreiten bzw. zu transzendieren. Der Mensch will über das Irdische und Zeitliche hinausgehen. Auch wenn er nicht religiös ist, so machen sich viele Menschen am Ende ihres Lebens über diese Fragen Gedanken. So gesehen gehört die Spiritualität zu einem ganzheitlichen Verständnis von Pflege.

Die individuelle Suche, das Streben und die Fragen hängen von der Persönlichkeitsstruktur des Menschen ab und können sehr unterschiedliche Formen annehmen. Jeder Mensch hat seine eigene Art, seine eigenen geistigen Fähigkeiten zu erleben und zu leben und ihnen eine spirituelle Ausdrucksform zu geben oder nicht zu geben.

Es fällt häufig sehr schwer, diese Dimension des Menschseins gegenüber den Bewohnern offen anzusprechen und sie nach ihrer „weltanschaulichen Verankerung" zu fragen.

Anne Munley hat gemeinsam mit Patienten und Pflegenden vier Grundregeln erarbeitet, die für alle hilfreich sein können:

1. Die eigene religiöse Überzeugung wird weder Bewohnern noch deren Angehörigen aufgezwungen.
2. Wir versuchen, den Bewohner mit Verständnis für seinen eigenen religiösen Hintergrund zu begegnen.
3. Das Sterbebett ist kein geeigneter Ort, einen Menschen zu bekehren.
4. Wir versuchen, die Art des spirituellen Beistands anzubieten, um die der Bewohner bittet, oder suchen eine andere Person, die dies tun kann.

(Munley, A., The Hospice Alternative, New York 1983, S.234 (leicht abgeändert und frei übersetzt)

Allzu häufig trifft man bei Pflegenden aber auf Unverständnis, Hilflosigkeit und Unsicherheit bezüglich der religiösen Bedürfnisse von Bewohnern, was oft seelische Verletzungen und das Gefühl, nicht ernst genommen zu werden zur Folge hat.

Fallbeispiele

Der Altenpfleger Andreas wird von einer Bewohnerin gebeten bei ihr zu sein und mit ihr zu beten. Andreas ist ungläubig und hat selbst aufgrund einer bigotten katholischen Erziehung sehr negative religiöse Erfahrungen gemacht. Er verweigert der Bewohnerin das gemeinsame Gebet.

In einem Altenheim wird von Angehörigen die Bitte geäußert, für die Bewohner am Sonntag einen Gottesdienst bzw. eine Messe zu organisieren. Dieser Bitte wird nicht entsprochen mit der Begründung, dass dies das knappe Zeit- und Personalbudget sprengen würde,

Ein Altenpfleger kommentiert das spirituelle Bedürfnis der Bewohnerin des öfteren mit Spott und Ironie. Er nimmt sie nicht ernst und macht sich lustig über die Bedürfnisse der Bewohnerin.

Eine Altenpflegerin versucht einen alten Mann, von dem bekannt ist, dass er mit Religion, Kirche und Spiritualität nichts anfangen kann, mit sanftem (moralischen) Druck dazu zu drängen, sich zu Gott zu bekehren.

In einem Altenheim wird auf die religiös begründeten Speisevorschriften der Heimbewohner nicht geachtet.

Aufgaben

1. Finden Sie zusätzlich noch Beispiele für die Verletzung der „religiösen" Bedürfnisse der alten Menschen.
2. Formulieren Sie eine Problematik, die Sie mit dieser Thematik haben, und versuchen Sie diese im Rahmen eines Rollenspiels aufzuzeigen.

3.3 Hilfen für die religiöse und spirituelle Begleitung

Häufig scheitert die religiöse Begleitung von Bewohnern daran, dass Pflegekräfte nicht wissen, wie sie diese bewerkstelligen sollen. Grundsätzlich gibt es eine Vielzahl von Möglichkeiten Menschen religiös und spirituell zu begleiten:

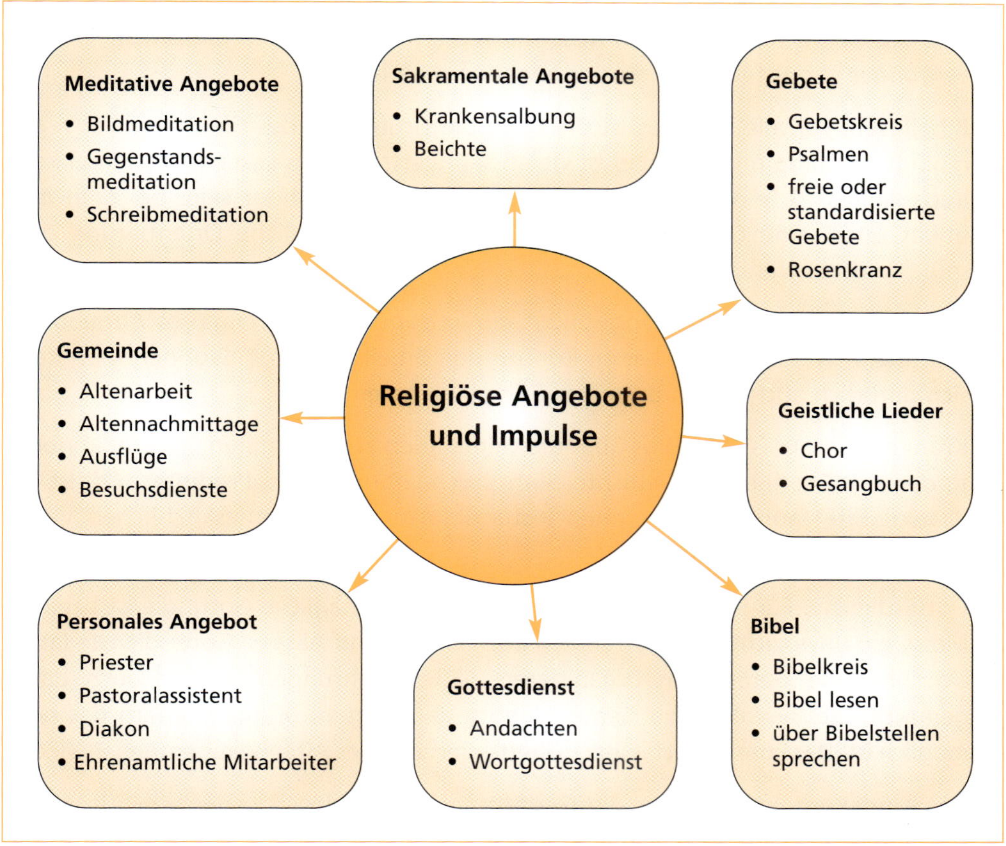

Anregungen und Hilfestellungen zur religiösen Begleitung:

- **Festgefügte, ritualisierte Gebete** haben den Vorteil, dass sie gerade älteren Menschen meistens bekannt und vertraut sind. Hilfreich wäre es auf jeder Station ein katholisches und evangelisches Gotteslob bzw. Kirchengesangbuch zur Hand zu haben. Ritualisierte Gebete sind z. B. Vaterunser, Magnifikat, Te Deum, Rosenkranzgebet.
- **Psalmen:** in den Psalmen wird eine lebendige Beziehung zu Gott zum Ausdruck gebracht. Außerdem spiegelt sich in den Psalmen die gesamte Bandbreite menschlicher Lebenssituationen wider (Klage, Trost, Jubel, Trauer, Lobpreis etc.) Ps 73, 23-26; Ps 130, 1-5; Ps 23, 1-6...

- **Feste Gebetszeiten:** Viele ältere Menschen sind es gewohnt, zu festen Zeiten zu beten (Morgengebet, Tischgebet). Diese Gewohnheit sollte man unbedingt unterstützen und beibehalten, denn sie vermittelt Vertrautheit und gibt dem Tagesablauf Struktur. Gebetshilfen findet man in den jeweiligen Gebetbüchern.
- **Religiösen Gesprächen** über existentielle Fragen und Ängste sollte man sich nicht verschließen. Oft genügen einfache Gesten und Worte, um den Menschen zu helfen. Das aktive Zuhören ist ein wesentlicher Bestandteil solcher Gespräche, da dem Bewohner vermittelt wird, dass er angenommen ist.
- **Bibellesen:** Für alle Christen ist die Bibel die Grundlage des Glaubens. Der regelmäßige Umgang mit der Bibel ist vielen sehr vertraut. Das Lesen in der Bibel kann auch Anlass für ein vertieftes Gespräch mit dem Bewohner sein, bei dem man etwas über seine Gemütsverfassung, seine weltanschauliche Orientierung oder seine Ängste erfährt.
- Ein **Bibelkreis** wäre eine Möglichkeit ein kontinuierliches religiöses Angebot im Altenheim zu etablieren. Leiten könnte den Bibelkreis ein Bewohner. Man kann sich natürlich auch Hilfen aus einer Gemeinde holen.
- **Krankenbrief:** Er ist meistens über die Gemeinden zu bekommen. Im Krankenbrief finden sich Geschichten, Gedichte, Sinnsprüche, Bibelstellen, Predigten. Oft ist der Krankenbrief auch in diözesanen Bistumsblättern oder landeskirchlichen Veröffentlichungen abgedruckt.
- **Gottesdienste:** Für viele ältere Menschen ist der sonntägliche Gottesdienst bzw. die Messe ein unverzichtbarer Bestandteil ihres Lebens und Alltags. Gottesdienste lassen sich über die Gemeinden organisieren. Gute Erfahrungen werden auch damit gemacht, die Bewohner zu Gemeindegottesdiensten zu bringen, sofern das noch möglich ist. Das könnte auch einer „Ghettoisierung" des Altenheims entgegenwirken.
- **Gemeindekontakte** sind für die Gestaltung des religiösen Lebens im Altenheim sehr hilfreich, denn viele Gemeinden haben eine sehr gut funktionierende Altenpastoral. Für Bewohner könnte das eine Möglichkeit sein, andere Menschen kennenzulernen und Kontakte außerhalb des Altenheims zu knüpfen.
- **Geistliche Musik** gehört häufig zu dem bekannten und „gespeicherten" Liedgut alter Menschen. Außerdem ist die Musik für viele ein Zugang zu religiösen Inhalten. Da alte Menschen gerne in Gemeinschaft singen, ist ein regelmässig stattfindender Singkreis ein sehr wichtiges religiöses Angebot. Singen entlastet die Seele und befreit von Sorgen.
- **Meditative Angebote** sind alten Menschen nicht sehr vertraut, doch sehr eingängig und einfach umzusetzen. Die Betrachtung z. B. eines Kreuzes oder eines anderen symbolhaften Gegenstandes ist, verbunden mit einfachen Sätzen, ein spirituelles Angebot, das sehr „tief" gehen kann. Hilfestellungen kann man sich über dir Gemeinden und die jeweiligen kirchlichen Filmbildstellen besorgen.

- **Priesterlicher Beistand:** Je nach Konfessions- oder Religionszugehörigkeit sollte man regelmässige und intensive Kontakte zu Priestern pflegen, die das Altenheim besuchen, Gespräche mit den Bewohnern führen, sakramentale Hilfen geben und Gottesdienste, Andachten, Gebetskreise und Meditationen halten. Ein guter und intensiver Kontakt zu einem Priester könnte die Pflegenden entlasten und ihnen Hilfestellung geben.
- **Sakramentale Hilfen:** Sakramente sind zugleich Angebot und Zusage Gottes, dass er den Menschen nicht alleine lässt. So gesehen sind Krankensalbung, Eucharistie und Buße Hilfen z. B. bei schwerer Krankheit. Sie können nicht nur dazu beitragen die jeweilige Lebenssituation zu bewältigen, Sakramente können auch zur Sinndeutung der schwierigen Situation beitragen. Das **Sakrament der Buße** kann den Menschen helfen sich selbst mit seiner konkreten Lebensgeschichte und Schuld anzunehmen, ihn zu entlasten, zu befreien und ihm so neue Möglichkeiten des Lebens für die Zukunft zu eröffnen. **Die Krankensalbung** ist ein Zeichen der Aufrichtung und der Stärkung in einer Lebenskrise. Die Krankensalbung muss nicht in der Stunde des Todes gespendet werden, aber in dieser Situation sollte trotzdem ein Priester gerufen werden, der dem Betroffenen und den Hintergebliebenen seine Hilfe anbietet, um Abschied zu nehmen und der Trauer Ausdruck verleihen zu können.

Workshop

1. Sammeln Sie im Rahmen eines Unterrichtsprojekts Materialien für die spirituelle Begleitung von alten Menschen (Gebete, Texte, Sinnsprüche, Geschichten, Meditationen etc.). Erstellen Sie daraus ein Heft, das man im Pflegealltag verwenden kann.
2. Zeigen Sie im Rahmen von Rollenspielen in Anlehnung an die Beispiele in diesem Kapitel positive Ansätze für die würdige Behandlung von alten Menschen.
3. Nehmen Sie Kontakt auf mit einer Gemeinde und informieren Sie sich über das Angebot bezüglich der Altenpastoral.

Literaturhinweis:

ARNDT, M.: Leben, Leid, Sterben, Trauer, Freiburg i. Breisgau 1990.

4 Sinn des Lebens

- Den Sinn in meinem Leben sehe ich in dem, was ich jeden Tag leisten muss. Ich habe genau umrissene Ziele vor Augen, die ich erreichen will: Die Berufausbildung, ein Haus bauen, Anerkennung, eine angesehene und teamfähige Kollegin sein etc. Immer wenn ich etwas von diesen mir selbst gesteckten Zielen erreicht habe, habe ich das Gefühl, dass mein Leben einen Sinn hat.

  Maria-Theresia, 40 Jahre

- Mein Sinn im Leben ist die Familie. Mein Mann und meine Kinder geben mir Kraft und Freude am Leben. Besonders meine beiden Kinder geben mir die Hoffnung und die feste Zuversicht, dass mein Leben nicht sinnlos ist. Durch sie fühle ich mich gebraucht. Außerdem lebe ich nach meinen Tod in ihnen weiter...

  Camilla, 35 Jahre

- Ich weiß nicht, was der Sinn meines Lebens ist. Das kann ich nicht sagen, denn ich habe mir noch nie darüber Gedanken gemacht. Mir ist es auch egal... Ich lebe so in den Tag hinein, einfach leben, nur so. Für mich besteht der Sinn des Lebens darin zu leben und anderen Menschen nicht weh zu tun...

  Robert, 25 Jahre

- Mir wird der Sinn des Lebens immer dann bewusst, wenn ich die Natur beobachte oder ich in der Natur draußen bin. Da bin ich entspannt, bei mir und kann sehen, dass irgendwie alles seine Ordnung und seinen Plan hat. Den Sinn des Lebens kann ich für mich zwar nicht mit Worten beschreiben, aber in der Natur bekomme ich eine Ahnung davon, dass alles einen Sinn haben muss und nichts sinnlos oder zufällig ist...

  Alexander, 31 Jahre

- Ohne Jesus, der alles Leid auf sich genommen und für uns durchlitten hat und nach seinem Tod auferstanden ist, d. h. uns Menschen erlöst hat, wäre alles, was ich erlebe, was um mich herum geschieht, ja die ganze Welt, die Geschichte in ihrer Unvollkommenheit und Begrenztheit wahrscheinlich sinnlos. Durch Jesus, in dem sich die Liebe Gottes zu den Menschen zeigt, kann ich trotz allen Leidens und trotz aller Vergeblichkeiten diese Welt und mein Leben sinnvoll finden, denn durch Jesus zeigt mir Gott, dass ich geliebt bin...

  Birgit, 28 Jahre

Aufgaben

1. Hinterfragen Sie die in den Aussagen dargestellten Sinndeutungen des Lebens.
2. Versuchen Sie eine ganz persönliche Antwort auf die Frage nach dem Sinn des Lebens zu geben.

Wenn die Frage nach dem Lebenssinn gestellt und diskutiert wird, stellt sich oft ein diffuses Unbehagen ein, da sich das Thema schnell im Kreise dreht . Man hat das Gefühl, man diskutiert, aber man kommt nicht voran, „es kommt nichts dabei heraus". Dieses Unbehagen hat mehrere Ursachen:

- Die Ungenauigkeit des Begriffes „Sinn". Durch den inflationären Gebrauch des Wortes „Sinn" verflüchtigen sich die Begriffe. Häufig wird Sinn als Synonym für „Wert", „Nutzen", „Zweck" oder gar „Genuss" gebraucht. Es ist unverkennbar, dass die Sinnfrage selbst zu einem vagen und globalen Begriff für Lebensstörungen und Lebenskrisen geworden ist.
- Ein Problem in Diskussionen um den Lebenssinn ist die gängige Meinung, dass man Sinn direkt erreichen könne, dass es so etwas wie „Sinn" gibt, losgelöst vom konkreten Leben und eigenen Erfahrungen. Sinn ist nie direkt erreichbar und nie unmittelbar vorhanden. Sinn ist nur mittelbar erreichbar über den Umweg von Arbeit, Liebe, Beziehungen, Gesprächen, Hilfe usw. Wer direkt auf Sinn abzielt, der will nicht lieben, sondern Sinn, der will nicht Familie, sondern Sinn, der will nicht Beziehungsarbeit leisten, sondern Sinn. Die Sinnfrage verflüchtigt und entzieht sich ganz, wenn wir versuchen, sie direkt anzusteuern und zu beantworten.
- Die Frage nach dem Sinn hat, dort wo sie ernsthaft gestellt wird, einen existentiellen Grund, eine existentielle „Anbindung". Danach gilt es in Gesprächen über den Sinn des Lebens zu fragen.

Eine Differenzierung des Sinnbegriffs nehmen die Theologen B. Grom und J. Schmidt vor:
„Ich möchte zu Beginn eine Unterscheidung einführen, die uns helfen kann, den Sinnbegriff in einer ersten Weise zu differenzieren: Es gibt „Sinn im Hinblick auf", und es gibt „Sinn in sich". Den ersten nennen wir funktionalen Sinn, den zweiten „absoluten Sinn". Funktionaler Sinn ist gegeben, wenn etwas sinnvoll ist im Hinblick auf den äußeren Zweck. Beispiel: Den Führerschein zu machen ist nicht in sich sinnvoll, sondern im Hinblick auf den Zweck des späteren Autofahrens. Davon unterscheidet sich der absolute Sinn. Er ruht in sich und ist von keinem außerhalb seiner liegenden Zweck abhängig. Beispiel: das Autofahren selbst – allerdings nur dann, wenn damit nichts weiteres bezweckt wird, sondern es nur auf den Spaß am Fahren ankommt. Mag sein, dass dieses Beispiel nicht sehr überzeugt. Es gibt in der Tat deutlichere, etwa die Erfahrung, von der wir sehr ausführlich gesprochen haben, die Liebe. Bei ihr ist es evident. Sie hat ihren Sinn in sich selbst und nicht in einem äußeren Zweck.

Wie ist nun das Verhältnis zwischen den beiden Formen von Sinn zu denken? – Es ist leicht zu sehen, dass es nicht nur funktionalen Sinn geben kann und dass das Verlangen nach Sinn sich mit ihm nicht begnügen könnte. Denn würde der äußere Zweck des funktionalen Sinnes auf einen weiteren äußeren Zweck verweisen und so fort ohne jedes Endziel, dann wäre die ganze Kette nichts wert und der funktionale Sinn schon am Anfang sinnlos. Der funktionale Sinn muss also in einem absoluten Sinn sein Ziel finden, soll nicht all unser Tun und alles Geschehen sinnlos sein. Und so zielt auch die Sinnfrage auf in sich stehenden, absoluten Sinn.

(Grom,B./Schmidt,J.: Auf der Suche nach dem Sinn des Lebens, Freiburg i.Breisgau 1975, S.53.)

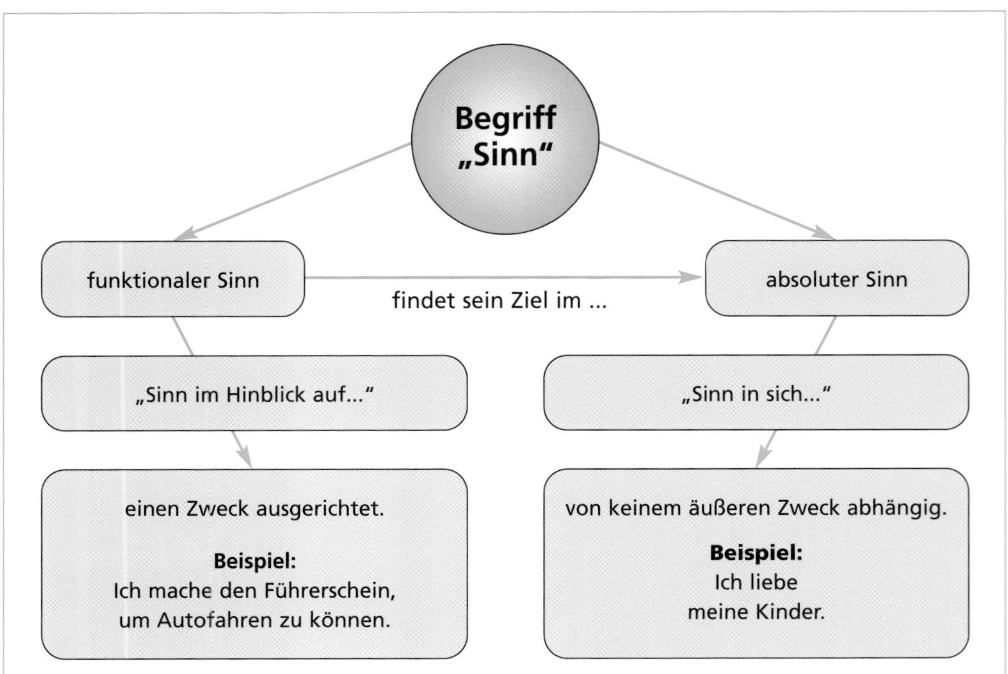

Es geht bei der Frage nach dem Sinn des Lebens vor allem darum, den „absoluten" Lebenssinn zu ergründen. Es gilt zu unterscheiden, welcher Sinn auf einen Zweck ausgerichtet ist, und welcher von einem äußeren Zweck unabhängig und aus sich heraus tragfähig ist.

Häufig wird beides verwechselt bzw. vermischt, wodurch das Gefühl entsteht, dass man aus vielen „Sinnmöglichkeiten" einfach nur auszuwählen braucht. Der „absolute" Lebenssinn hat meist eine existentielle Anbindung und einen persönlichen Lebenshintergrund. Der „funktionale" Sinn zielt meist auf einen zeitlich begrenzten Lustgewinn (Geld, Haus etc.) bzw. basiert auf rationaler Logik (Karriere, Ausbildung etc.).

Was kommt nach dem Tod?

„was kommt nach dem tod?
nach dem tod
kommen die rechnungen
für sarg, begräbnis und grab

was kommt nach dem tod?
nach dem tod
kommen die wohnungssucher
und fragen ob die wohnung erhältlich

was kommt nach dem tod?
nach dem tod
kommen die grabsteingeschäfte
und bewerben sich um den auftrag

was kommt nach dem tod?
nach dem tod
kommt die lebensversicherung
und zahlt die versicherungssumme

was kommt nach dem Tod?"

(aus: Marti, K., Leichenreden, Darmstadt/ Neuwied 1969)

Aufgaben

1. Lesen Sie das Gedicht von Kurt Marti und stellen Sie dar, was er in seinem Gedicht bezüglich des Todes kritisiert.
2. Schreiben Sie das Gedicht weiter, indem Sie Ihre Vorstellungen von dem, was nach dem Tod kommt, anführen.
3. Schreiben Sie ein Gegen-Gedicht zu Martis Text, in dem eine andere Perspektive von dem, was nach dem Tod kommt, deutlich wird.

Die Hoffnung auf ein Jenseits gibt dem Leben vieler Menschen Sinn, Trost, Halt und Kraft, ihr Leben zu bewältigen. Besonders in Lebenskrisen, in der Konfrontation mit Tod, Sterben, Altern, Krankheit und Leiden wird die Frage nach dem Weiterleben nach dem Tod und damit verbunden nach dem Sinn des Lebens gestellt.

Der größte Einwand gegen ein „Ewiges Leben" besteht in der Tatsache, dass wir sterben müssen. Der Tod ist das Ende des Lebens. Darum muss jede Beschäftigung mit einem Weiterleben nach dem Tod und den daraus resultierenden Sinnantworten den Tod an sich bedenken (siehe Kap. 5 und 6).

Niemand weiß, was nach dem Tod kommen wird, doch nahezu jeder Mensch macht sich Gedanken über ein Leben nach dem Tod und den Sinn des Lebens, was Umfragen des öfteren schon bewiesen haben.

Jede Religion und (philosophische) Weltanschauung und Weltdeutung versucht auf die Frage nach dem Sinn des Lebens und einem Weiterleben nach dem Tod Antworten zu geben. Jeder Mensch hat – individuell verschieden – eine Haltung bzw. Grundeinstellung zu dem Weiterleben nach dem Tod, ob religiös motiviert und geprägt oder nicht.

Einige Antworten von Altenpflegeschüler/innen auf die Frage: „Was glauben Sie, was nach dem Tod kommt?"

4.1 Der Tod im Christentum

Aufgaben

1. Was assoziieren Sie mit diesen Bildern in Hinblick auf den Tod?
2. Was sagen die Kinderzeichnungen über die christliche Vorstellung von einem Leben nach dem Tod aus?
3. Versuchen Sie sich in der Gruppe über die christliche Jenseitsvorstellung auszutauschen.

In der christlichen Tradition ist die Vorstellung von einem Leben nach dem Tod durch zahlreiche Bilder, die ihren Ursprung vor allem in den Weltbildern der Antike und des Mittelalters haben, geprägt.

Folgende Bilder und Vorstellungen bildeten sich im Laufe der Zeit heraus:

- Im Tod trennen sich Leib und Seele voneinander.
- Die Seele tritt vor Gott und wird von ihm nach den guten und bösen Taten im Leben gerichtet.
- Die Bilder vom Himmel, in den diejenigen kommen, die im rechten Glauben gestorben sind, und von der Hölle, in der diejenigen Qualen und Folterungen des Teufels erleiden müssen, die schwer schuldig geworden sind.
- Die Vorstellung vom Fegefeuer, in das die kommen, die zwar schuldig geworden, aber nicht so schwer schuldig geworden sind. Das Fegefeuer wird als Ort der Reinigung für die minder schuldigen Menschen bezeichnet.
- Das Weltgericht, bei dem Gott alle Schöpfung zu einer neuen Gemeinschaft umwandelt.
- Die Ewigkeit als endlos verlängerte Zeit, die niemals endet.

Leben im biblischen Sinne bedeutet mehr als die „nackte Existenz". Leben bedeutet nicht nur Lebensdauer, sondern auch Gesundheit, Glück, Wohlstand, Krankheit, Tod etc. Im Neuen Testament meinen die Begriffe „Leben" und „ewiges Leben" inhaltlich weitgehend dasselbe wie „Reich Gottes". Es sind zugleich gegenwärtige wie zukünftige Größen. Unterschiede in der Bedeutung dieser Begriffe ergeben sich aus den verschiedenen Blickrichtungen:

Das „Reich Gottes" bezeichnet mehr die mit Jesus Christus beginnende neue Welt. Der Mensch hat an dieser neuen Welt, am Reich Gottes Anteil durch sein „Leben" und dem „ewigen Leben". In Jesus Christus ist diese neue Existenzweise anschaulich und greifbar geworden. Er verkörpert das „Reich Gottes", das „Neue Leben". In seinen zeichenhaften Handlungen wird deutlich, was das wahre Leben bedeutet und konkret ist. Wer sich auf ihn einlässt und nach ihm lebt, hat – inmitten des irdischen Lebens – schon das ewige Leben.

Dieses Leben relativiert und überdauert den Tod. Es bezeichnet mehr die Qualität des Lebens nach dem Tod.

Wenn der Mensch teilhat am „Reich Gottes", an der Ewigkeit und Unendlichkeit Gottes, bedeutet das für ihn, dass Schranken und Grenzen fallen, dass er das Leben nicht nur bruchstückhaft hat, sondern in seiner ganzen Fülle.

Definitionen

- **Ewiges Leben** als ein Augenblick der Vollendung: Alles je erfahrene oder nur erhoffte und ersehnte Glück ist gesammelt im Augenblick der „Gottesbegegnung", in einem Leben höchster Konzentration. Wir erkennen uns selbst, so wie wir sind, frei von den Fesseln der Zeit, der Gesellschaft und der Umstände.
- **Ewiges Leben** als wachsende und steigende Bewegung: Begegnungen mit Menschen, in denen man den Anderen in immer neu entdeckter Liebe begegnet, Begegnungen, in denen sich immer neue, tiefe Geheimnisse erschließen. Man entdeckt an sich immer neue Möglichkeiten, die man auch entfalten und verwirklichen kann. Das sich entfaltende Leben steht hier im Mittelpunkt.
- **Ewiges Leben** als Ruhen im Glück: Das Glück ist grenzenlos und kann nicht mehr vertrieben, verfolgt oder gequält werden. Man kann ausruhen und bleiben in der Liebe Gottes. Es kann einem nicht mehr genommen werden durch Angst und Verlust.

Das ewige Leben, das wird deutlich durch diese Modelle, meint „Fülle des Lebens" und Grenzenlosigkeit des Glücks, das schon – bruchstückhaft – im irdischen Leben aufscheint. Es löst nicht das irdische Leben ab, sondern beginnt mit ihm. Es ist kein Ersatz für das gegenwärtige Leben, sondern seine Vollendung.

Die noch weit verbreitete Vorstellung von der Hölle meint vor allem Gottesferne: Abhängigkeit von Geld, Macht, Karrierestreben, Lieblosigkeit, Egoismus, Neid und Hass. Der Begriff „Hölle" meint das Gegenteil von „Reich Gottes", das Gegenteil von Liebe und Gerechtigkeit. Gottes Gericht verurteilt nicht, aber er nimmt den Menschen in seiner Freiheit ernst, das kann auch die Freiheit des Egoismus, des Hasses und der Gier sein. Gott verhindert nicht, dass ein Mensch sich in seiner Freiheit das Leben zur Hölle macht. Das Bild von der Hölle kann uns den Ernst und die Würde der menschlichen Freiheit sich zu entscheiden vor Augen führen. Sie ist so verstanden eine Mahnung, das eigene Leben nicht in Hass und Egoismus zu verschleudern, sondern aufgehen zu lassen im Frieden und der Liebe miteinander.

Zentral ist in der christlichen Lehre, dass das Reich Gottes in Jesus schon angebrochen ist. Der Lebenssinn kann darin bestehen, dieses „Reich" im irdischen Leben zu verwirklichen, es zu leben (z.B. durch Nächstenliebe, Engagement, Gebet) und an ihm mitzubauen.

4.2 Der Tod im Islam

Das Wort Islam bedeutet „Unterwerfung unter Allah, den Gott des Islam". Der Islam ist die jüngste aller sogenannten Weltreligionen und zählt heute ca. eine Milliarde Menschen.

Der Inhalt der Verkündigung des Propheten Mohammed (569–632 n. Chr.) ist geprägt von der Vorstellung des Gerichts, das den Bewohnern Mekkas in sehr scharfer Form angekündigt wird. Allah richtet den Menschen nach seinen Taten und er fordert die Erfüllung seiner Gebote. Als Beurteilungsmasstäbe für das Weltgericht gelten vor allem die sogenannten „Fünf Säulen des Islam". Wer diese lebt und verwirklicht ist auf dem Weg ins Paradies: Das regelmäßige Gebet zu Allah, das Fasten, das Almosengeben an arme Menschen, der Einsatz für und das Bekenntnis zu Allah und die Pilgerreise zum Heiligtum in Mekka einmal im Leben sind Kriterien für ein Leben im Paradies nach dem Tod.

Das Paradies manifestiert sich in der Vorstellung eines schönen Gartens, in dem andauernder Frühling und Freude herrscht. Diese sehr sinnliche und konkrete Darstellung des Paradieses ist im Koran festgehalten:

Im Namen Allahs, des Erbarmers, des Barmherzigen!
Und die Vordersten
(die zuerst den Islam bekannten oder auch die Propheten) auf Erden, (...)
Und wenige der Späteren
Auf durchwobenen Polstern,
Sich lehnend auf ihnen einander genüber.

Die Runde machen bei ihnen
Unsterbliche Knaben
Mit Humpen und Eimern
Und einem Becher von einem Born.
Nicht sollen sie Kopfweh von ihm haben
Und nicht das Bewusstsein verlieren.
Und Früchte, wie sie sich erlesen,
Und Fleisch von Geflügel, wie sie`s begehren,
Und grossäugige Huris (Paradiesmädchen) gleich verborgenen Perlen
Als Lohn für ihr Tun.
Sie hören kein Geschwätz darinnen und keine Anklage der Sünde;
Nur das Wort: „Frieden! Frieden!"
Und die Gefährten der Rechten – was sind die Gefährten der Rechten? (selig!)
Unter dornenlosem Lotos
Und Bananen mit Blütenschichten und weitem Schatten
Und bei strömenden Wasser und Früchten in Menge,
Unaufhörlichen und unverwehrten, und auf erhöhten Polstern.(...)
Zu liebevollen Altersgenossinnen für die Gefährten der Rechten,
Eine Schar der Früheren
Und eine Schar der Späteren

(Sure 56,10-39)

Der Sünder, der Allah nicht absoluten Gehorsam leistet und keine Verdienste vorzuweisen hat, wird in die ewige Feuerspein gestoßen:

Im Namen Allahs,
des Erbarmers, des Barmherzigen!
Verderben über die Hände Abu Lahabs
und Verderben über ihn!
Nicht soll ihm nützen
sein Gut und sein Gewinn.
Brennen wird er im Feuer, dem lohenden,
Während sein Weib das Holz trägt,
Mit einem Strick von Palmenfasern
um ihren Hals.

(Sure 111,1-5)

Aufgaben

1. Schreiben Sie aus dem Korantext stichpunktartig die Begriffe, die die islamische Vorstellung nach dem Tod am treffendsten charakterisieren.
2. Versuchen Sie für sich persönlich ein ähnliches plastisches und anschauliches Bild von Paradies und Hölle zu entwerfen.
3. Welche Unterschiede zwischen christlichen und islamischen Jenseitsvorstellungen sehen Sie?

Wenn Allah auch von den Bösen zu fürchten ist und Gehorsam erwartet, so ist er zu den Gläubigen voller Güte und Barmherzigkeit. Der Glaube an die Freuden des Paradieses hat seine Anhänger sehr beglückt und begeistert. Der Lohn für ein rechtgläubiges gehorsames Leben wird in sinnlichen Bildern sehr anschaulich geschildert.

Wenn ein Moslem stirbt, muss er so ins Grab gelegt werden, dass sein Gesicht in Richtung Mekka blickt. Derjenige, der in das Grab hinabsteigt, um den Toten zu betten, muss barfüssig und barhäuptig sein und Gebete bei seiner Verrichtung sprechen.

Märtyrer des Glaubens treten unmittelbar nach dem Tod ins Paradies ein, andere Tote warten in ihren Gräbern auf die Auferstehung und das Weltende.

Ganz wichtig für die Moslems ist das Befolgen der „Fünf Säulen des Islam" und des Korans. Die Gebetszeiten strukturieren den Alltag und das Leben ist ausgerichtet auf die Erfüllung von Allahs Willen, damit man am Ende der Zeiten in das Paradies kommt.

4.3 Der Tod im Buddhismus

„Dies sprach der Erhabene, (...):

Das Geborene, Gewordene, Entstandene, Geschaffene, Gestaltete, Unbeständige, das mit Alter und Tod Behaftete, das Nest des Siechtums, das Gebrechliche, aus dem Strom der Nahrung Entsprungene:

Es reicht nicht hin, um daran Wohlgefallen zu finden.

Der Ausweg aus ihm ist der Friede, das dem Sinnen Unzugängliche, Beständige, die ungeborene, unentstandene Stätte, frei von Kummer und Leidenschaft, die Aufhebung der Leidenserscheinungen, das Zur-Ruhe-Kommen der Prozesse."

(Gunsser, I. L., Reden des Buddha, Stuttgart 1971.)

Aufgaben

1. Welchen Ausweg aus dem Leiden des Lebens sieht Gautama Buddha?
2 Welche Einstellung zur Welt und dem Leben wird deutlich?
3. Vergleichen Sie diese Vorstellung einer „Erlösung vom Leiden" mit den Vorstellungen der vorher beschriebenen Religionen.

Der Buddhismus ist nach seinem Gründer Gautama Buddha (560–480 v.Chr.), einem indischen Fürstensohn, der sich mit 29 Jahren aus dem Leben zurückzog, seine Familie verließ und die gelbe Mönchskutte anzog, benannt. Er lebte ein asketisches und entbehrungsreiches Leben und kam so zur Erleuchtung. Es leben ca. 300–400 Millionen Buddhisten auf der Welt.

Die Erlösungs- und Jenseitsvorstellung des Buddhismus ist eng verbunden mit dem Begriff des „Nirwana".

Definition

Nirwana (Verwehen, Verlöschen): Der Begriff Nirwana ist sehr vielschichtig und hat mindestens zwei verschiedene, aber auch miteinander verbundene Bedeutungen:
Es gibt zunächst das „Nirwana der diesseitigen Ordnung" (dittha-dhamma-nirvana), das schon im irdischen Leben verwirklicht werden kann. Das Nirwana kann man dadurch erreichen, dass Gier, Hass und Verblendung vollkommen ausgelöscht werden, denn die Lebensgier ist nach Buddhas Lehre Ursache für alles Leiden und für alle Not in der Welt. Heilung und Erleuchtung kann also nur durch Entsagung stattfinden. Nur der Mensch, der asketisch lebt und keine Wünsche mehr hat, weder Leben noch Tod, weder Himmel noch Erde, Freude oder Leid betreffend, wird nichts mehr verlieren können. Der Mensch wird nach buddhistischer Auffassung so oft wiedergeboren, wie er noch nicht zu einer wirklichen Selbstlosigkeit gefunden hat.
Wer also erkannt hat, von den Wünschen und Dingen der Welt abzusehen, der ist im „Nirwana der diesseitigen Ordnung", aber noch nicht frei von den körperlichen und psychischen Dimensionen des Lebens. Er ist zwar erlöst, aber noch im Leib, im Körper verhaftet.
Erst wenn der Erleuchtete in diesem Stadium der Erlösung ist, wird er nicht mehr wiedergeboren nach seinem Tode. Mit dem Tod geht der Erleuchtete ins „jenseitige Nirwana" (pari-nirvana) ein. Buddha selbst ist, nachdem er mehrere Stufen tiefer Versenkung durchlief, aus einer tiefen Meditation in das endgültige Nirwana hinein verlöscht.

Der Tod nimmt dem Menschen alles weg und ist deshalb für Buddhisten der beste Lehrmeister für die Bedürfnislosigkeit, dafür, dass man los lassen muss. Der Tod lehrt das Loslassen und dabei gelassen zu werden. Die Erinnerung an den Tod ist deshalb für buddhistische Mönche von außerordentlicher Bedeutung.

Wie das Nirwana zu verstehen ist, darüber gibt es unterschiedliche Auffassungen:

Manche sehen im Nirwana die höchste Realität, einen Zustand des „Paradieses" oder des „Himmels". Andere setzen das Nirwana mit Gott gleich. Manche interpretieren das Nirwana als absolutes Nichts. Nirwana bedeutet für sie „verlöschen wie eine

Flamme“ oder „verwehen wie der Wind, ohne Spuren zu hinterlassen“. Der Mensch ist in dieser Deutung im wörtlichen Sinne „vernichtet“.

Das Nirwana ist letztlich weder philosophisch noch theologisch zu interpretieren, es ist schlicht der Ort der Erlösung und der Gegensatz zum ewigen Kreislauf der Wiedergeburt. Das Nirwana, die Erlösung, kann zu unterschiedlichen Lebenshaltungen führen: zu Gleichmut und Harmonie mit sich selbst, aber auch zur Gleichgültigkeit in diesem Leben.

Die Zielrichtung und der Sinn des Lebens bestehen für einen gläubigen Buddhisten darin, asketisch und wunschlos zu leben bzw. zu werden und dadurch innere Zufriedenheit mit sich zu erreichen.

4.4 Kritik an religiösen Jenseitsvorstellungen

„Der existentialistische Entwurf“

Der Mythos des Sisyphos

Sisyphos war der König von Korinth, Sohn des thessalischen Königs Aiolos und der Enarete. Er wurde vor allem wegen seiner Schlauheit berühmt. Sisyphos und sein Bruder Salmoneus hassten einander bis aufs Blut. Sisyphos befragte das Delphische Orakel, wie er seinen Feind töten könne, und erfuhr: durch Kinder von Salmoneus' Tochter Tyro. Sie gebar Sisyphos zwei Söhne, tötete sie aber, als sie von dem Orakel hörte. Dies veranlasste Sisyphos zu einer Freveltat, die er im Hades (Unterwelt) büßen musste: Er wurde dazu verdammt, einen riesigen Stein auf einen Berg zu wälzen; wenn der Stein aber die Spitze des Berges fast erreicht hatte, rollte der Stein wieder an den Fuß des Berges zurück.

Aufgaben

1. Betrachten Sie die Zeichnungen als Gleichnis für Ihr Leben. Welche Geschichten fallen Ihnen dazu aus Ihrem Leben ein?
2. Sisyphos schafft es nicht den Stein ganz auf den Berg zu rollen. Welchen Sinn könnte sein Leben angesichts dieser Tatsache denn haben?

Für den französischen Philosophen Albert Camus (1913–1960) ist der antike Mythos von Sisyphos ein Gleichnis für die Absurdität des Lebens, die folgendermaßen beschrieben wird:

- Der Mensch fühlt sich fremd in dieser Welt, in die er hineingeworfen wurde.
- Auch wenn er sich noch so viel Mühe gibt, er bringt nichts zustande.
- Wenn ein Mensch die Hoffnung auf ein Ziel oder ein übergeordnetes Schicksal hat, gleicht er einem Blinden, der sehen möchte. Trotz dieser Erwartung wird der Mensch nicht sehen und nicht verstehen können.

Beispiele für diese Absurdität des Lebens gibt es viele: Folter, die Grauen eines Krieges, Erdbeben, Naturkatastrophen, Tod von Kindern u. a.

Der „Held des Absurden" ist für Albert Camus Sisyphos. Er personifiziert das Vertrautsein mit der Welt, obwohl er weiß, dass die Welt ihm mit Gleichgültigkeit begegnet. Sisyphos hält trotz der von ihm erkannten Sinnlosigkeit seines Tuns am Leben fest: Er wird weiterhin Felsen stemmen, die wieder fallen; er wird ein Leben lang arbeiten, den gleichen Rhythmus durchhalten, obwohl er die Sinnlosigkeit und Hoffnungslosigkeit seines Tuns durchschaut. Dieses Leben, das Sisyphos lebt, ist das einzig sichere und gesicherte, das er hat. Deshalb wird er an diesem Leben und seinen Erfahrungen festhalten, als ob es einen Sinn hätte. Er wird das Leben lieben.

Der Mensch hat verschiedene Möglichkeiten auf die Absurdität und die Fremdheit des Lebens zu reagieren:

- **Glaube:** Er kann für den Menschen in Situationen der Sinnlosigkeit und der Absurdität des Lebens Halt geben und sinnstiftend sein.
- **Resignation:** Das Erkennen der Sinnlosigkeit des Lebens führt zu einer resignativen Haltung, d. h. der Mensch ergibt sich gelähmt und handlungsunfähig in sein Schicksal.
- **Auflehnung/Revolte:** Der Mensch kämpft gegen das Negative und das Böse in der Welt, d. h. der Kampf gegen das Schicksal an sich wird zum Lebenssinn.
- **Selbstmord:** Die Erkenntnis der Sinnlosigkeit des Lebens führt zur Selbsttötung.

Camus bezieht Stellung, indem er die Revolte und die Auflehnung gegen das Schlechte und das Unheil in der Welt bevorzugt. Das Engagement und der Kampf gegen das Leid in der Welt ist immer gut, wenn auch „absurd" und nur ein „Tropfen auf den heißen Stein". Man darf nicht immer auf den Erfolg des Engagements und des persönlichen Einsatzes schauen.

Der Mensch muss sich und seinem Dasein selbst einen Sinn geben. Laut Camus ist das Leben an sich absurd und sinnlos. Die Auflehnung und das Revoltieren gegen diese Absurdität und Sinnlosigkeit kann dem Leben so etwas wie Sinn geben. Das Leben an sich, das einzig Sichere und Gewisse, was der Mensch besitzt, ist der Sinn.

4.5 Der Tod und Marxismus

„Die Religion ist eine Art geistigen Druckes, der überall und allenthalben auf den Volksmassen lastet, die durch ewige Arbeit für andere, durch Not und Vereinsamung niedergedrückt werden. Die Ohnmacht der ausgebeuteten Klassen im Kampfe gegen ihre Ausbeuter erzeugt ebenso unvermeidlich den Glauben an ein besseres Leben nach dem Tode, wie die Ohnmacht des Wilden in seinem Kampfe mit der Natur den Glauben an Götter, Teufel, Wunder und dergleichen hervorruft. Demjenigen, der sein Leben lang arbeitet und Not leidet, lehrt die Religion Demut und Geduld hienieden, und sie vertröstet ihn mit Hoffnungen auf himmlischen Lohn. Diejenigen aber, die von fremder Arbeit leben, lehrt die Religion Wohltätigkeit hienieden, womit sie ihnen eine recht billige Rechtfertigung ihres ganzen Ausbeuterdaseins gibt und zu annehmbaren Preisen Eintrittskarten zur himmlischen Seligkeit verkauft. Die Religion ist Opium fürs Volk. Die Religion ist eine Art geistiger Fusel, in dem die Sklaven des Kapitals ihre Menschenwürde und ihren Anspruch auf eine halbwegs menschenwürdige Existenz ersäufen."

(aus: Lenin, W. I., Aus den Schriften 1895–1923, München 1967, S.259)

Aufgaben

1. Welche Haltung hat Lenin der Kirche und ihren Jenseitsvorstellungen gegenüber?
2. Diskutieren Sie die Aussage „Religion ist Opium für das Volk".
3. Welchen Sinn im Leben kann der Mensch laut Lenins Analyse finden?

Nach den Aussagen Lenins ist ein Leben nach dem Tod nichts anderes als eine Vertröstung der Ausgebeuteten und Lohnabhängigen auf ein besseres Leben nach dem Tod, die den Mächtigen bzw. den Kapitalisten gelegen kommt. Die Jenseitsversprechungen der Religionen sind systemstabilisierend, denn sie verhindern eine Veränderung der bestehenden gesellschaftlichen Verhältnisse oder gar eine Revolution und zementieren so den Status Quo in unserer Gesellschaft.

Da es kein Leben nach dem Tod gibt, der Mensch mit dem Tod zu Materie wird, ist die Sinnfrage bzgl. des Lebens vollkommen auf das irdische Dasein festgelegt. Der Sinn des Lebens besteht vor allem darin, die gesellschaftlichen Verhältnisse und die Lebensbedingungen des Menschen zu verbessern, die Welt in der wir leben also menschenwürdiger zu machen und das Leid der Armen und Ausgebeuteten zu verringern. Dies kann nur sinnvoll und Erfolg versprechend geschehen, wenn sich die Ausgebeuteten solidarisieren und organisieren, um gemeinsam gegen die Ausbeuter vorzugehen. Die Kapitalisten werden ihren Besitz bzw. ihr Kapital natürlich nicht freiwillig hergeben oder gerecht verteilen, deswegen ist für Lenin die Gewalt auch ein mögliches Mittel, um eine neue klassenlose Gesellschaft zu „bauen".

4.6 Konsequenzen für die Pflegepraxis

Es ist deutlich geworden, dass es unterschiedliche Auffassungen darüber gibt, ob es ein Leben nach dem Tod gibt. Die Frage nach einem Weiterleben nach dem Tod ist für viele Menschen sinnstiftend.

Religionen und Philosophien deuten das Leben nach dem Tod jeweils ganz anders. Viele bestreiten auch, dass es ein Leben nach dem Tod gibt oder dass das Leben überhaupt einen Sinn hat.

Was aber haben diese Fragen mit der konkreten Pflegepraxis zu tun?

- Der Sinn des Lebens ist häufig geprägt von der Frage, was nach dem Tode kommt. Diese Frage stellt sich naturgemäß am Ende des Lebens. D. h. die Pflegenden sollten sich, ob selbst gläubig oder nicht, mit der Frage nach dem Lebenssinn in Zusammenhang mit dem Tod beschäftigen, um dem Bewohner/der Bewohnerin menschlich gerecht zu werden. Um Menschen in existentiellen Fragen verstehen und ernst nehmen zu können, muss man wissen, welche Bedeutung diese Fragen für den Einzelnen haben und welche Antworten es gibt.
- Für die Pflegenden ist es wichtig, selbst eine reflektierte Haltung zu der Frage nach dem Sinn des Lebens und des Lebens nach dem Tode zu haben. Ein „gefestigter“, durchdachter und stimmiger Standpunkt ist sehr hilfreich, besonders weil man als Pflegekraft sehr häufig mit der Frage nach dem Sinn des Lebens unmittelbar oder mittelbar konfrontiert wird.
- Jeder Pflegefall, jede besonders schwere Pflege (z. B. apallisches Syndrom, Schlaganfall, Parkinson), jeder Todesfall im Altenheim, mit dem die Pflegenden konfrontiert werden, stellt auch die eigene Lebenssicht in Frage. Ein „Fundament“ kann helfen diese oft sehr schwierigen Situationen und seelisch belastenden Elemente der Arbeit im Altenheim zu meistern und zu verarbeiten.
- Außerdem sind lebensphilosophisch „verortete“ Menschen womöglich auch Garanten für eine qualitativ gute Pflege.

Zusammenfassend lässt sich sagen, dass die Beschäftigung mit der Frage nach dem Sinn des Lebens angesichts der häufigen Begegnungen mit dem Tod in erster Linie für den Pflegenden und für seine persönliche Bewältigung der existenziellen Fragen und Probleme, mit denen er fast täglich zu tun hat, wichtig und hilfreich ist.

Andererseits sind Pflegekräfte, die jeweils ganz persönlich für sich einen Standpunkt zu der Frage nach dem Sinn gefunden haben, mehr gegen seelisches Ausgebranntsein gefeit.

Workshop

- Es gibt engagierte Menschen, die einen beinahe aussichtslosen Kampf gegen Umweltverschmutzung, soziale Missstände, Hunger und Armut in der Welt führen. Sie werden oft gefragt, welchen Sinn sie in ihrem Engagement sehen, denn angesichts der Probleme auf dieser Welt, sei das, was sie machen, ja nur ein Tropfen auf den heißen Stein.

  Versuchen Sie aus der Sicht eines sehr engagierten Menschen (z. B. eines Umweltschützers oder Menschenrechtlers) verschiedene Antworten zu geben wie sie aus der

  Sicht eines Christen, Juden, Moslems, Buddhisten, Existentialisten und eines Marxisten lauten können.

  Versuchen Sie diesen Dialog in Form eines Rollenspiels zu gestalten.

- Stellen Sie die Aussagen der verschiedenen Religionen und Philosophien zum Leben nach dem Tod bzw. zum Sinn des Lebens in einer Tabelle gegenüber.

- „Ich zeige euch jetzt noch einen anderen Weg, einen, der alles übersteigt: Wenn ich in den Sprachen der Menschen und Engel redete, hätte aber die Liebe nicht, wäre ich dröhnendes Erz oder eine lärmende Pauke. Und wenn ich prophetisch reden könnte und alle Geheimnisse wüsste und alle Erkenntnis hätte; wenn ich alle Glaubenskraft besäße und Berge damit versetzen könnte, hätte aber die Liebe nicht, wäre ich nichts."

  (1Korinther 12.31b – 13.2)

  Dieses Zitat aus der Bibel verdeutlicht die Notwendigkeit eines geistigen „Fundaments", eines Standpunktes, von dem aus man Menschen in ihren Nöten begegnen kann.

  Finden Sie in der Gruppe Situationen aus Ihrem (Berufs-)Alltag, in denen dieses Zitat Bedeutung gehabt hat oder haben könnte.

- Versuchen Sie sich über die jeweiligen Religionen zu informieren (Bilder, Reiseberichte, Besuch eines Jüdischen Friedhofs/Synagoge, eines buddhistischen Zentrums) und präsentieren Sie Ihr Material in ansprechender Form.

Literaturhinweis:

BRUNNER-TRAUT, EMMA: Die fünf großen Weltreligionen, Freiburg/Basel/Wien (3.Auflage) 1991.

5 Sterben – der letzte Abschnitt des Lebens

Aufgaben

1. Besprechen Sie in der Gruppe, welche Erinnerungen und Erfahrungen dieses Bild in Ihnen auslöst.
2. Finden Sie Anforderungen und Kriterien, die für eine qualifizierte und gute Begleitung Sterbender wichtig sind.
3. Versuchen Sie sich in die Rolle des Sterbenden zu versetzen und seine Ängste und Sorgen zu formulieren.

Das Sterben ist ein sehr angstbesetzter Lebensabschnitt. Aussagen wie „Wenn ich einmal so weit bin, dann bringe ich mich lieber um". „Bevor ich leiden muss, mache ich meinem Leben selbst ein Ende." „Vor dem Sterben habe ich wahnsinnige Angst." belegen das. Obgleich Sterben ein Lebensabschnitt des Menschen ist und in den allermeisten Fällen des Sterbens Schmerzfreiheit garantiert werden kann, wird anscheinend der letzte Abschnitt des Lebens nicht mehr als lebenswert angesehen. Man versucht das Sterben zu verdrängen, zu umgehen und zu tabuisieren. Das Bestreben dem Tod aus dem Weg zu gehen, hat dazu geführt, dass es heute viele Erwachsene gibt, die noch nie einen Toten gesehen haben. Sterben wird gleichgesetzt mit Leiden, Qualen und einem schrecklichen Ereignis. Für Pflegende ist es deshalb sehr wichtig, über das Sterben nachzudenken. Wissen über das Sterben zu haben und die eigene Einstellung zu dem Sterben zu überprüfen. Jeder Mensch, insbesondere jede/r Altenpfleger/in und jede/r Krankenschwester/-pfleger, kann jederzeit mit dem Sterben konfrontiert werden. Um den Umgang mit Sterbenden in der Pflege professionell zu gestalten, ist es wichtig sich mit dieser Thematik auseinander zu setzen.

5.1 Die Angst vor dem Sterben

„Ich erinnere mich an den Tod eines Bauern in meiner Kindheit. Er fiel vom Baum und wurde tödlich verletzt. Seine einzige Bitte, daheim sterben zu dürfen, erfüllte man sofort. Nacheinander rief er jede Tochter ans Bett, um ein paar Minuten mit ihr allein zu sprechen. Trotz großer Schmerzen ordnete er ruhig seine Angelegenheiten und verfügte über das Hab und Gut, das zu Lebzeiten seiner Witwe nicht aufgeteilt werden sollte; er bat jedes Kind, die Arbeiten und Pflichten auf sich zu nehmen, die er bis zu seinem Unfall selbst geleistet hatte. Seine Freunde wurden gebeten, ihn noch einmal zu besuchen, und obwohl ich damals noch klein war, nahm er mich und meine Geschwister von diesem Abschiedsbesuch nicht aus. Wir durften an den Vorbereitungen der Familie und an ihrer Trauer teilnehmen. Als der Bauer gestorben war, blieb er bis zur Beerdigung in dem Haus, das er selbst gebaut und sehr geliebt hatte, blieb unter Freunden und Nachbarn. Man kennt dort nicht die Aufbahrungsräume, die wie ein Schlafzimmer aufgemacht sind, nicht das Make-up, das friedlichen Schlaf vortäuscht. Nur die Spuren sehr entstellender Leiden werden mit Binden verhüllt, und nur bei ansteckenden Krankheiten holt man die Leiche vor der Bestattung aus dem Trauerhaus."

„Im Notaufnahmeraum der Klinik entfaltet sich sofort die Geschäftigkeit von Schwestern, Pflegern, Assistenzärzten; vielleicht stellt sich eine Laborantin zur Blutabnahme ein, ein Spezialist, der das Elektrokardiogramm machen will; vielleicht packt man den Kranken auf den Röntgentisch. Jedenfalls fängt er hier und da eine Bemerkung über seinen Zustand oder entsprechende Fragen an seine Angehörigen auf. Langsam, unausweichlich beginnt man ihn als Gegenstand zu behandeln, er hört auf eine Person zu sein. Oft entscheidet man gegen seine Wünsche, und wenn er sich dagegen aufzulehnen versucht, verabreicht man ihm ein Beruhigungsmittel. Nach langen Erörterungen rollt man ihn vielleicht in den Operationssaal oder in eine Station für Intensivbehandlung, wo er zum Gegenstand intensiver Bemühungen und großer finanzieller Investitionen wird.
Er mag um Ruhe, Frieden und Würde flehen – man wird ihm Infusionen, Transfusionen, die Herz-Lungen-Maschine, eine Tracheotomie (Luftröhrenschnitt) verordnen – was eben medizinisch notwendig erscheint. Vielleicht sehnt er sich nur danach, dass ein einziger Mensch einmal einen Augenblick bei ihm still hält, damit er ihm eine einzige Frage stellen kann – doch ein Dutzend Leute macht sich rund um die Uhr an ihm zu schaffen, kümmert sich um seine Herz- und Pulsfrequenz, um Elektrokardiogramm und Lungenfunktionen, um seine Sekrete und Exkremente – nur nicht um ihn als Persönlichkeit. Auflehnung hilft nichts, denn alles wird ja nur getan, um sein Leben zu erhalten – und wenn man es retten kann, ist ja später immer noch Zeit, an ihn als Individuum zu denken. Wer zuerst den gesamten Menschen in Betracht zieht, könnte darüber wertvolle Zeit zu seiner Rettung verlieren! Das jedenfalls scheint die Begründung oder Rechtfertigung der ganzen Betriebsamkeit zu sein – oder ist es ganz anders? Liegt die Ursache dieser immer mehr mechanischen, unpersönlichen Behandlung in uns selbst, in unserer eigenen Abwehrhaltung? Können wir vielleicht nur auf diese Weise mit den Ängsten fertig werden, die ein schwer oder hoffnungslos Erkrankter in uns auslöst?"

(aus: Kübler-Ross, E:, Interviews mit Sterbenden, München 1999, S.16 ff.)

Aufgaben

1. Versuchen Sie die Frage, die E. Kübler-Ross am Ende des Textauszuges stellt zu beantworten.
2. Beschreiben Sie kurz die Unterschiede zwischen den beiden Arten des Sterbens.
3. Inwiefern wird in der Beschreibung des Sterbens im Krankenhaus gegen die Würde des Sterbenden verstoßen?
4. Welche Ursachen für diese anonyme und unwürdige Behandlung des Menschen werden genannt?

Durch die Dauerpräsentation von Tod und Sterben in den Massenmedien und die vielen Verkehrstoten sind Sterben und Tod in unserer medialen und mobilen Industriegesellschaft allgegenwärtig. Doch zu keiner Zeit hatten Menschen so sehr Angst vor dem Sterben wie heute. Die meisten Menschen wünschen sich einen schnellen „bewusstlosen" Tod, damit sie vom Sterbeprozess nichts mit bekommen.

Folgende Ängste und Befürchtungen wurden bei Befragungen zum Thema Sterben quer durch alle Altersschichten genannt:

- Die Angst, einsam und alleine sterben zu müssen.
- Lange Pflegebedürftigkeit, das Angewiesensein auf und die Abhängigkeit von anderen Menschen.
- Ein langes, qualvolles und schmerzhaftes Sterben bzw. Siechtum.
- Angst und Scham vor dem Nachlassen der Körperfunktionen (z. B. Inkontinenz, eingeschränkte Seh-, Hör- oder Gehfähigkeit).
- Angst vor dem totalen Verlust der Persönlichkeit wie z. B. bei Alzheimer, Demenz oder Parkinson.
- Angst vor der Ungewissheit wie man sterben wird.

Da die allermeisten Menschen nicht mehr zu Hause in gewohnter Umgebung sterben (mittlerweile sterben über 80 % der Menschen in Krankenhäusern und Pflegeheimen), wird die Sterbebegleitung nicht mehr als Aufgabe der Familie und der Verwandten angesehen. Das bedeutet, dass das Alten- und Pflegeheim immer mehr zur letzten Lebensstation des Menschen wird. Deshalb wird die Sterbebegleitung durch die Pflegekräfte zu einer immer wichtigeren und zentralen Aufgabe.

Professionelle Sterbebegleitung erfordert ein hohes Maß an eigener Auseinandersetzung mit dem Tod und dem Sterben, denn häufig hat das Erleben des Todes und des Sterbens zur Folge, dass eigene Ängste und Schuldgefühle beim Pflegenden geweckt werden, die einen objektiven Umgang mit dem Sterbenden verhindern oder behindern.

Fallbeispiel

Der Altenpfleger Jürgen ist zu einer Frau, die im Sterben liegt, übertrieben höflich und nett. Er weicht Gesprächen, die die schwerkranke Frau mit ihm über die Ängste und Probleme bezüglich des Sterbens führen will, aus und versteckt sich hinter einer betriebsamen Geschäftigkeit. Er kann nicht auf das Gesprächsbedürfnis der Frau eingehen, da er selbst das Thema Tod und Sterben nicht an sich heran lassen will. Seit Tagen beschäftigt ihn der bevorstehende Tod der Bewohnerin. Er hat große Angst davor, dass sie während seines Dienstes stirbt. Die Bewohnerin spürt, dass Jürgens Verhalten ihr gegenüber unecht und gespielt ist. Sie äußert deshalb den Wunsch, dass in der Stunde ihres Todes eine andere Altenpflegerin sie begleitet.

Aufgabe

Versuchen Sie in der Gruppe weitere Situationen zu finden, in denen deutlich wird, dass die eigene Auseinandersetzung mit Tod und Sterben für eine professionelle Sterbebegleitung wichtig sind.

Eine Sterbebegleitung fordert von den Pflegenden auch Einfühlsamkeit sowie physische und psychische Belastbarkeit.

Definition

Sterbebegleitung ist die Betreuung und Begleitung eines sterbenden Menschen, wobei dessen soziale, psychische, religiöse und physische Bedürfnisse im Mittelpunkt stehen. Sterbebegleitung geht weit über die normale Pflege (Versorgung) des Menschen hinaus, d. h. bei der Sterbebegleitung geht es auch um Sinnvermittlung, Trostspenden und Bearbeitung von Konflikten des Sterbenden. Sterbebegleitung muss professionell geschehen, denn durch das Verhalten der Pflegekräfte kann die Todesangst der sterbenden Menschen gemindert und reduziert werden.

5.2 Sterben als letzte Lebensphase

Sterben heißt Leben bis zum Ende, d. h. dass auch im Sterben Leben stattfindet. Mit diesem wichtigen Lebensabschnitt hat sich in den letzten Jahren vor allem die Thanatologie (Sterbekunde) in zunehmendem Maße beschäftigt. Die Schweizer Ärztin Elisabeth Kübler-Ross hat sich als Pionierin in der Erforschung des Sterbens und für die Begleitung Sterbender große Verdienste erworben. Sie beobachtete, dass sich das Verhalten und die Gemütslage Sterbender schrittweise verändert und dabei typische Stadien durchläuft.

Kübler-Ross hat im Sterbeprozess fünf Phasen unterschieden:

1. Phase: Nicht-Wahrhabenwollen:

Viele Patienten reagieren nach der Erkennung ihrer bösartigen und unheilbaren Erkrankung mit: „Ich doch nicht, das ist ja gar nicht möglich!" Sie suchen einen Arzt nach dem anderen auf, erhalten bald bestätigende, bald beruhigende Auskünfte, verlangen immer neue Untersuchungen und wissen insgeheim doch nur zu gut, dass die erste Diagnose stimmt. Mit gequältem Nichtwahrhabenwollen reagiert ein Patient besonders dann, wenn er unvermittelt und zu früh informiert wird. Trotz dieser Einstellung des Patienten zu seiner tödlichen Krankheit ist er vielleicht bereit, ja erleichtert und befriedigt, wenn er mit einem anderen Menschen über sein bevorstehendes Ende sprechen kann. Der Kranke hat vor allem das Bedürfnis dem Ernst seiner Lage auszuweichen, sich zurückzuziehen und zu isolieren. Das Sterben und der Tod wird manchmal auch verdrängt, geleugnet und abgestritten.

Helfendes Verhalten:

- Es ist ganz natürlich, wenn der Patient die Nachricht von der tödlichen Krankheit zunächst verdrängt und nicht darüber sprechen möchte. Man sollte ihn also nicht zur Einsicht zwingen und ihn mit der Wahrheit konfrontieren.
- Wichtig ist es abzuwarten und ihn sein zu lassen.
- Gesprächsbereitschaft signalisieren, damit er mit jemandem sprechen kann, wenn er das Bedürfnis dazu äußert.
- Gespräch dann abbrechen, wenn der Partner zu erkennen gibt, dass er die Tatsachen nicht mehr erträgt.
- Aussprachen, die vom Patienten ausgehen, und die Vermittlung des Angenommenseins sind es, die dem Patienten helfen die Todesfurcht zu überwinden.

2. Phase: Zorn/Wut

Wenn der Kranke die Ableugnung seines kritischen Zustandes nicht mehr vor sich selbst aufrechterhalten kann, dann tritt er zumeist in die zweite Phase ein, die des Zorns und der Empörung darüber, dass gerade er es sein muss, der so sein Leben verlieren soll. In diesem Zustand ist es für die Angehörigen und die Pfleger besonders schwierig, weil sich sein Zorn und seine Kritik gegen alles und jeden richten kann. Sein Verhalten ist oft aggressiv, feindselig und abweisend. Besondere Schwierigkeiten bereiten die Sterbenskranken, die ihr Leben lang eine dominierende Rolle gespielt oder auch immer alles in ihrem Leben „gemanagt" haben und die sich nun machtlos und kraftlos den Ärzten und denjenigen ausgeliefert sehen, die sie so lange beherrscht haben. Der Reiche und Erfolgreiche gibt unter diesen Umständen vielleicht die ärmste Figur ab.

Helfendes Verhalten:

- Diese Phase ist für die Pflegenden oft sehr schwer zu ertragen, da sie sich mit Wut, Kritik und Aggression auseinander setzen müssen. Dabei helfen sie sich und dem Sterbenden am meisten, wenn sie die Kritik und das ständige Herumnörgeln nicht persönlich nehmen.
- Sich auf keinen Fall von dem Patienten auf Grund seines feindseligen Verhaltens abwenden, denn dadurch würde seine Einsamkeit und Not nur verstärkt werden.
- Versuchen ihm Zuwendung zu geben, Zeit und Aufmerksamkeit zu widmen, denn wenn er Verständnis findet, wird er bald ruhiger werden und weniger fordern.
- Ihm das Gefühl geben, dass man noch mit ihm rechnet und sich um ihn sorgt.
- Man sollte versuchen, seine Fähigkeiten und Stärken zu fördern und einzusetzen.
- Die Pflegenden sollten auf keinen Fall versuchen eventuelle negative Gefühle wie Wut, Aggression und Überdruss zu leugnen oder zu überspielen. Sie sollten diese Gefühle ernst nehmen und zulassen (mit Kollegen darüber sprechen).

3. Phase: Verhandeln

Wenn sich Ärger, Wut und Zorn darüber, warum er es gerade sein muss, erschöpfen, versucht der Kranke mit Gott zu verhandeln. Dies ist eine Reaktion der Selbsthilfe, damit der Patient sein Schicksal leichter ertragen kann. Er verspricht, ein besserer Mensch zu werden, sein Leben Gott zu widmen, gesünder zu leben oder ein gutes Werk zu vollbringen, wenn sein Dasein verlängert wird. Tatsächlich zielt das Handeln, das der Kranke vor anderen fast immer geheim hält und von dem allenfalls der Seelsorger oder nahe Vertraute erfahren, auf einen selbstgesetzten, befristeten Zeitgewinn mit der stillschweigenden Unterstellung, dass er dann keine weitere Fristverlängerung für sein Dasein fordern werde. Es gibt auch Patienten, die versprechen Teile ihres Körpers oder auch den ganzen Körper der Wissenschaft zu vermachen, wenn die Ärzte ihre wissenschaftlichen Erkenntnisse zur Verlängerung seines Daseins nutzen wollen. Psychologisch gesehen können solche Versprechungen aus einem verborgenen Schuldgefühl resultieren.

Helfendes Verhalten:

- Die Ursache des Verhandelns mit Gott oder den Ärzten sind verborgene Schuldgefühle. Gelübde werden abgelegt, Versprechungen gemacht und Verpflichtungen werden sich selbst auferlegt. Deshalb ist es wichtig, dass man entsprechende Bemerkungen des Patienten nicht abqualifiziert oder beiseite schiebt.
- Mit Einfühlungsvermögen und Behutsamkeit lassen sich Schuldgefühle des Patienten, der in dieser Phase sehr verletzlich ist, abbauen.
- Der Pflegende sollte dem Patienten seine Hoffnungen auf Lebensverlängerung lassen, ihm aber nicht falsche Hoffnungen machen oder seine unrealistischen Hoffnungen verstärken.
- Seine irrationalen Ängste und seinen Wunsch nach Bestrafung durch einfühlsame Gespräche mildern.

4. Phase: Depression

Wenn der Todkranke seine Krankheit nicht länger verleugnen kann, wenn neue Eingriffe, erneute Krankenhausaufenthalte notwendig werden, wenn immer neue Symptome auftreten, und er schwächer und elender wird, dann verfällt er in tiefe Depressionen. Die Niedergeschlagenheit hat zwei Formen: Sie ist einmal die Reaktion auf das verlorene Dasein und seine verlorenen Freuden, Pläne und Pflichten, zum anderen hat sie die Funktion, den Kranken auf die endgültige Ablösung von dieser

Welt, auf den bevorstehenden Verlust des Lebens seelisch vorzubereiten, um das letzte Stadium, die Annahme dieses Schicksals, das Sich-fügen in das Unvermeidliche, zu erleichtern. In dieser Phase kann der Patient seine Krankheit nicht mehr leugnen, dem Tod nicht mehr aus dem Weg gehen oder gegen ihn ankämpfen, denn durch die Behandlungen und die fortschreitende Krankheit wird sein körperlicher Verfall äußerlich für jedermann, d. h. auch für ihn, sichtbar. Der Todkranke hört nun auf, gegen die Krankheit und den Tod anzukämpfen.

Helfendes Verhalten:

- Die Depression kann schon ein Teil der Verarbeitung des Sterbens, die Vorbereitung auf die Ablösung von der Welt sein. Durch ein annehmendes Verhalten können die Pflegenden dies unterstützen (Weinen zulassen, Zurückgezogenheit des Patienten akzeptieren etc.).
- Oft machen die Pflegekräfte in dieser Phase die eigene Erfahrung von Hilflosigkeit. Deshalb reagieren sie häufig auf den Depressiven mit Beschwichtigungen, dem Herunterspielen der Krankheit und unrealistischen Tröstungen („Es ist ja gar nicht so schlimm." „Es wird schon wieder." „Andere haben es noch schwerer."). Solches Verhalten ist wenig hilfreich, denn der Patient weiß in der Regel, wie es um ihn steht und dass er sterben muss. Deshalb klingen solche Sätze für ihn zynisch und oberflächlich.
- Sein Selbstwertgefühl durch Zuspruch und Bestätigung verstärken und aufbauen, Selbstvorwürfe über Versagen oder begangene Fehler entkräften oder relativieren.
- Dem Sterbenden steht der Verlust all dessen bevor, was ihm wichtig war, deshalb muss ihm Raum gegeben werden für seine Trauer.
- Ihn unterstützen bei der „Realitätsarbeit". Der Patient braucht Unterstützung bei der Erledigung wichtiger organisatorischer Dinge und bei der Suche nach Freunden und Angehörigen. Er hat das Bedürfnis Unerledigtes zu erledigen und sich zu verabschieden.
- Es bedarf nicht vieler Worte. Man sollte ihm Ruhe und Stille organisieren. Es ist sehr hilfreich, wenn man im stillen Verstehen bei ihm ist. Zu viel Zuspruch und ärztliche Behandlung würden in dieser Phase nur stören und der Trauerarbeit hinderlich sein.
- Körperkontakt signalisiert „ich bin bei dir.". Gesten wie das Streicheln der Hände, mit der Hand übers Haar streichen, in den Arm nehmen, die Hand auf seine Schulter legen etc. geben dem Patienten das Gefühl des Angenommenseins und des Nichtalleingelassenseins.

5. Phase: Zustimmung

Im Endstadium, in dem der Sterbende sein Schicksal annimmt, in dem er weder verzweifelt noch hoffnungslos oder zornig ist und seinem Ende mit stiller Erwartung entgegen sieht, ist er meist müde und schwach, will er ruhig dahindämmern oder öfter für eine kurze Zeit schlafen. Das Interesse an der Umwelt und ihren Problemen erlischt mehr und mehr. Oft möchte der Sterbende ungestört bleiben oder schweigen. Der Kontakt mit ihm wird immer wortloser, aber es ist wichtig für ihn zu spüren, dass er dann nicht mehr allein gelassen ist, wenn er nichts mehr sagt und wenn nichts mehr für ihn getan werden kann. Diese Phase der Einwilligung darf nicht als ein glükklicher Zustand verstanden werden. Sie ist fast frei von Gefühlen. Der Schmerz scheint vergangen, der Kampf ist vorbei, nun kommt die Zeit der „letzten Ruhe vor der langen Reise", wie es ein Patient ausdrückte. Auch noch in dieser Phase, wie in allen anderen, spielt die Hoffnung für den Kranken eine große Rolle, denn keiner der Patienten gibt sich auf.

Helfendes Verhalten:

- Hautkontakt und körperliche Nähe geben dem Patienten das Gefühl nicht allein gelassen zu sein.
- Gesten und Mimik haben in dieser Phase ein großes Gewicht und Bedeutung. Der Sterbende registriert dies sehr genau, da er eine intensive Sinneswahrnehmung hat.
- Die Bedürfnisse des Sterbenden müssen erfüllt werden.
- In dieser Phase braucht die Familie des Sterbenden auch Zuwendung und Hilfe, denn häufig werden sie erst kurz vor dem Tod an das Sterbebett gerufen, haben aber die einzelnen Phasen und den Sterbeprozess des Patienten nicht miterlebt.
- Den Patienten nicht das Gefühl geben, dass man ihn aufgegeben hat, denn kein Patient gibt sich auf. Hoffen spielt auch in dieser Phase eine große Rolle.
- Es können letzte Wünsche erfüllt werden.
- Wichtig ist es, eine ruhige und friedvolle Atmosphäre herzustellen. Es ist auch darauf zu achten, dass die Angehörigen diese Atmosphäre durch Gespräche am Sterbebett oder Hysterie nicht stören und es damit dem Sterbenden erschweren zu sterben.

Diese fünf Phasen laufen nicht streng chronologisch ab. Das Sterben ist ein äußerst dynamischer Prozess. Das Überspringen einzelner Phasen und/oder das Zurückpendeln auf eine frühere Stufe sind dabei die Regel. Sterben ist wie das Leben selbst nichts Geradliniges oder Lineares, sondern ein Vorwärts und immer wieder neues Beginnen. Wichtig dabei ist, dass die häufigen extremen Stimmungsschwankungen, die bei dem Sterbeprozess zu bewältigen sind, dem Kranken selbst oft nicht bewusst sind. Der Todkranke äußert sich aber fortwährend oder gibt zumindest Signale, die von den Begleitenden wahrgenommen werden müssen.

Deswegen ist es von großer Bedeutung, dass die Sterbebegleiter die Phasen des Sterbens kennen und sensibilisiert werden für das Verhalten des Todkranken in den einzelnen Phasen.

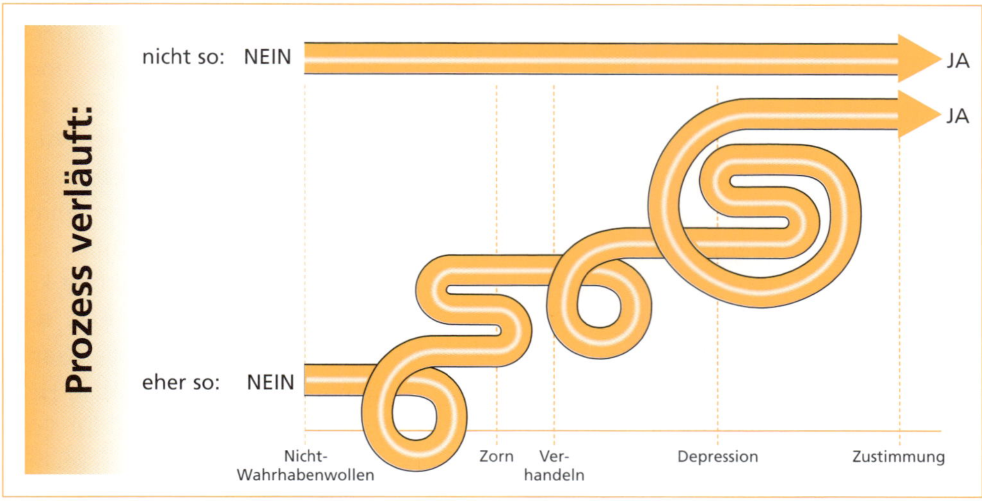

Die Haltung des Sterbenden zum bevorstehenden Tod ist immer abhängig von der momentanen Lebensphase und kann deswegen sehr unterschiedlich sein. Fragen wie: Hat der Sterbende noch guten Kontakt zu seiner Familie oder ist er ins Altenheim abgeschoben worden? Ist er verbittert und einsam? Hat er die für ihn wichtigen Dinge in seinem Leben noch ordnen können oder ist ihm dies durch irgendwelche Umstände verwehrt geblieben? Hat er Schmerzen? etc. kennzeichnen die aktuelle Lebenssituation des Todkranken.

Viele Hochbetagte sehen im Tod und im Sterben den logischen und vorhersehbaren Abschluss ihres Lebens und erwarten ihn ohne Angst. Anders ist das Sterben z. B. von jungen Eltern, die ihre Kinder, um die sie sich sorgen, zurücklassen müssen. Der Tod und das Sterben von Kindern ist dagegen wieder anders: Sie zeigen eine für Erwachsene ganz erstaunliche Selbstverständlichkeit dem Sterben gegenüber.

Die Todesangst, die man auch als „Früh- oder Vorangst" feststellen kann, betrifft nicht so sehr die Angst vor dem was kommt oder nicht kommt, sondern sie bezieht sich vor allem auf die Angst vor Qualen und Schmerzen während des Sterbens.

Fallbeispiel

Frau Meier erfährt im Rahmen eines Krankenhausaufenthalts, den sie wegen einer Blinddarmoperation hatte, dass der Verdacht auf Darmkrebs bei ihr besteht. Weitere Routineuntersuchungen bestätigen diesen Anfangsverdacht. Frau Meier ist zunächst überhaupt nicht betroffen, lacht, ist ihrer Familie gegenüber heiter und denkt sich „Nein, ich fühl' mich doch wohl – mir fehlt nichts. Ich bin nicht krank". Sie sucht in den folgenden Monaten verschiedene Ärzte auf, aber keiner dieser Ärzte, weder die Fachärzte noch der Naturheilkundige, können die erste Diagnose, von der Frau Meier auch intuitiv weiß, dass sie richtig ist, entkräften. In der Folgezeit ist Frau Meier ständig gereizt, aggressiv, leicht aufbrausend und zornig. Für die Familie wird ihre Gereiztheit mit der Zeit zur Belastung. Die Kranke hadert mit ihrem Schicksal, denn sie findet es ungerecht, dass sie, die sich noch so viel vorgenommen hat in ihrem Leben, sterben muss und andere neunzig Jahre alt werden. Sie ist wütend, neidisch und eifersüchtig auf die vitalen und aktiv lebenden Menschen. Auch den Ärzten macht sie massive Vorwürfe, hält sie für inkompetent und ohnmächtig, gegen ihre Krankheit etwas unternehmen zu können. Immer wieder kreisen in ihrem Kopf die Fragen „Warum ausgerechnet ich? Womit habe ich das verdient?" Mittlerweile spürt sie ihre Krankheit körperlich, die Familie und das Umfeld sind darüber in Kenntnis gesetzt, dass sie schwerkrank ist. Sie hat sich auch wie eine Besessene über die Krankheit informiert, darüber wo es Spezialkliniken gibt oder alternative Heilmethoden angewendet werden. Jeder Hoffnungsschimmer ist für Frau Meier wichtig. Die ansonsten nicht sehr religiöse Frau ertappt sich ab und an wieder beim Beten, denn sie hat auch von der Kraft des Glaubens gehört: „Lieber Gott, wenn du mir nur dies eine Mal noch hilfst, wenn du mir noch ein paar glückliche Jahre schenkst, dann verspreche ich dir, dass ich mich gesund ernähre, jedes Jahr Geld an karitative Einrichtungen spende und ein demütiger und liebevoller Mensch werde. Bitte gib mir noch ein paar schöne Jahre zusammen mit meiner Familie". In ihr keimt Hoffnung auf, die für die Außenstehenden nicht immer rational nachvollziehbar ist. Das Wichtigste in ihrem Leben ist zu dieser Zeit immer der Gedanke: Vielleicht gibt es ja noch Hoffnung! Vielleicht muss ich ja doch nicht sterben! Mittlerweile sind zwei Jahre vergangen, die ersten Therapien hat Frau Meier hinter sich, die Krankheit ist ihr, für jeden erkennbar, ins Gesicht geschrieben. Es lässt sich nicht mehr verheimlichen. Wenn sie morgens in den Spiegel schaut, wird sie mit ihrer tödlichen Krankheit konfrontiert. Von ihr ergreift langsam die Realität Besitz. Sie weiß jetzt ganz genau, dass sie sterben muss. Lange und andauernde Phasen der Stille, des Weinens, des seelischen Schmerzes und der Traurigkeit treten auf. Sie hat immer öfter das Bedürfnis allein zu sein. Sie kapselt sich auch von Freunden und von ihrer Familie ab. In dieser Zeit versucht sie der Realität und den Fakten ins Auge zu sehen. Sie spricht mit dem Pfarrer über ihre Beerdigung, schreibt ein Testament, spricht mit ihrem Mann und den Kindern über Dinge, die ihr wichtig sind und die sie noch regeln will. Ein Gespräch mit ihrem Vater, mit dem sie zerstritten ist und schon lange keinen Kontakt mehr gehabt hat, kann sie allerdings nicht führen, was sie sehr belastet. Zu dieser Zeit ist Frau Meier sehr niedergeschlagen und bedrückt, sie trauert, denn sie weiß, dass sie nicht mehr lange zu leben hat. Der nahende Tod ist für sie etwas Schreckliches, doch in der Auseinandersetzung mit und in der Vorbereitung auf den Tod und das Sterben spürt sie mit der Zeit, dass sie das Sterben und den Tod langsam annehmen kann. Sie spürt den nahenden Tod ganz genau, sie weiß, dass nicht mehr viel Zeit ist. Sie liegt im Bett, dämmert vor sich hin, hat auch nicht das Bedürfnis zu sprechen. Stille und Ruhe tun ihr gut, aber sie will, dass immer jemand in der Nähe ist und ihre Hand hält. Das, was sie am meisten belastet, ist das ungeklärte Problem mit ihrem Vater, das sie schon ihr ganzes Leben mit sich herum trägt. Ihr Vater kommt zu ihr ans Sterbebett und weint. Die beiden sprechen sich aus, der Vater verzeiht ihr. Frau Meier will, dass in der Stunde des Todes ihr Vater und ihre Familie bei ihr sind. Wenige Tage nach dem Gespräch mit ihrem Vater, sie hat nun alle unfertigen Dinge in ihrem Leben aufgearbeitet und sich von allen verabschiedet, kann Frau Meier in Ruhe und Frieden sterben.

Aufgaben

1. Versuchen Sie das Sterben von Frau Meier in die Phasen des Sterbens zu gliedern. Beachten Sie dabei vor allem die Gefühlslage und den körperlichen Zustand von Frau Meier.
2. Besprechen Sie in der Gruppe, wie Sie in den einzelnen Phasen auf Frau Meier reagieren bzw. ihr helfen würden. Stellen Sie die Lösungen in kleinen szenischen Dialogen dar.

5.3 Sterben heißt Loslassen

Eine kleine Geschichte

Sie handelt von Zwillingen, Bruder und Schwester, die sich vor ihrer Geburt im Bauch ihrer Mutter unterhalten. Die Schwester sagte zu ihrem Bruder: „Ich glaube an ein Leben nach der Geburt." Ihr Bruder erhob lebhaft Einspruch: „Nein, nein, das hier ist alles. Hier ist es schön dunkel und warm, und wir brauchen uns lediglich an die Nabelschnur zu halten, die uns ernährt." Aber das Mädchen gab nicht nach: „Es muss doch mehr als diesen dunklen Ort geben; es muss anderswo etwas geben, wo Licht ist und wo man sich frei bewegen kann." Aber sie konnte ihren Zwillingsbruder immer noch nicht überzeugen. Dann, nach längerem Schweigen, sagte sie zögernd: „Ich muss noch etwas sagen, aber ich fürchte, du wirst auch das nicht glauben: Ich glaube nämlich, dass wir eine Mutter haben!" Jetzt wurde ihr kleiner Bruder wütend: „Eine Mutter, eine Mutter!", schrie er. „Was für Zeug redest du denn? Ich habe noch nie eine Mutter gesehen, und du auch nicht. Wer hat dir denn diese Idee in den Kopf gesetzt? Ich habe dir doch schon gesagt: Dieser Ort ist alles, was es gibt. Warum willst du immer noch mehr? Hier ist es doch gar nicht so übel. Wir haben alles, was wir brauchen. Seien wir also damit zufrieden." Die kleine Schwester war von dieser Antwort ihres Bruders ziemlich erschlagen und wagte eine Zeitlang nichts mehr zu sagen. Aber sie konnte ihre Gedanken nicht einfach abschalten, und weil sonst niemand da war, mit dem sie darüber hätte sprechen können, sagte sie schließlich doch wieder: „Spürst du nicht ab und zu diesen Druck? Das ist doch immer wieder ganz unangenehm. Manchmal tut es richtig weh." – „Ja", gab er zur Antwort, „aber was soll das schon heißen?" Seine Schwester darauf: „ Weißt du, ich glaube, dass dieses Wehtun dazu da ist, um uns auf einen anderen Ort vorzubereiten, wo es viel schöner ist als hier und wo wir unsere Mutter von Angesicht zu Angesicht sehen werden. Wird das nicht ganz aufregend sein?"

Ihr kleiner Bruder gab ihr keine Antwort mehr. Er hatte endgültig genug vom dummen Geschwätz seiner Schwester und dachte, am besten sei es, einfach nicht mehr auf sie zu achten und zu hoffen, sie würde ihn in Ruhe lassen.

Aufgaben

1. Schreiben oder erzählen Sie diese Geschichte bis nach der Geburt der Zwillinge weiter.
2. Beschreiben Sie genau, was der Bruder loslassen muss durch die Geburt.
3. Es fällt den Zwillingen schwer von ihrem wohlig warmen Leben im Bauch der Mutter los- und sich auf etwas Neues einzulassen. Besonders der Bruder hat Angst davor.
   Beschreiben Sie in der Gruppe Situationen aus Ihrem Leben, in denen Sie Schwierigkeiten damit hatten loszulassen.

Diese kleine Geschichte zeigt sehr deutlich, dass Loslassen von etwas, ob das eine zu Ende gehende Beziehung, das Leben selbst, ein Lebenstraum oder Wunsch ist, immer auch eine Erfahrung des Sterbens ist. D. h. wir sterben das ganze Leben hindurch oder anders ausgedrückt: Wir müssen im Leben mehrmals die Erfahrung des Loslassens und des Sterbens machen.

Fallbeispiel

Ein Lebenslauf

Geboren wurde ich am 9. März 1940.

Das Sterben habe ich schon in meinen ersten Lebensjahren geübt: Spreng- und Brandbomben zerstörten unser Haus, alle waren im Keller; das Haus brannte, die Straße brannte, Schutt auf der Kellertreppe – ich hatte kein Zuhause mehr.

Wir mussten vor den russischen Truppen fliehen. Meine Heimat, ein Teil meiner Kindheit, war von einem Tag auf den anderen verloren.

Deutschland: Die Situation wurde zusehends besser. Wir lebten uns langsam in unserer neuen Heimat ein. Etwas starb in mir, als mein Bruder in die Schule durfte und ich im Kindergarten bleiben musste. Ich hatte am Vormittag niemanden zum Spielen. Schlimmer noch war für mich, als ich ins Internat musste, 280 km von Zuhause weg, nur weil ich sitzen blieb oder lieber arbeitete als lernte.

Als ich 16 Jahre alt war, starb meine Mutter. Wir beteten, dass sie sterben konnte, denn der Tod war für sie eine Erlösung. Sie hatte große Schmerzen und Qualen ertragen, denn sie hatte Magenkrebs. In mir starb ein Teil – es war sie, die mir fehlte.

Mit 28 Jahren heiratete ich. Wir hatten 2 Kinder und eine glückliche Zeit. Zunächst fiel es mir schwer von den „Freiheiten" meines Junggesellenlebens Abschied zu nehmen und diese radikale Lebensveränderung zu akzeptieren.

Beruflich hatte ich Erfolg – meine beste Zeit; voller Dynamik, Arbeitseifer und Motivation – dann kam ich bei einer Beförderung, derer ich mich sicher glaubte, nicht zum Zug. Ich war sehr enttäuscht, da ich so viel Energie, Arbeit und Zeit in die Firma investiert hatte.

Kurz vor meinem 44. Geburtstag mussten wir, meine Frau und ich, uns eingestehen, dass unsere Ehe gescheitert war – Trennung, Scheidung... . Meine Frau wollte nicht mehr, sie hatte das Zusammenleben mit mir satt. In mir zerbrach ein Teil meines Lebens. Ich wollte die Scheidung nicht.

Mit 52 Jahren erlitt ich einen Herzinfarkt. Der Arzt riet mir, etwas langsamer zu treten und weniger zu arbeiten. Ich musste mich mit der Krankheit auseinander setzen und sie akzeptieren lernen – ich, der ich immer kerngesund war. Ich fühlte mich wie ein halber Mensch, da ich einfach nicht mehr so leistungsfähig war.

Nun werde ich bald in Rente gehen. Ich habe große Angst davor: Keine Arbeit, keine Anerkennung und keine sozialen Kontakte mehr. Ich habe Angst vor der Einsamkeit. Ideen starben, Chancen und Gelegenheiten wurden verpasst, Träume platzten – alles etwas von mir und meinem (nicht-)gelebten Leben, aber dabei entstand mein Leben – das von heute.

Aufgaben

1. Beschreiben Sie anhand des Lebenslaufs genau, von was der Mann loslassen musste in seinem Leben.
2. Beschreiben Sie an einer Situation seines Lebens, wie es verlaufen wäre, wenn er nicht hätte loslassen können.

Elisabeth Kübler-Ross hat im Rahmen der Sterbeforschung herausgefunden, dass die Phasen des Sterbens, die ein Sterbender bis zu seinem Tod durchlebt, auch auf Lebenskrisen, in denen man loslassen können muss, übertragbar sind. Dies bemerkte die Psychologin Schuchhardt und entwickelte ein Krisenverarbeitungsmodell, das mit den Sterbephasen weitgehend identisch ist. In Krisensituationen des Lebens durchlebt man die Phasen des Sterbens, man stirbt „viele kleine Tode".

Nachfolgende Grafik zeigt die Verarbeitung von Krisen schematisch:

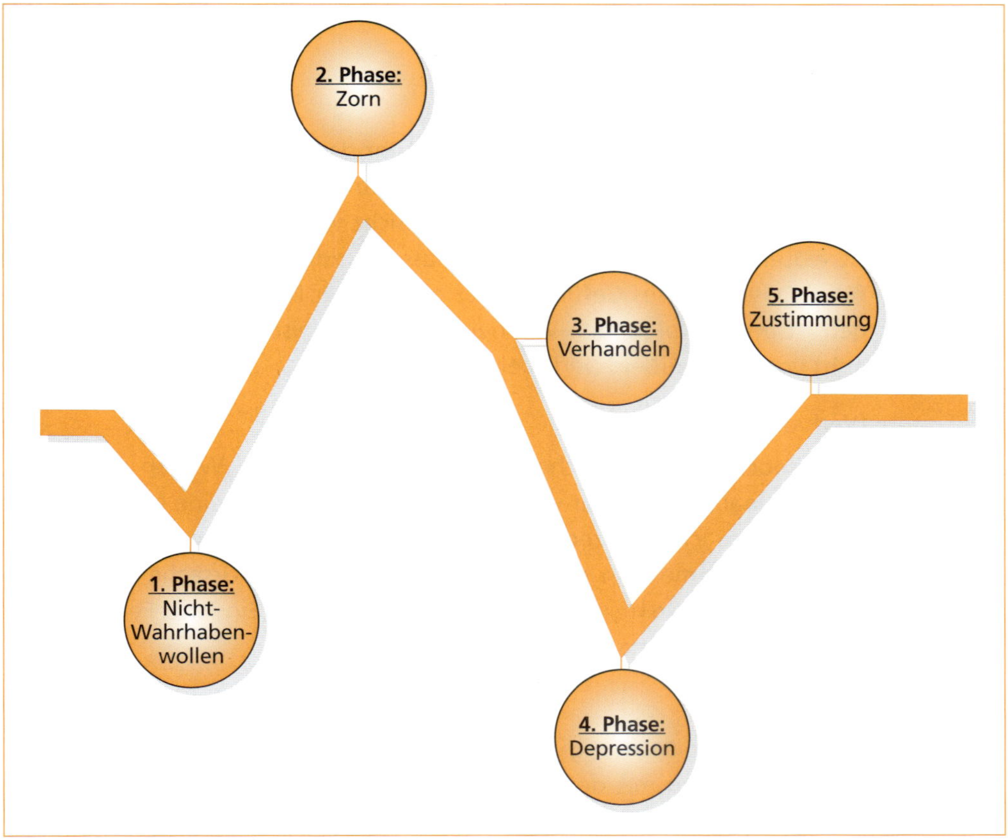

Fallbeispiel

Trennung (Loslassen) von einem Partner

Jürgen und Regina sind seit 5 Jahren miteinander befreundet. Regina will sich von Jürgen trennen, da ihr die Beziehung zu eng geworden ist und er sie in ihrem Bedürfnis nach Freiheit einengt. Außerdem ist sie genervt von Jürgens krankhafter Eifersucht. Sie hält es in der Beziehung nicht mehr aus und beendet sie. Jürgen trifft Reginas Entscheidung vollkommen unvorbereitet. Er durchlebt in den kommenden Monaten etwa Folgendes:

(Nichtwahrhabenwollen/ Isolation)

Als Jürgen erfährt, dass Regina sich von ihm trennen will, nimmt er dies zunächst nicht ernst. Da es in letzter Zeit schon öfter zwischen ihnen Streit gegeben hat, denkt er, dass es sich schon wieder einrenken werde. Er sucht in den folgenden Wochen das Gespräch mit vielen Freundinnen von Regina, nur um von ihnen vielleicht zu hören, dass es noch Chancen für die Beziehung gebe...

(Zorn/ Wut)

Als er sich dessen bewusst wird, dass es ihr doch ernst ist, wird er wütend auf Regina. Er fragt sich immer wieder, warum sie sich aus heiterem Himmel von ihm getrennt hat. Aus seiner Sicht war die Beziehung intakt. Er ist wütend auf sie, weil er sich verlassen und von ihr im Stich gelassen fühlt. Dass er dieses Gefühl hat, ist nach seiner Meinung ihre Schuld. Jürgen ist in den folgenden Wochen in einer launischen Stimmung, er vergeht vor Selbstmitleid und Weltschmerz.

(Verhandeln)

Er will noch einmal versuchen, Regina umzustimmen: „Wollen wir es nicht noch einmal miteinander versuchen? Wir hatten doch eine so schöne Zeit miteinander. Ich verspreche dir auch, nicht mehr so eifersüchtig zu sein und dir nicht mehr in dein Leben hineinzureden." Ursache für Jürgens Versprechen ist sein schlechtes Gewissen bzw. die Einsicht, Fehler in der Beziehung zu Regina begangen zu haben.

(Depression)

Als Regina ihre Meinung nicht ändert, sich von ihm getrennt zu haben, muss sich Jürgen mit der Tatsache der Trennung auseinander setzen. Er spürt, dass ihre Entscheidung unverrückbar feststeht. Er zieht sich zurück von seinen Freunden und schwelgt in Erinnerungen an die Zeit mit ihr. Er sieht sich Fotos vom letzten gemeinsamen Urlaub an, hört ihre Lieblingsmusik, weint und trauert um die Beziehung. Er denkt, ohne sie ist sein Leben leer, einsam und sinnlos geworden.

(Zustimmung)

Nach einer gewissen Zeit der Trauer und des Abschiednehmens kommt Jürgen zu einer selbstkritischen Bewertung der Trennung. Ihm wird bewusst, dass auch er seinen Teil zum Scheitern beigetragen hat und die Beziehung schon lange in der Krise war. Er denkt, dass es wohl das Beste so ist und sie zu verschieden waren, als dass sie von langer Dauer hätte sein können. Jürgen kann auf Grund seines kritischen Rückblicks und seiner Selbstkritik endlich loslassen von der Beziehung. Er trifft Regina ein halbes Jahr nach der Trennung zufällig beim Einkaufen. Die beiden sprechen sich ohne Schuldzuweisungen und Vorwürfe aus und bleiben gute Freunde.

Dieses Beispiel zeigt, dass die Phasen des Sterbens auf Krisensituationen im Leben übertragbar sind. Es wird deutlich, dass man im Leben viele „kleine Tode" (Enttäuschungen, Verluste, Versagen, Misserfolge, Veränderungen) stirbt, d. h. der Tod und das Sterben weisen uns darauf hin, dass wir im Leben ständig loslassen müssen.

Im Mittelalter hat man die „Kunst des Sterbens" (Ars Moriendi) in Klöstern eingeübt und gelernt. Die Entscheidung für ein klösterliches Leben an sich ist schon ein Loslassen vom „normalen" bürgerlichen Leben. Elisabeth Kübler-Ross meint, dass man das Loslassen lernen könne. Für eine professionelle Sterbebegleitung ist es von entscheidender Bedeutung, den Tod und das Sterben als Bestandteil des Lebens akzeptieren zu lernen.

Auch für den Sterbenden ist das Loslassenkönnen wichtig. Je mehr ein Mensch im Leben gelernt hat loszulassen, desto leichter kann er auch das Leben und die damit verbundenen Träume loslassen.

5.4 Bedürfnisse des Sterbenden

Oberstes und wichtigstes Gebot bei der Pflege und Begleitung Sterbender sind ihre körperlichen, seelischen, sozialen und eventuell auch ihre religiösen Bedürfnisse zu erfüllen. Jeder Mensch hat ein Recht auf ein schmerzfreies Sterben und einen friedlichen und würdevollen Tod. Für die Pflegenden bedeutet das, dass sie die äußeren Lebensumstände des Sterbenden so gestalten müssen, dass ihm ein angenehmes Sterben ermöglicht wird.

Hilfe bei der Regelung von Angelegenheiten

Ein Hindernis für ein friedvolles und ruhiges Sterben sind unerledigte Dinge und organisatorische Probleme und Unsicherheiten. Der Sterbende hat z. B. Wünsche für die Gestaltung der Trauerfeier, er will, dass bestimmte ihm nahestehende Menschen benachrichtigt werden, das Testament machen, seine Wohnung will er versorgt wissen usw. Dazu wird häufig die Hilfe von Pflegekräften erbeten. Der Pflegende kann dem Sterbenden eine gewisse Sicherheit geben, indem er ihm hilft diese Dinge zu regeln.

Konstante Bezugsperson

Geborgenheit und Sicherheit wird alten, sterbenden Menschen vor allem durch die Pflegekräfte vermittelt. Es sollte darauf geachtet werden, dass, wenn möglich, immer dieselbe Pflegerin/derselbe Pfleger einen Sterbenskranken betreut. Dadurch wird eine vertrauensvolle Beziehung zwischen Pflegenden und Sterbenden ermöglicht. Nur wenn eine kontinuierliche Beziehung vorhanden ist, kann der Pflegende etwas über das Wesen, den Charakter und die Ängste des Sterbenden in Erfahrung bringen. Er hat die Chance, etwas über seine Weltanschauung, seine Ängste und Hoffnungen zu erfahren.

Die Pflegekräfte sollen jede Begegnung zwischen dem Sterbenden und seinen Angehörigen fördern und unterstützen, sie eventuell auch vermitteln. Dadurch wird der sogenannte „soziale Tod“ (siehe Kap. 6) verhindert, denn oft bricht der Kontakt zwischen dem Sterbenden und seinen Freunden und Angehörigen durch die Einweisung ins Pflegeheim ab.

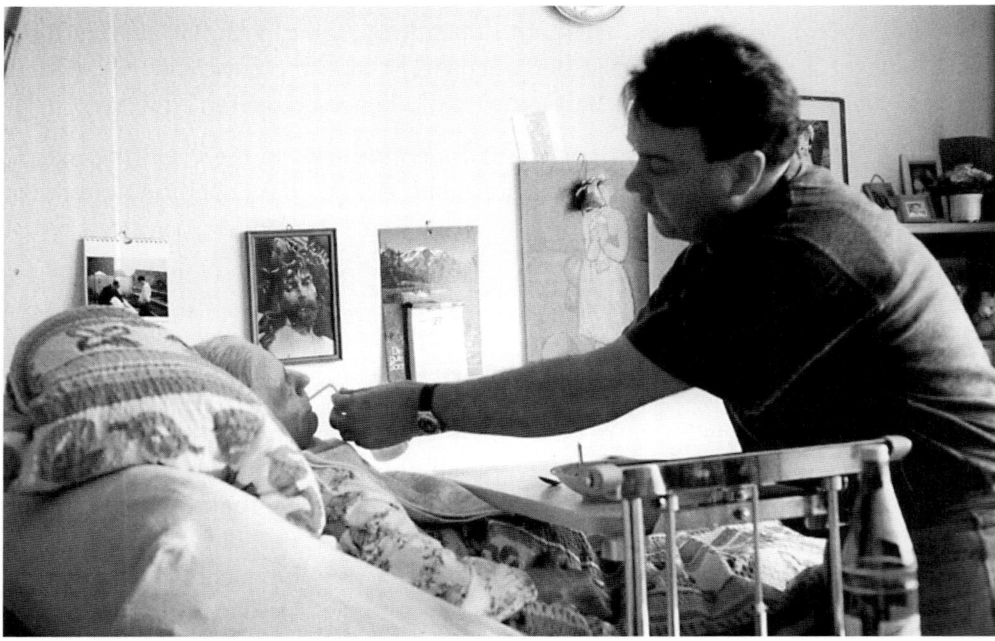

Schmerzen vermeiden und lindern

Viele Sterbende haben Angst vor einem schmerzhaften und qualvollen Tod. Diese Angst kann dem Sterbenden genommen werden, denn durch eine individuelle Schmerztherapie und eine angemessene Medikation können Schmerzen in 95 % aller Fälle abgestellt bzw. erheblich gelindert werden. Zu beachten ist, dass die Dosis der Schmerzmittel nicht so stark ist, dass das Bewusstsein des Patienten beeinträchtigt wird, denn er könnte sich dann nicht mehr mit seinem Tod und seinen Angelegenheiten auseinander setzen.

Atemnot bekämpfen

Häufig ist bei einem schwachen körperlichen Allgemeinzustand des Sterbenden die Lungenfunktion sehr eingeschränkt. Beklemmungsgefühle, Atemnot und panische Angstzustände sind die Folgen. Hinzu kommt, dass Angst und Einsamkeit diese Gefühle verstärken. Wichtig ist, dem Sterbenden das Gefühl zu vermitteln, dass er nicht allein gelassen ist, und ihm die Sicherheit zu geben, dass immer jemand schnell und zuverlässig da ist, wenn er gebraucht wird.

Für ausreichend Flüssigkeitszufuhr sorgen

Besonders wenn der Sterbende sich selbst nicht mehr artikulieren kann, muss man darauf achten, dass er immer genügend und regelmäßig zu trinken bekommt. Dies kann man sehr gut, indem man Trinkmenge und Zeitpunkt des Trinkens schriftlich protokolliert. Durst kann für Sterbende etwas qualvoll sein.

Ängsten entgegenwirken und sie verringern

Sterben ist immer verbunden mit verschiedensten Ängsten: Angst vor Schmerzen, vor Einsamkeit, vor den Umständen des Sterbens und vor dem, was danach kommt. Auch wenn der Sterbende keine Möglichkeit mehr hat, seine Ängste zu äußern, heißt das nicht, dass er keine hat. Zur Verringerung von Ängsten ist es wichtig, dem Sterbenden zuzusichern, dass nichts getan wird, was er nicht möchte. Außerdem müssen seine Wünsche und Bedürfnisse, sofern sie realisierbar sind, erfüllt werden. Die Angst vor dem Alleinsein kann ihm dadurch genommen werden, dass man ihm zusichert, dass ein Sterbebegleiter auf alle Fälle in der Stunde seines Todes bei ihm sein wird. Der Sterbende sollte auch nicht – wie häufig praktiziert – aus seiner gewohnten Umgebung herausgerissen werden, da dies seine Angst verstärken könnte. In vielen Alten- und Pflegeheimen ist es üblich, den Sterbenden aus dem Mehrbettzimmer hinauszubringen. Es wäre aber besser, die Mitbewohner zu bitten, für eine bestimmte Zeit in ein anderes Zimmer umzuziehen.

Hoffnung gegen die Verzweiflung setzen

Sterbende sind, bedingt durch die Ausweglosigkeit ihrer Situation, oft sehr verzweifelt. Sie haben keine Hoffnung mehr, da sich an ihrem Zustand nichts mehr ändern lässt und der Tod unabwendbar ist. Deshalb ist die Verzweiflung am Ende des Lebens ein normales Gefühl des Sterbenden. Deshalb ist es wichtig, die Gefühle des Sterbenden auszuhalten und ihm zuzuhören, wenn er davon spricht, wie schlecht es ihm geht. Eine Hilfe für den Sterbenden ist, wenn man ihm realistische Hoffnungen macht, z. B. dass er würdevoll sterben kann, religiöse Hoffnungen, dass er nach dem Tod nicht in Vergessenheit gerät usw. Auf jeden Fall muss man vermeiden, ihm falsche Hoffnungen und unrealistische Versprechungen zu machen. Sätze wie: „Es wird schon wieder." „Es ist gar nicht so schlimm." „Du schaffst das schon." dienen mehr der Beruhigung des Sterbebegleiters als dem Sterbenden.

Zuhören und Körperkontakt herstellen

Es würde den Sterbebegleiter überfordern, auf Fragen, die den Sinn des Lebens und das Weiterleben nach dem Tod betreffen (siehe Kap. 4), Antworten zu geben. Oft genügt es aber, dem Sterbenden einfach nur zuzuhören. Der Sterbende kann durch das Erzählen seine Lebensgeschichte und den Tod besser verarbeiten und seine Lebenserfahrungen weitergeben. Gefühle wie Angst, Verzweiflung und Trauer können durch Reden und Erzählen besser bewältigt werden.

Häufig ist es jedoch so, dass sterbende Menschen zu kraftlos zum Reden sind. Kommunikation kann aber dennoch stattfinden, denn es gibt auch andere Formen sich zu verständigen: Blickkontakte, Lächeln, Zeichensprache oder Körperkontakt. Streicheln, ein vorsichtiges Halten der Hand oder Berührungen können von Sterbenden wahrgenommen und erlebt werden. Sie geben ihnen das Gefühl, dass jemand für sie da ist und sie nicht allein gelassen sind. Der Sterbende kann auch noch sehr gut hören, deshalb sollte man in Gegenwart des Sterbenden Äußerungen über ihn und seinen Zustand vermeiden.

Religiöse Bedürfnisse

Es kann für den Sterbenden eine große Hilfe sein, wenn er in der Stunde seines Todes einen Menschen um sich hat, der seine eventuell vorhandenen religiösen Gefühle und Bedürfnisse akzeptiert und versteht. Die spirituelle und religiöse Dimension des Menschseins ist gerade für den letzten Lebensabschnitt von sehr großer Bedeutung. Ein religiöses oder spirituelles Verständnis ist aber heutzutage nicht mehr selbstverständlich, da es in unserer Gesellschaft eine Fülle verschiedenster religiöser Überzeugungen gibt. Auch innerhalb einer Religion oder Konfession können religiöse Haltungen sehr unterschiedlich sein (eine strenggläubige orthodoxe Spiritualität ist etwas ganz anderes als eine eher liberale religiöse Praxis).
Die persönliche „religiöse Spur" des Sterbenden zu erkennen und anzunehmen ist für den Sterbenden und seinen Angehörigen eine große Hilfe und Unterstützung im Sterbeprozess. Alle Religionen haben Formen des Umgangs mit dem Tod und dem Sterben entwickelt, die sich in Vorschriften, Sitten und Gebräuchen ausdrücken. Sie geben den Sterbenden, dem Sterbebegleiter und auch den Angehörigen Sinn, Orientierung und Schutz.

Da jeder Mensch eine ihm eigene Spiritualität besitzt, gibt es keine allgemein gültigen „Rezepte" für die religiöse Begleitung, aber folgende Hinweise können weiter helfen:

Auf Wunsch soll der Priester (er kann ihm die Krankensalbung spenden und ihm die Beichte abnehmen) geholt werden; die Familie ist zu benachrichtigen, denn sie weiß am ehesten über die religiösen Bedürfnisse des Sterbenden Bescheid; mit dem Sterbenden beten oder ihm etwas aus der Bibel vorlesen (siehe Kap. 7).

Der Sterbebegleiter sollte bezüglich der Bedürfnisse des Sterbenden Folgendes beachten:

- Ermöglichen eines schmerzfreien und würdevollen Todes.
- Gestaltung einer für den Sterbenden angenehmen Atmosphäre.
- Keine unnötige zusätzliche Belastung des Sterbenden durch Pflegemaßnahmen.
- Erhaltung des Selbstwertgefühls des Sterbenden durch Vermeidung von Angst, Ohnmacht, Hilflosigkeit und Handlungsunfähigkeit.
- Dem Sterbenden eine „echte" Bezugsperson sein, die zuhört, ihm Hoffnung gibt und auf seine Ängste eingeht.
- Berücksichtigung der religiösen und spirituellen Bedürfnisse.
- Erfüllen der Wünsche und Hilfe bei praktischen Fragen und Problemen.

Das wichtigste bei der Pflege und Begleitung Sterbender ist dessen Recht auf Selbstbestimmung sicherzustellen.

5.5 Hospizbewegung

Würdig leben bis zuletzt

„Die letzte Station. Zum Sterben hergekommen – wie auch immer begleitet – düstere Atmosphäre wie der Tod.", so waren meine Gedanken, meine Ängste vor dem ersten Kontakt mit dem Hospiz Luise in Hannover. (...) Das erste Gespräch im Hospiz zeigte mir im positiven Sinn all die nachfolgenden Erfahrungen einer Angehörigen dort auf. Alle Gefühle der Sterbenden wie der sie betreuenden Menschen werden auf- und wahrgenommen: Liebe und Dankbarkeit genauso wie Wut und Hass dem Tod gegenüber, Überforderung und Bitterkeit.

Eine sehr warme, lebendige Stimmung vermittelt das Hospiz. Jedes der acht Einzelzimmer in Hannover kann persönlich gestaltet werden mit Bildern, Teppichen, Kleinmöbeln, Radio und Fernseher. Meine Mutter konnte sogar ihre Katze mitnehmen, solange sie selbst imstande war, das Tier zu versorgen. Der Balkon vor dem für sie geplanten Zimmer wurde fürsorglich mit einem Katzennetz versehen.

In ihrem Zimmer erwarten meine Mutter gelbe Rosen, die sie liebte, aus dem Hospizgarten. Sie bemerkt diese Geste und fühlt sich „willkommen". Es dauerte sechs Wochen, bis sie sich „zu Hause fühlte".

Jeder Bewohner des Hospizes wird nach seinen eigenen, subjektiven Bedürfnissen umsorgt. Jeder, der gehfähig ist, wird durch liebevolles Herumführen am Tag seiner Ankunft mit den Räumlichkeiten vertraut gemacht und kann an den gemeinsamen Mahlzeiten zusammen mit allen Betreuern am großen Tisch teilnehmen. (...) Unsere Mutter lebte sich ein. Der bewusste Umgang mit dem

Sterben setzt bei den Betroffenen wie bei den Angehörigen eine ungeheure Reifeleistung voraus. Wir sahen, dass unsere Mutter „sich nicht drückte“. Gleichgültig, was in der großen gemeinsamen Lebensspanne vorher passiert ist – hier zeigt sich die wirkliche Größe eines Menschen.

Die letzte Zeit vor dem Tode unserer Mutter war von ihrer Liebe geprägt. „Wenn alle Menschen wüßten, wie viel Liebe Sterbende geben können, es gäbe sehr viel weniger Angst vor dem Tod“, so die Sterbebegleiter im Hospiz. Diese machen zusätzlich zur Krankenpflege eine Spezialausbildung für die Sterbebegleitung, die auch seelische Aspekte der Betreuung Sterbender wie ihrer Angehörigen und Freunde umfasst. (...) So legte ein Praktikant meiner Mutter nach dem Wechsel der Bettwäsche eine Rose aus dem Hospizgarten aufs Kopfkissen. Ein anderer Praktikant küßte ihr spontan die Hand, nachdem er ihre Füße massiert hatte, was sie so sehr genoss. Sie war zutiefst gerührt und erzählte immer wieder davon. (...) Wir Angehörigen, ihre Kinder, fanden Schutz und tiefes Verständnis in der ganzen Zeit unseres Aufenthaltes unserer Mutter im Hospiz. Besonders in der letzten Zeit, die meine Schwester und mich ständig an die Grenze unserer Möglichkeiten brachte, konnten wir jederzeit reden, Überforderung und Zorn abladen. Am Todestag meiner Mutter, nach drei Tagen unaufhörlicher Möglichkeiten, dass sie jede Minute hätte sterben können, konnte ich nicht mehr auf sie und den extremen Wechsel zwischen Lebenwollen und Sterbenkönnen reagieren. In der Hospizküche, in der ich ihr wie immer Tee mit Eiswürfeln organisierte, die ihr das Schlucken erleichtern sollten, beklagte ich mich – „...ich kann nicht mehr, ich will nicht mehr“. Spontan nahm mich eine Schwester in den Arm und sagte mir, dass sie mich verstünde und dass ich auf meine Grenzen achten sollte. Nachts um zehn kam der Anruf, es ginge meiner Mutter wesentlich schlechter, auch Sauerstoff würde ihr nicht mehr helfen. Ob ich kommen wolle. Ich sagte ja, traf meine Mutter, die um Atem rang, sterbend an. Stunden vorher gefragt, ob sie ein Beruhigungsmittel haben wolle, hatte sie nein gesagt. Sie erkannte mich nicht mehr, und doch bin ich sicher, dass sie wusste, spürte, dass ich bei ihr war. (...) Ich informierte die diensthabende Schwester, dass ich nicht mehr die Kräfte hätte, bei meiner Mutter zu bleiben. (...) Die Schwester verstand mich und sagte mir, sie wolle ihr Bett bei meiner Mutter aufschlagen. Meine Mutter sei bisher nachts extrem bescheiden gewesen, sehr unkompliziert im Vergleich zu anderen; sie könne jetzt etwas nachholen. Die Schwester ließ mich allein mit ihr. Ich verabschiedete mich von meiner Mutter und segnete sie.

Wieder zu Hause klingelte das Telefon – die Hospizschwester: „Ihre Mutter hat es geschafft.“ Sie muss während meiner Rückfahrt gestorben sein, in Anwesenheit der Schwester, die ihr beim Sterben ein Lied sang, das die tiefsten Wünsche meiner Mutter intuitiv erfasste. Ich wäre in dieser Situation niemals dazu fähig gewesen. Das Singen gehörte zum tiefen Wesen meiner Mutter: Sie sang mit uns Kindern, bevor wir sprechen lernten.

Am folgenden Tag besuchten meine Schwester und ich unsere gestorbene Mutter im Hospiz. Ihr Zimmer strahlte Ruhe aus. Kerzen und aromatisches Öl und auch die Blumen in ihren gefalteten Händen verstärkten unser Gefühl von Frieden nach ihrem mehrtägigen, unruhigen Todeskampf. (...) Der Frieden, die Ruhe bei ihr taten uns gut, erleichterten unseren Abschied. Darauf angesprochen, erwiderte eine Hospiz-Mitarbeiterin: „Das tun wir auch für uns. Den Menschen im Tod zu achten und zu ehren ist ein notwendiges Ritual, das auch dem eigenen Bemühen Sinn verleiht und einen Abschied in Würde ermöglicht. (...)

Ein gutes Vierteljahr nach dem Tod meiner Mutter konnte ich mich im Hospiz mit einem großen Blumenstrauß bedanken. Ich sah automatisch nach dem Zimmer, in dem meine Mutter ihre letzten zwei Lebensmonate verbrachte, erinnerte mich sofort an die Zeit mit ihr und wurde sehr traurig...

(aus: Rheinischer Merkur, Nr.24, 12.Juni1998, S.40)

Aufgaben

1. Beschreiben Sie die Erfahrungen, die die Autorin mit dem Hospiz Luise macht.
2. Versuchen Sie aus dem persönlichen Erfahrungsbericht der Frau einige Grundsätze der Hospizarbeit herauszuarbeiten.

Die Geschichte der Hospizbewegung

Hospize waren im frühen Christentum und im Mittelalter vor allem Herbergen und Hospitäler, in denen entlang der großen Pilgerwege die Pilgernden (medizinisch) versorgt und gepflegt wurden. Betrieben wurden die Hospize vorwiegend von Orden, die sich um die Pilger kümmerten. Durch die modernen Fortbewegungsmittel und die geringere Bedeutung von Pilgerreisen verloren die Hospize zunehmend an Bedeutung.

Im Jahre 1967 nahm die englische Ärztin Cicely Saunders der Zeit angepasst die Hospizidee wieder auf und eröffnete in London das „Hospice St. Christopher". St. Christopher ist eine Sterbeklinik, in die vorwiegend Menschen kamen, die unheilbar krank waren und deren Krankheit medizinisch austherapiert war. Cicely Saunders hatte St. Christopher's gegründet, weil sie die Erfahrung machte, dass es in Krankenhäusern und Pflegeheimen häufig an mitmenschlicher Zuwendung fehlte und die Sterbenden durch den hektischen Pflegealltag mit ihren Bedürfnissen zu wenig Beachtung finden. Ein weiterer Grund für die Gründung einer Sterbeklinik war die Erkenntnis, dass ein Sterben in Würde nur dann gegeben sein kann, wenn der Sterbende bei vollem Bewusstsein und ohne Schmerzen sterben kann. Deshalb wird in Hospizen auch sehr viel Wert auf eine individuell abgestimmte Schmerztherapie gelegt. Saunders war wichtig, dass der Persönlichkeit des Sterbenden Rechnung getragen und ihr ein selbstbestimmtes Sterben ermöglicht wird, d. h. dass die Bedürfnisse des Sterbenden, wenn möglich, berücksichtigt werden. Deshalb arbeiten in den Hospizen interdisziplinäre, professionelle Teams (Ärzte, Psychologen, Ergo- und Physiotherapeuten, Sozialarbeiter, Seelsorger etc.), um den unterschiedlichen Bedürfnissen der Sterbenden gerecht werden zu können. Ein Grundsatz der Hospizbewegung war von Anfang an, dass auch Angehörige, Freunde und enge Vertraute des Sterbenden in die Betreuung mit einbezogen werden müssen.

Von Cicely Saunders und St. Christopher's gingen wesentliche Impulse für eine Professionalisierung der Sterbebegleitung (siehe Kapitel 5.2) aus. Genauso wie anfänglich in London stieß die Hospizbewegung in Deutschland auf Widerstand. In der deutschen Öffentlichkeit, sensibilisiert durch die Euthanasieprogramme der Nationalsozialisten (siehe Kap. 8) wurden „Sterbekliniken" noch in die Nähe von Euthanasie gerückt. Erst Anfang der 80er Jahre wurden Hospize langsam gesellschaftlich akzeptiert und anerkannt. Mittlerweile gibt es in jeder größeren deutschen Stadt Initiativen und Hospizvereine, die von vielen ehrenamtlichen Mitarbeitern getragen werden.

Leben bis zuletzt ermöglichen

Hospizarbeit hilft vor allem Menschen, die eine vielleicht nur noch eng begrenzte Lebenserwartung haben, z. B.

- bei Krebserkrankungen, die trotz Therapie fortgeschritten sind,
- bei Vollbild der Infektionskrankheit AIDS,
- bei Erkrankungen des Nervensystems mit zunehmenden Lähmungen,
- bei fortgeschrittenen Nieren-, Leber-, Herz- oder Lungenerkrankungen.

Die Hospizbewegung lehnt „aktive Sterbehilfe" (siehe Kap.8) kategorisch ab. Stattdessen wird versucht die Symptome der Krankheit zu lindern. Dies wird durch die Prinzipien der Hospizidee deutlich:

- Wir suchen die enge Zusammenarbeit mit den jeweils betreuenden pflegerischen und medizinischen Fachkräften. Ziel ist: ein Netz der Hilfe zu knüpfen.
- Im Mittelpunkt steht immer der schwerkranke oder sterbende Mensch: Seine Wünsche sind entscheidend.
- Wichtig ist uns, auch die Angehörigen zu unterstützen und zu ermutigen – auch in der Zeit der Trauer -, damit sie ihre eigenen inneren Kräfte gewinnen oder erhalten können. Ziel ist: Hilfe zur Selbsthilfe.
- Eine gute, individuelle Schmerztherapie ist heute möglich: 90–95 % der Menschen können bis zum Schluss schmerzfrei gehalten werden.
- Hospizarbeit ist, unabhängig von Konfessionen, christlich motiviert. Sie versucht, für jeden, der Hilfe braucht, da zu sein, und achtet seine Weltanschauung. Religiöse Gespräche sind möglich; niemand wird aber bedrängt.
- Die praktische Arbeit wird vor allem von gut vorbereiteten ehrenamtlichen Helfern und Helferinnen geleistet. Sie sind das Herz der Hospizarbeit.
- Hospizarbeit bedeutet insgesamt, in unserer Gesellschaft eine bewusstere Haltung zu Krankheit, Trauer und Sterben zu erreichen: Sie gehören zu unserem Leben. Schwerkranke, Trauernde und Sterbende dürfen nicht weggeschoben werden, sonst wird unsere Gesellschaft unmenschlich.

(aus einem Informationsfaltblatt des Ingolstädter Hospizvereins, Info 1)

Die praktische Arbeit der Hospizbewegung

- **Besuchsdienste durch ehrenamtliche Helfer**

  Sie ergänzen eine pflegerische und medizinische Betreuung. Die ehrenamtlichen Helfer bringen Zeit mit für die einfache menschliche Begegnung und Zuwendung. Das bedeutet: einfühlsam zuhören, Angehörige entlasten, Kontakte herstellen, einkaufen gehen, Verzweiflung aushalten, Trauernde begleiten etc.

- **Öffentliche Vorträge und Veranstaltungen**

  Informationsveranstaltungen, Seminare und Vorträge sollen das Bewusstsein für die Problematik des Sterbens und des Trauerns schärfen. Beispiele: „Schmerztherapie", „Wie Kinder trauern", „Rechte des Patienten", „Pflegeversicherung".

- **Unterstützung trauernder Menschen durch Gesprächsgruppen**

  Trauernde brauchen Zeit und Menschen, die in schwerer Zeit ein Stück des Weges mitgehen (z. B. nach Verlust eines Partners oder eines Kindes). In einer Gruppe ist Raum für das, was einen bewegt. So können Trauernde vielleicht zu einem Neuanfang finden.

- **Ambulante Hospizdienste**

  Ausgebildete ehrenamtliche Hospizhelfer betreuen Schwerkranke und Sterbende in ihrer vertrauten Umgebung. Nachdem sie auf ihre individuelle Schmerzmitteldosis eingestellt sind, kehren etwa 40 % der Patienten aus stationären Hospizen und Palliativstationen nach Hause zurück.

- **Palliativstationen (lat.: Leiden lindern)**

  Diese Stationen sind immer an ein Krankenhaus angeschlossen. Vorteil ist, dass diese Stationen über das gesamte medizinische Know-How einer Klinik verfügen.

- **Stationäre Hospize**

  Häufig sind stationäre Hospize „Sterbehäuser", die nicht einer medizinischen Leitung unterstehen, sondern von einem niedergelassenen Arzt mitversorgt werden.

  Zusammenfassend lässt sich sagen, dass Hospizarbeit grundsätzlich den Anspruch hat, die Bedürfnisse des Sterbenden ganzheitlich wahrzunehmen gemäß dem Leitgedanken der Hospizbewegung: Dem Leben nicht mehr Tage, sondern den Tagen mehr Leben geben.

Workshop

- Zeichnen Sie auf ein Blatt Papier unten stehende Grafik. Tragen Sie in die Zeichnung, die Ihr Leben darstellen soll, Situationen Ihres Lebens ein, in denen Sie nur sehr schwer oder gar nicht loslassen konnten. Betrachten Sie die Situationen genau. Was empfinden Sie? Versuchen Sie mit einer Person Ihres Vertrauens darüber zu sprechen.

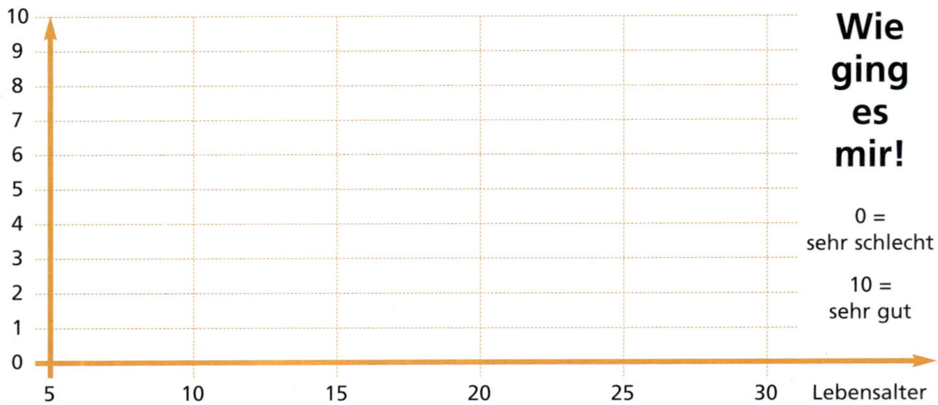

- Schreiben Sie auf ein Blatt Papier die 10 wichtigsten Dinge Ihres Lebens (z. B. Kinder, Wohnung, Beruf, Geld). Sie müssen auf Grund widriger Lebensumstände eine Sache von der Liste streichen, dann eine weitere, und noch eine usw. Was würden Sie zuerst von der Liste streichen? Was fällt Ihnen sehr schwer zu streichen? Was könnten Sie überhaupt nicht streichen?
- Versuchen Sie sich im Rahmen einer Meditation Ihr eigenes Sterben detailliert und genau vorzustellen. Beginnen Sie Ihre „gedankliche Reise" mit dem Arztgespräch, bei dem Sie erfahren, dass Sie todkrank sind. Was haben Sie empfunden? Welche Ängste sind in Ihnen wach geworden?
- Informieren Sie sich, ob es in Ihrer Stadt oder Umgebung einen Hospizverein gibt und laden Sie ihn zu einem Vortrag in die Schule ein.
- Informieren Sie sich im Rahmen eines Projektes, welche Institutionen, Personen und Einrichtungen es in Ihrer Stadt oder Umgebung gibt, die sich mit Tod und Sterben in irgend einer Form beschäftigen (z. B. Friedhofsverwaltung, Priester, Ärzte, Altenpfleger, Beerdigungsinstitute). Sammeln Sie Informationen und machen Sie Interviews zu vorher im Unterricht erarbeiteten Themen und Fragen. Präsentieren Sie die Ergebnisse in ansprechender Form.

Literaturhinweise:

Kübler-Ross, E.: Interviews mit Sterbenden, München 1999.

Saunders, C.: Hospiz und Begleitung im Schmerz, Freiburg i. Breisgau 1993.

Albrecht, E.; Orth, C.; Schmidt, H.: Ein Leitfaden für Menschen, die Sterbenden helfen wollen, Freiburg i. Breisgau 1996.

6 Der Tod – Ende des Lebens

Eduard Munch, Tod im Krankenzimmer

Aufgaben

1. Wie wird der Tod und seine Folgen in diesem Bild dargestellt?
2. Beschreiben Sie die verschiedenen Reaktionen der Menschen auf den Tod, die durch das Bild deutlich werden.
3. Versuchen Sie gängige Redewendungen und Umschreibungen für den Tod zu finden und das, was sie inhaltlich über den Tod aussagen, zu beschreiben.

6.1 Sterben und Tod im gesellschaftlichen Wandel

Der Tod kennt viele Gesichter: „Sensenmann", „Schnitter" oder der friedliche Tod, das Entschlafen oder gar der Tod als Erlösung.

Gerade deswegen, weil niemand weiß, welches „Gesicht" denn der Tod, der einen persönlich heimsucht, haben wird, versucht man ihn zu verdrängen, zu umgehen und zu tabuisieren. Das Bestreben dem Tod aus dem Weg zu gehen, hat dazu geführt, dass es heutzutage viele Menschen gibt, die noch nie einen Toten gesehen haben.

Andererseits werden wir durch die Massenmedien, durch Modetrends und Musik so häufig wie nie zuvor mit dem Tod konfrontiert (auf manchen Fernsehkanälen kann man innerhalb von 24 Stunden ca. 500–700 Tote sehen).

Dass der Tod als gesellschaftliches Thema in den letzten Jahrzehnten im Unterschied zu früher anders diskutiert wird und sich verändert und gewandelt hat, ist offensichtlich.

6.2 Vorbereitung auf den Tod

Die Pharaonen bereiteten sich fast ein ganzes Leben lang auf ihren Tod vor, indem sie sich zu Lebzeiten schon monumentale Begräbnisstätten (Pyramiden) bauen ließen. Heutzutage, so eine Allensbach-Umfrage, denkt nur noch jeder zehnte Bürger „öfter" über seinen eigenen Tod und sein eigenes Sterben nach.

Die bevorzugte Todesart in der modernen Industriegesellschaft ist der „Sekundentod" z. B. durch einen Herzinfarkt oder einen schweren Autounfall. Im Mittelalter war es dagegen Brauch, sich zu Lebzeiten sein Sterbehemd zu nähen und es im Schrank aufzubewahren. Dies ermöglichte zugleich eine Auseinandersetzung mit dem eigenen Tod und Sterben. So war es früher üblich, dass der Tote drei Tage lang zu Hause aufgebahrt wurde, damit man sich von ihm verabschieden konnte. In manchen Gegenden der Pfalz z. B. war es Sitte, dass die Kinder die nackte große Zehe einer aufgebahrten Leiche küssen oder in sie beißen mussten, damit sie schon im Kindesalter die Angst vor dem Sterben und dem Tod verlernten.

Heutzutage sind Sterbewäsche, Bestattung und die „Totenkosmetik" Dienstleistungen, die von ca. 3000 Bestattungsunternehmen, die sich um das Sterben und den Tod kümmern, angeboten werden. Sie nehmen den Hinterbliebenen fast alle organisatorischen Lasten ab. Ihre kosmetischen Mühen sind aber meist umsonst, da höchstens in einem von 20 Fällen noch einmal jemand kommt, der den Toten sehen möchte.

Der Psychologe Herrmann Feifel behauptet sogar, dass in der heutigen Zeit der Tod und das Sterben in eine Tabuzone verwiesen wird, wie früher vielleicht Tbc, Krebs oder Sexualität.

Früher beteten Christen, dass ihnen kein plötzlicher Tod beschieden sein würde, damit ihnen Zeit bliebe, alle ihre Dinge noch ordnen zu können. Heute wünschen die meisten den „Blitztod", das bewusstlose Herausgerissenwerden aus dem vollen Lebensstrom. Viele wollen vom Sterben nichts mehr mitbekommen, es soll ihnen erspart bleiben.

Der sterbende Vater, der in der letzten Stunde seines Lebens noch Söhne und Töchter um sich herum schart, ist ein längst zum Klischee gewordenes Bild, das nicht mehr in unsere Zeit passt. Für Kinder war der Tod und das Sterben früher etwas Selbstverständliches, er hatte eine soziale Funktion und war Bestandteil des Familienlebens. Jeder konnte das Sterben miterleben, da die meisten Menschen in der Regel zu Hause verstorben und drei Tage lang zu Hause aufgebahrt worden sind. Heute werden Kinder ängstlich vor der Begegnung mit dem Sterben und dem Tod behütet und bewahrt. Es gibt sehr viele Menschen heutzutage, die noch nie einem Sterbenden ins Gesicht geblickt haben.

Erwachsene nehmen meist nur sehr widerwillig teil am Trauer- und Sterberitual. Angehörige, rechtzeitig vom beginnenden Todeskampf eines Patienten benachrichtigt, kommen zu spät zur Klinik, Entschuldigungen stammelnd, Trauerzüge bei Beerdigungen werden zum „schwatzhaften" Spaziergang, Hinterbliebene erfahren oft keine echte Anteilnahme und Solidarität mehr, die gesetzlich festgelegte Trauerzeit beträgt in der Regel drei Tage. Angst – und nicht etwa das vorgeschobene Hygiene-Problem der Drei-Zimmer-Sozialwohnung – ist nach der Meinung vieler Experten das Motiv für dieses verdeckte Ausweichen vor dem Tod.

Die Beerdigungsbranche hatte im Jahr 1989 einen Jahresumsatz von 1,5 Milliarden € bei rund 700 000 Toten mit stetig ansteigender Tendenz. Bei den Bestattern stellt man eine Zunahme der anonymen Urnenbestattungen fest. „Die Menschen wollen immer mehr so bestattet werden wie sie gelebt haben: anonym und geschichtslos. Das ist die Wegwerfgesellschaft in letzter makaberer Konsequenz", so ein Hamburger Pastor.

Definition

Anonyme Urnenbestattung: Bestattungen auf einem Urnenfeld, ohne Grabstein, ohne Namensnennung und ohne Hinweis darauf, wo der Tote begraben ist.

Zu Beginn der neunziger Jahre hatte ein Textilkonzern mit einem bis dahin geltenden Tabu in der Werbebranche gebrochen. Man zeigte auf Werbeplakaten den Tod in verschiedensten Formen (einen sterbenden Aids-Kranken, Massengräber, einen Elektrischen Stuhl etc.), was der Firma nicht nur Kritik eingebracht hat. Mit dem Tod für ein Produkt zu werben, das hat es bis dahin noch nicht gegeben. Auch in der Musikbranche werden Tod und Sterben kommerzialisiert: Die Covers von CDs der Musikrichtung „death-metal" zeigen z. T. martialische Bilder des Todes (Totenkopf, Altäre schwarzer Messen etc.). Die Mode und der Lebensstil der „Grufty"-Bewegung zeigen schließlich, dass man mit dem Thema „Tod und Sterben" auch spielerisch und locker umgehen kann, was aber nicht bedeutet, dass sich Grufties intensiver mit dem „wirklichen Tod" auseinander gesetzt hätten.

Aufgaben

1. Stellen Sie die Unterschiede in der gesellschaftlichen Einstellung zu Tod und Sterben früher und heute in einer Tabelle gegenüber.
2. Finden Sie weitere Belege und Hinweise für die gesellschaftliche Verdrängung des Themas „Tod" (Zeitschriften, Werbung, Fernsehen, Bücher, Alltagserfahrungen etc.) und erstellen Sie daraus eine Collage.

6.3 Tod – Versuch einer Definition

In unserer von Wissenschaft und Technik geprägten Zeit glauben wir alles genau erforscht zu haben bzw. erforschen zu können. Lexikas, Fach- und Wörterbücher erwecken den trügerischen Eindruck, dass sich das Phänomen „Tod" eindeutig definieren ließe.

„Tod (Exitus), der Stillstand der Lebensfunktionen bei Mensch, Tier und Pflanze (...)", heißt es in Meyers Großem Taschenlexikon.

Gesichertes Wissen über den Tod und die Vorgänge um ihn gibt es allerdings nur relativ wenig. Wissen über den Tod ist aber auch Voraussetzung für eine professionelle Pflege und Sterbebegleitung. Mit einiger Sicherheit lässt sich Folgendes sagen:

In Westeuropa liegt die durchschnittliche Lebensdauer des Menschen bei ca. 70–80 Jahren, eine Steigerung um 30–40 Jahre seit Ende des 19. Jahrhunderts. Es gibt aber auch eine biologische Grenze: Der Mensch kann nicht unendlich alt werden. Ein Leben über 120 Jahre scheint genetisch nicht möglich. Das Altwerden, das Sterben und der Tod sind vorprogrammiert, der Mensch ist ein endliches Wesen. Wann aber ist der Mensch tot?

Fallbeispiele

- Ein Autounfall: Ein Mann ist kaum sichtbar verletzt, atmet aber nicht mehr und zeigt auch sonst keinerlei Vitalfunktionen. Innerhalb von drei Minuten setzt die Wiederbelebung durch einen Passanten ein...
- Eine Frau wird ohne Bewusstsein ins Pflegeheim eingeliefert. Greifen und Saugen, also die niederen Reflexe, funktionieren, Herz und Kreislauf, Atmung und Körperregulation sind ebenfalls intakt. Die Frau bleibt aber bewusstlos, offensichtlich sind Funktionen des Hirns bzw. der Hirnrinde irreparabel geschädigt. Sie muss künstlich ernährt werden und kann sich nicht bewegen...
- Nach einem schweren Unfall liegen bei einem Mann noch Herzaktionen vor, wobei aber das Gehirn keine durch das EEG messbaren Hirnströme mehr aufweist. Durch die Herz-Lungen-Maschine und eine künstliche Niere werden seine Körperfunktionen aufrechterhalten. Er ist bewusstlos, weist aber keine spontane Atmung mehr auf und hat beiderseitige Pupillenstarre...
- Eine alte Frau, die schon jahrelang alleine in einer Wohnung lebt, hat keinerlei Kontakte mehr zur Außenwelt. Sie ist sozial isoliert. Ihr Leben ist geprägt von schweren Depressionen. Außerdem hat sie schon lange aufgehört zu sprechen. Von ihrer kleinen Rente kann sie sich gerade das Notwendigste zum Leben leisten...

Aufgaben

1. Versuchen Sie anhand der Beispiele herauszufinden, welche Kriterien einer Definition von Tod zugrunde gelegt werden können.
2. Diskutieren Sie Beispiel 2 und 3 und beschreiben Sie die Probleme, die bei der Pflege der jeweiligen Patienten auftauchen können.

In der wissenschaftlichen Forschung ist es nicht unumstritten, wie der Tod zu definieren ist. Man unterscheidet deshalb nach Stadien des Todes:

- **Sozialer Tod:** Er kann vor dem physischen Sterben eintreten. Leben in schlechten menschenunwürdigen sozialen Verhältnissen, schwere psychische Krisen, Angst, Gewalt, materielle Not und dergleichen mehr können Ursachen für den sozialen Tod sein.
- **Klinischer Tod:** Atmung, Kreislauf und die Herztätigkeit haben zwar ausgesetzt, eine Wiederbelebung – etwa durch künstliche Beatmung oder Herzmassage ist aber doch noch möglich. Eine Reanimation muss in der Regel innerhalb von 5 Minuten, kann aber in Extremfällen (Unterkühlung) noch innerhalb von 30 Minuten erfolgen.
- **Hirntod (Kortextod):** Hier sind die Grosshirnfunktionen definitiv geschädigt (z. B. nach schweren Unfällen). Es liegt ein sogenanntes apallisches Syndrom vor, d. h. der Mensch wird zum reinen „Stammhirnwesen". Herz, Atmung und Körperfunktionen sind zwar intakt, der Patient bleibt aber bewusstlos.
- **Eigentlicher Hirntod:** Trotz künstlicher Herzaktionen liegt ein totaler Ausfall des Gehirns (einschließlich des Hirnstamms) vor. In diesem Zustand kann der Mensch noch tagelang „weiterleben" durch Maschinen bis die letzte Zelle abgestorben ist. Von einem „lebenden" Menschen aber kann nicht mehr gesprochen werden. Der totale Hirntod wird dem Tod gleichgesetzt. Hier stellt sich die ethische Frage nach dem Abstellen der lebenserhaltenden Maschinen und der Organspende (siehe Kap. 8). Der eigentliche Hirntod wird auch als juristischer Tod bezeichnet.
- **(Absoluter) Biologischer Tod:** Der unwiderrufliche Verlust der Lebensfunktionen mit der Folge des Untergangs aller Organe und Gewebe. Der biologische Tod ist eingetreten, wenn alle Zellen tot sind.

STADIEN DES TODES

Schwinden der Vitalzeichen: Puls, RR, Atmung, Temperatur

Hautveränderungen: Marmorierung, Abkühlung

Bewusstseinstrübung oder -verlust ◆ Agonie möglich

Todeszeichen: Abkühlung, Leichenstarre, Totenflecken, Austrocknung der Augenhornhaut, Fäulnisvorgänge

Stadien:
„sozialer Tod" ◆ klinischer Tod ◆ cerebraler Tod ◆ Hirntod ◆ biologischer Tod

6.4 Umgang mit dem Tod in anderen Kulturen

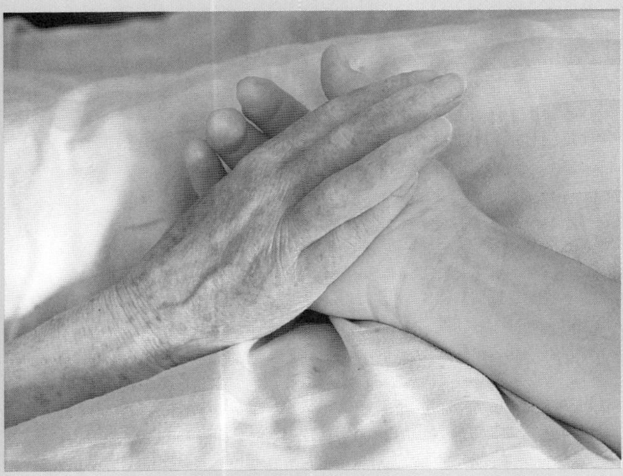

Aufgaben

1. Beschreiben Sie die verschiedenen Einstellungen zum Tod und den Umgang mit dem Tod, die durch die Bilder deutlich werden.
2. Fertigen Sie ein Bild, ein Symbol oder einen Text an, der Ihre Einstellung zum Tod zum Ausdruck bringt.

Das Totenfest in Mexiko

In Mexiko feiern die Menschen an Allerheiligen ein ausgelassenes, buntes Fest, auf das sich alle schon lange vorher freuen, besonders die Kinder. Man trauert nicht still um die Verstorbenen, sondern gibt ihnen einen festlichen Empfang. Einmal im Jahr, so glauben viele Mexikaner, bekommen die Toten für einen Tag Urlaub aus dem Jenseits und dürfen die Lebenden besuchen. Und für diesen Tag bereiten die Familien alles prächtig vor. Auch die Kinder helfen dabei mit. Sie basteln bunte Blumen aus Papier, mit denen sie das Haus schmücken, und freuen sich auf das Festessen und die vielen Süßigkeiten. Schon in den letzten Oktobertagen kündigt sich das Totenfest überall an. Die Schaufenster der Geschäfte sind mit Skeletten aus Pappe oder Draht geschmückt: In der Auslage der Bäckerei fährt zum Beispiel ein Pappgerippe mit dem Fahrrad Brot aus. Daneben im Papierladen tanzen Knochenmann und – frau im Fenster Rock'n Roll.(...)

Der Bäcker verkauft Totenschädel aus Zucker und Schokolade, die auf der Stirn Vornamen wie Diego oder Juanita tragen. Diese Zuckerschädel schenken sich Freunde am Totentag, manchmal zusammen mit einem Gedicht, in dem der Beschenkte auf lustige Weise ums Leben kommt. (...) Die Schädel sind Ausdruck dafür wie gern man sich mag und dass die Freundschaft über den Tod hinaus walten soll. Wer an diesem Tag nichts geschenkt bekommt, ist beleidigt. (...)

Im Haus wird ein Gabentisch aufgestellt, den die Familie mit all den Sachen deckt, die der Verstorbene im Leben mochte: z. B. Maisbier, Schnaps, Fladenbrot, Zigaretten, ein süßer Kuchen. Vielleicht liegt auch ein Kartenspiel dabei, mit dem der Tote zu Lebzeiten so gern spielte. Die Seelen toter Kinder bekommen Kakao, Limonade und Spielzeug hingestellt. Damit die Totenseelen den Weg zum Gabentisch auch finden, stellt man überall leuchtend gelbe Blumen auf, denn Gelb ist die Farbe, die Tote besonders gut sehen können. (...)

Die Toten, so denkt man, nehmen den Geruch der Speisen auf und genießen so das gute Mahl. Richtig aufgegessen wird es dann aber von der Familie und den Besuchern aus der Nachbarschaft. In manchen Dörfern besucht man die Toten auf dem Friedhof und nimmt alle Geschenke zu den Gräbern mit. Hier verbringt dann die Familie die Nacht. (...)

Die Toten haben nur einen Tag für ihren Besuch bei den Lebenden. Um Mitternacht müssen sie wieder zurück ins Jenseits. Doch im nächsten Jahr, so viel ist sicher, werden sie wieder kommen, denn:

„Wenn wir sterben... sterben wir nicht wirklich. Weil wir leben, kommen wir zurück zum Leben. Wir leben weiter, wir sind wach und das macht uns froh", heißt es in einem indianischen Gedicht aus Mexiko.

(stark gekürzt aus: Kroeber-Wolf: Lebendiges vom Tod, Museum für Völkerkunde,Frankfurt a. Main 1989, S. 40 ff.)

Aufgaben

1. Versuchen Sie, nachdem Sie den Text gelesen haben, die Auffassung vom Tod und vom Leben nach dem Tod zu beschreiben.
2. Wo finden sich Unterschiede zu unserer Art des Umgangs mit dem Tod?
3. Wo gibt es ähnliche Phänomene im Umgang mit dem Tod wie bei uns?
4. Was finden Sie persönlich faszinierend an den Todesritualen?

Catrina

6.5 Nah-Tod-Erfahrungen-ein Hinweis auf ein Leben nach dem Tod?

Erfahrungsbericht

Die Sterbeforscherin Elisabeth Kübler-Ross berichtete in einem Interview von einem Erlebnis mit einem Kind:

Nach einem schweren Autounfall einer Familie starben Vater und Mutter sofort an der Unfallstelle, die beiden Kinder wurden schwerst verletzt in verschiedene Krankenhäuser eingeliefert. Ich saß bei dem Jungen am Krankenbett, hielt ihm die Hand und streichelte ihn. Es war eine sehr friedvolle, ruhige Stimmung. Der Junge hatte keinerlei Angst vor dem Tod; er war gelassen und ruhig. Ich fragte ihn, ob er mit mir teilen könne, was er erlebt und was ihn bewegt.

Er sagte nach einer gewissen Zeit des Schweigens: „Jetzt kann ich beruhigt sterben, denn Peter wartet schon auf mich." Peter war sein Bruder, der in einem anderen Krankenhaus lag. Als der Junge verstorben war, rief ich im Krankenhaus an, in das Peter eingeliefert wurde, um mich nach ihm zu erkundigen. Man sagte mir, dass Peter kurz vor dem Tod seines Bruders gestorben war.

Der Junge konnte das aber nicht wissen, denn Peter lag ja in einem anderen Krankenhaus. Das heißt, dass jeder Mensch erwartet wird von einem anderen Menschen (z. B. von einem Familienmitglied, Freund...).

Man hat mir in all den Jahren, in denen ich Sterbende begleite, noch keinen einzigen falschen Namen genannt. Diese Dinge kann jeder Mensch, ob religiös oder nicht, verifizieren. Und Kinder sagen in solchen Situationen immer die Wahrheit, denn sie können nicht lügen oder einem etwas vormachen.

(sinngemäß zitiert nach dem filmischen Interview „Sterben ohne Angst" mit Günter Rolling)

Ein Erfahrungsbericht einer „Schon-einmal-Gestorbenen":

„Ich kann mich an den Unfall noch genau erinnern. Ich war damals acht Jahre alt. Meine Eltern bauten neben dem Haus eine Garage; mein Vater arbeitete auf der nahegelegenen Baustelle, meine Mutter putzte gerade Fenster. Wir Kinder spielten an einem Weiher, der direkt an unser Grundstück angrenzt. Ich lag am Ufer und streckte mich mit meinen Händen nach einer wunderschönen Seerose, als ich unversehens ins Wasser rutschte. Ich ging sofort unter, kam wieder nach oben, verlor aufs neue das Gleichgewicht und ging wieder unter.

Ich habe keine Ahnung, wie lange das dauerte. Ich weiß noch, dass ich bei vollem Bewusstsein gewesen bin. Hinterher konnte ich mich genau und detailliert an alles erinnern. Ich hatte so etwas wie eine Grenze überschritten und das Gefühl in eine neue Wirklichkeit einzutreten. Sehr intensives Licht umstrahlte mich, wobei dieses Licht verschiedene Farbfacetten wie rot, gelb und orange aufwies. Man darf sich das nicht als Wirklichkeit vorstellen, so wie wir sie erleben. Nein, es ist eine andere Art der Wahrnehmung, die man nicht beschreiben kann. Ich habe auch heute noch keine treffenden Worte für diese Art der Wahrnehmung: Ich war umhüllt und umgeben von etwas sehr Angenehmen, Liebevollem und Zärtlichem. Ich blieb anwesend bei vollem Bewusstsein und begab mich in diese Fülle von Licht und angenehmem Gefühl hinein... bis mich meine Mutter – sie hatte vom Fenster aus den Unfall beobachtet – an einer Hand packte und aus dem Wasser zog. Ich brauchte sehr viel Zeit, diese Enttäuschung zu verarbeiten, wieder „unter den Lebenden", wieder „diesseits" der Grenze zu sein. Es war damals sehr schlimm für mich, dem angenehmen Gefühl und dem mich umgebenden Licht entzogen zu sein. Ich konnte meiner Mutter für die Lebensrettung nicht danken."

(Erfahrungsbericht der Altenpflegeschülerin Maria K.)

Aufgaben

1. Äußern Sie Ihre Meinung zu diesen Erlebnissen und Erfahrungen.
2. Welche Assoziationen und Gedanken lösen diese Texte bei Ihnen aus?
3. Erscheinen Ihnen die Berichte glaubhaft, sind Sie eher skeptisch oder machen Sie Ihnen Angst? Begründen Sie Ihre Meinung.
4. Haben solche Nah-Tod-Berichte Auswirkungen auf Ihre Einstellung zu Tod und Sterben?
5. Könnten sie auch Ihre Einstellung zum Leben beeinflussen oder gar verändern?

Definition

Nah-Tod-Erfahrungen: Sterbe- oder Todeserfahrungen von Menschen, die bereits einmal klinisch tot, d. h. im medizinischen Sinne gestorben waren, aber noch wieder belebt und ins Leben „zurückgeholt" werden konnten.

Berichte von „Schon-einmal-Gestorbenen" üben eine eigenartige Faszination auf Menschen aus, denn diese Nah-Tod-Erfahrungen sind die einzigen Anhaltspunkte, die wir haben, um eventuelle Aussagen über ein Leben nach dem Tod oder den Tod selbst machen zu können. Erfahrungen, die an der Grenze zum Tod gemacht worden sind, haben demzufolge eine „Strahlkraft" auf alle Wissenschaften, die sich mit dem Menschen und dem Menschsein beschäftigen.

Für die Pflege von Menschen sind diese Nah-Tod-Erfahrungen von besonderer Bedeutung, da sie Anlass sein können, sich mit der eigenen Einstellung zu Tod und Sterben auseinanderzusetzen und über ein Weiterleben nach dem Tod nachzudenken.

Es hat in der Vergangenheit viele empirische wissenschaftlich begleitete Untersuchungen des Phänomens „Nah-Tod-Erfahrungen" gegeben. Die umfangreichste und wohl aussagekräftigste Studie wurde in Washington an einer Klinik durchgeführt, wo ca. 1200 Menschen, die schon einmal klinisch tot waren, nach ihren Sterbe- und Todeserfahrungen befragt wurden. Die Wissenschaftler, die diese Studie betreuten, waren z. T. sehr skeptisch, was die Studie im Ergebnis aussagen konnte. Viele glaubten nicht daran, dass durch Interviews mit „Schon-einmal-Gestorbenen" das Phänomen Tod und Sterben in irgend einer Form „eingekreist" werden könnte.

Ein überraschendes Ergebnis aus dieser Untersuchung war die fast hundertprozentige Übereinstimmung der Nah-Tod-Berichte, d. h. fast alle Befragten berichteten unabhängig voneinander von identischen Erfahrungen an der Schwelle zum Tod:

- **Rückschau auf das eigene Leben:** Während des Sterbeprozesses sehen viele Menschen ihr Leben noch „wie einen Film" vor sich ablaufen.
- **Selbstbeobachtung:** Häufig schildern Personen, dass sie ihren Körper verlassen haben und das Geschehen, z. B. während einer Operation, aus der Vogelperspektive beobachteten.

- **Intensivere Wahrnehmungsfähigkeit:** Viele berichten während des Sterbeprozesses von nebensächlichen Details (z. B. Farbe der Kleidung von im Zimmer befindlichen Menschen); manche wissen sogar noch, was am Sterbebett gesprochen wurde.
- **Gefühl der Ruhe und des Friedens:** Immer wiederkehrend in den Nah-Tod-Berichten sind Gefühle der Ruhe, der Gelassenheit und des Friedens. An der Grenze zum Tod scheint das Gefühl des „Sich-fallen-lassen-Könnens" sehr häufig zu sein.
- **„Tunnelerlebnis":** Vom Durchschreiten eines Tunnels, an dessen Ende sich ein strahlendes, jedoch nicht blendendes Licht befindet, wird sehr oft berichtet.
- **„Begegnungen":** Viele Personen berichten, engelsgleiche, lichthafte Wesen beobachtet bzw. getroffen zu haben; es tauchen aber auch Berichte über Begegnungen mit früher verstorbenen Menschen, die man zu Lebzeiten gekannt hat, auf.
- **„Grenz-Erfahrung":** Es wird das Gefühl beschrieben, eine Grenze erreicht zu haben, die aber noch nicht überschritten worden ist. Die Rückkehr in den eigenen Körper, also die Umkehr von dieser Grenze wird häufig als schmerzhaft erlebt und wurde nicht gewollt.
- **Gefühl der körperlichen „Vervollkommnung" des Menschen:** Wenn sich das Gefühl einstellt, dass sich der Mensch von seinem Körper löst, berichten viele von einer Art Vervollkommnung des Menschen. So berichten Blinde, das sie sehen konnten; ein Beinamputierter hatte wieder zwei Beine etc. Sobald man sie allerdings wieder reanimiert hatte, war das körperliche Gebrechen wieder vorhanden.
- **Jeder Mensch wird von einem anderen Menschen erwartet:** Viele Berichte zeigen sehr deutlich, dass sie und von wem sie erwartet werden. Meist sind das Familienmitglieder oder gute Bekannte bzw. Freunde.

Dass es verblüffende und faszinierende Ähnlichkeiten bei den Nah-Tod-Berichten gibt, ist mittlerweile auch wissenschaftlich unumstritten. Was aber können diese Erfahrungen über den Tod bzw. das Leben nach dem Tod aussagen? Wie sind diese Erfahrungen zu deuten?

Die Frage der Deutung von Nah-Tod-Erfahrungen ist eine der interessantesten, denn – wie schon erwähnt – sind sie der einzige Anhaltspunkt, den wir Menschen haben, um eventuell Aussagen über den Tod oder gar über ein Leben nach dem Tod machen zu können.

Grundsätzlich lässt sich sagen, dass die Nah-Tod-Berichte aus mehren Gründen keine stichhaltigen Schlussfolgerungen über den Tod an sich oder ein Leben nach dem Tod zulassen.

Folgende **Gründe** werden angeführt:

- Viele Nah-Tod-Berichte gleichen sehr stark Drogenerfahrungen z. B. mit LSD oder Kokain. Drogenkonsumenten berichten von ähnlichen Phänomenen, besonders was die Verzerrung und Veränderung der Wahrnehmung angeht. Das lässt die Vermutung zu, dass der Körper sich in der Extremsituation „Tod und Sterben" durch Ausschüttung von Hormonen wehrt und schützt. Diese biochemischen Reaktionen, ähnlich der Adrenalinausschüttung in einer Belastungssituation oder der Freisetzung von Glückshormonen (Endorphine) bei Menschen, die sehr viel Sport treiben, bewirken angenehme Erfahrungen und eine Verzerrung der Wahrnehmung.
- Nah-Tod-Erfahrungen als Ergebnis biochemischer Reaktionen des Körpers auf Extrembelastungen: Dies wird auch durch Forschungen und Experimente der NASA mit Piloten, die in Simulationen die Schallmauer durchbrachen, bestätigt. Die Testpiloten sind bei Schallgeschwindigkeitssimulationen für Sekundenbruchteile bewusstlos geworden und als sie aufwachten, berichteten sie alle übereinstimmend von einem euphorischen Glücksgefühl. Auch hier waren die Piloten – wie bei der Situation des nahenden Todes – einer körperlichen Extrembelastung ausgesetzt, und der Körper antwortete darauf mit biochemischen Reaktionen, die diese angenehmen Gefühle auslösten.
- Eine weitere Begründung gegen eine vorschnelle Deutung der Nah-Tod-Erfahrungen hinsichtlich eines Weiterlebens nach dem Tod geben die Philosophen und Theologen: Die todesnahen Erfahrungen können keine Aussagen machen über den Tod und das, was danach kommt, denn die ehemals klinisch Toten waren nicht tot, sondern dem Tod lediglich sehr nahe. Die „Schon-einmal-Gestorbenen" haben zwar an die Tür zum Tod angeklopft, sie aber nicht geöffnet.

Nach Meinung vieler Wissenschaftler können einige Nah-Tod-Erlebnisse zwar als Ergebnis biochemischer Reaktionen des Körpers auf eine Extrembelastung bzw. Stress gedeutet werden (z. B. Intensivierung der Wahrnehmung, „Tunnelerlebnis"), aber eben nicht alle. Es ist z. B. schwer die Nah-Tod-Erfahrung, dass man von einem anderen Menschen erwartet wird, als biochemische Reaktion des Körpers zu deuten.

Zusammenfassend lässt sich sagen, dass Nah-Tod-Erfahrungen z. T. wissenschaftlich erklärbar und interpretierbar sind. Dennoch ist es kaum möglich, sie als Beweise für ein Leben nach dem Tod zu deuten.

6.6 Nach Eintritt des Todes

Blatt 1: Für Gesundheitsamt

Todesbescheinigung
– Vertraulicher Teil –

[x] Zutreffendes bitte ankreuzen bzw. ausfüllen!

1. Personalangaben

1 Familienname, ggf. Geburtsname, Vorname(n)
2 Straße – Hausnummer
3 PLZ, Wohnort, Kreis
4 Wird vom Gesundheitsamt ausgefüllt: Standesamt – Sterbefall beurkundet, Sterbebuch Nr. – Eingang vorgemerkt Vormerkliste Nr. – ☐ Erdbestattung ☐ Feuerbestattung
5 Geburtsdatum
6 Geburtsort, Kreis
7 Geschlecht ☐ männlich ☐ weiblich

2. Feststellung des Todes

8 Sterbezeitpunkt – Tag Monat Jahr Std. Min.
9 ☐ Nach eigenen Feststellungen ☐ Nach Angaben von Angehörigen/Dritten
10 Falls Sterbezeitpunkt nicht bestimmbar – Leichenauffindung – Tag Monat Jahr Std. Min.
11 mit Sicherheit noch gelebt – Tag Monat Jahr Std. Min. – ☐ nicht feststellbar
12 mit Sicherheit schon tot – Tag Monat Jahr Std. Min.
13 **Zusatzangaben für Totgeborene** (Totgeborene oder in der Geburt gestorbene Leibesfrüchte von mindestens 500 Gramm)
Totgeburt ☐ ja – als Geburtszeitpunkt gilt der Sterbezeitpunkt in Angabe 8. ☐ als tote Leibesfrucht geboren ☐ in der Geburt verstorben
14 Identifikation
Nach ☐ eigener Kenntnis ☐ Personalausweis/Reisepaß ☐ Angaben von Angehörigen/Dritten ☐ Nicht möglich
15 ☐ Sterbeort – PLZ, Ort, Kreis, Straße, Hausnummer (auch Name des Krankenhauses o. ä.)
16 ☐ Auffindeort, falls nicht Sterbeort

3. Todesart

17 Gibt es Anhaltspunkte für äußere Einwirkungen, die den Tod zur Folge hatten (z. B. Selbsttötung, Unfall, Tötungsdelikt, auch durch äußere Einwirkung evtl. mitverursachte Todesfälle, Spättodesfälle nach Verletzung)?
☐ ja ☐ Wenn nein, Todesart ☐ natürlich oder ☐ ungeklärt, ob natürlicher/nichtnatürlicher Tod
Wenn ja oder ungeklärt, im Vertraulichen Teil, Blätter 5ff. Nr. 2 (Epikrise) nähere Hinweise (falls möglich)

4. Warnhinweise

18 Liegen Hinweise dafür vor, daß der/die Verstorbene an einer übertragbaren Krankheit im Sinne des Bundes-Seuchengesetzes erkrankt war?
☐ ja ☐ nein
19 Sind besondere Verhaltensmaßnahmen bei der Aufbewahrung, Einsargung, Beförderung und Bestattung zu beachten?
☐ ja, welche? ☐ nein
20 ☐ Sonstiges – z. B. Gefährdung durch Giftstoffe/Chemikalien

5. Bei Feuerbestattung

21 Erklärung des Amtsarztes/der Amtsärztin: Es hat sich kein Verdacht auf einen nichtnatürlichen Tod des/der Verstorbenen ergeben.
Datum – Unterschrift

6. Ärztliche Bescheinigung zu den Nummern 1 bis 4 (unverzüglich nach der Leichenschau zu erteilen)

22 Tag Monat Jahr Std. Min. und Ort der Untersuchung der Leiche
23 Aufgrund meiner sorgfältigen Untersuchung der Leiche bescheinige ich hiermit den Tod und die vorstehenden Angaben.
Ort, Datum, Unterschrift, Stempel und Telefonnummer des Arztes/der Ärztin, der/die die Leichenschau durchgeführt hat (bitte deutlich lesbar)

Aufgaben

1. Überlegen Sie, welche Funktion die Ausstellung eines Totenscheines für die Angehörigen des Verstorbenen haben kann.
2. Sind die Untersuchungen und Verrichtungen, die der Arzt für die Ausstellung eines Totenscheins machen muss, der Würde des verstorbenen Menschen angemessen? Begründen Sie Ihre Meinung.
3. Diskutieren Sie in der Gruppe, welche Anforderungen auf Sie als Altenpfleger/in nach dem Tod eines Bewohners/einer Bewohnerin zukommen. Halten Sie die Ergebnisse schriftlich fest.

Die erste Handlung nach dem Tod eines Menschen ist es zunächst, sofort einen Arzt (am besten den Hausarzt des Bewohners, denn er kennt die Person in der Regel schon sehr lange) zu benachrichtigen, der einen Totenschein ausstellt. Ärzte sind laut ihrer Berufsordnung angewiesen den Toten besonders sorgfältig zu untersuchen, bevor der Totenschein ausgestellt wird. Dabei muss die unbekleidete Leiche von allen Seiten genau in Augenschein genommen werden, wobei eine Teilbesichtigung oder eine flüchtige Untersuchung genauso wenig zulässig ist wie eine Leichenschau im Freien.

Der Arzt muss die Todesart unzweifelhaft und exakt feststellen um zu prüfen, ob sich ein Anhaltspunkt für einen nicht natürlichen Tod ergibt. Bei eventuellen Verdachtsmomenten für eine andere Toderursache muss der Arzt diese dokumentieren.

Erst nach der korrekten Ausstellung des Todesscheins wird die Leiche zur Bestattung freigegeben, außer es sind weitere Ermittlungen hinsichtlich eines nicht natürlichen Todes erforderlich. Ein wichtiger Grund für die sorgfältige Ausstellung eines Todesscheins ist die Aussagekraft und Qualität der bundesweiten Todesursachen-Statistik.

Auch die Angehörigen werden sofort nach Eintritt des Todes oder besser noch, wenn der Bewohner im Sterben liegt, informiert. Der/die Altenpfleger/in ist häufig die erste Person und Ansprechpartner/in für die Angehörigen, und er/sie ist es auch, der/die den Hinterbliebenen die Todesnachricht überbringt, den Tod des Bewohners erklärt, ihn vermittelt und eventuell sogar Trost spendet. Das erfordert sehr viel Einfühlungsvermögen und Fingerspitzengefühl. Im Vordergrund sollte bei allen Gesprächen mit den Hinterbliebenen der Respekt und die Verantwortung gegenüber den Angehörigen und dem Toten stehen.

Religiöse Rituale und Bräuche können den Trauernden Hilfestellung geben und Trost spenden beim Verarbeiten des Todes und des Verlustes eines Menschen (siehe Kap. 7), denn das Vorgehen nach einer bestimmten Ordnung und die Öffentlichkeit des Ritus können durchaus psychisch entlasten.

Auch die nicht religiösen formalen Verpflichtungen und Erledigungen, die mit einem Todesfall verbunden sind, können die Angehörigen zunächst einmal ablenken vom Tod des Verstorbenen und ermöglichen oft ein langsames Verarbeiten des Verlustes, da die Angehörigen in der ersten Zeit nach dem Tod vollkommen mit den Formalien eines Sterbefalls in Anspruch genommen werden (Grabstein, Sterbeanzeige, Rechnungen, Nachlass etc.).

Insbesondere wenn der Verstorbene religiös gewesen ist, sollte man die entsprechenden Rituale kennen und offen dafür sein. Einige religiöse Riten in Kurzform:

- **Evangelische und Katholische Kirche:** Es gibt weder bei der evangelischen noch bei der katholischen Kirche festgelegte oder besondere rituelle Vorschriften. Gewünscht wird häufig eine Aussegung oder eine Abschiedsfeier (siehe Kap. 7). Der Leichnam kann auch im Sterbezimmer des Altenheims aufgebahrt werden, damit die Hinterbliebenen eventuell im Gebet vom Verstorbenen Abschied nehmen können.

- **Judentum:** Nach jüdischem Glauben muss der Verstorbene gewaschen werden, damit die sogenannte kultische Reinheit des Toten wiederhergestellt wird. Deshalb ist es bei einem Toten, der dem jüdischen Glauben angehört, wichtig, die Angehörigen oder die jüdische Gemeinde über den Tod zu informieren. Sie kleiden ihn nach der Waschung an und halten die Totenwache. Der Körper eines Toten gilt im jüdischen Glauben als heilig und muss als ganzer bestattet werden. Deshalb ist eine Autopsie des Leichnams unerwünscht.
- **Islam:** Es ist unbedingt erforderlich die Angehörigen oder die islamische Gemeinde unverzüglich zu informieren, da sehr strenge Rituale zu beachten sind. Das Gesicht des Toten muss nach Südosten, also Richtung Mekka schauen, die Füße des Toten müssen nach Nordosten gerichtet sein. Auch im Islam ist der Tote heilig, eine Organentnahme ist zwar nicht verboten, allerdings eher unüblich. Der Leichnam muss binnen 24 Stunden beerdigt werden.
- **Zeugen Jehovas:** Es gibt keine besonderen religiösen Rituale zu beachten, allerdings sind einige wichtige religiös motivierte formale Dinge zu berücksichtigen. Die Entnahme von Organen ist strikt untersagt. Eine Autopsie darf nur mit gerichtlicher Verfügung durchgeführt werden.

Die Pflegenden sollten, auch wenn sie selbst nicht religiös sind oder einer Glaubensgemeinschaft angehören, tolerant und offen gegenüber religiösen Bedürfnissen Sterbender und deren Angehörigen sein.

Eine besondere Anforderung an die Pflegekräfte ist der Umgang mit den Hinterbliebenen des Verstorbenen. Pflegende sind in diesen Situationen häufig Tröstende, den Tod eines Verwandten Vermittelnde und Helfende, z. B. was allein den Umgang mit dem Tod bzw. dem Toten angeht. Der/die Altenpfleger/in oder Krankenpfleger/-schwester ist durch den Tod eines Bewohners in einer Rolle, die sie menschlich fordert und die weit über die übliche Alltagspflege hinausgeht.

6.7 Bedürfnisse der Pflegenden angesichts des Todes

Fallbeispiel

Die Altenpflegerin Berta ist sowohl bei den Bewohnern als auch bei den Kollegen und der Heimleitung hoch angesehen und sehr beliebt. Charakteristisch für ihre Arbeit ist eine aufopferungsvolle und professionelle Pflege. Ihr Wesen ist sehr freundlich und nett, sie kann sehr gut zuhören und die Bewohner fassen schnell Vertrauen zu ihr. Berta nimmt es auch nicht so genau mit den Dienstzeiten. Wenn eine Bewohnerin ihr Herz bei der Altenpflegerin ausschütten möchte, bei Sterbebegleitung oder auch bei

Gesprächen mit Hinterbliebenen von Verstorbenen, nimmt sie sich sehr viel Zeit, auch wenn ihre Arbeitszeit schon überschritten ist. Sie macht nicht Dienst nach Vorschrift, wird auch gerne zu Rate gezogen, wenn jemand im Sterben liegt oder wenn es um die schwierige Aufgabe geht, den Tod eines Bewohners den Hinterbliebenen zu vermitteln bzw. sie zu trösten. Die Kollegen von Berta fragen sich, wie sie das alles schafft, wie sie die ständige und intensive Konfrontation mit Tod und Sterben „wegsteckt".

Schwester Berta hatte im November einen sehr anstrengenden Dienst zu leisten: Auf ihrer Station sind drei Bewohner gestorben, die sie beim Sterben sehr intensiv begleitet hat. Außerdem hatte sie die Aufgabe, die ihr sehr nahe gegangen ist, einem alten, netten Mann den Tod seiner Frau, die er sehr liebte, nahe zu bringen. Dazu kam natürlich noch die tagtägliche Pflegearbeit, die im November besonders anstrengend gewesen war, da ein Pfleger auf der Station längere Zeit krankheitsbedingt ausfiel.

Berta litt schon seit längerer Zeit an heftigen Kopfschmerzattacken, Schlafstörungen und dem Gefühl lieber allein sein zu wollen. Ihr wurde mit der Zeit alles zu viel, denn die Kinder und ihr Mann belasteten sie auch mit ihren Schul- und Berufsproblemen. Schwester Berta wurde immer gereizter, sie wurde bei jeder Kleinigkeit aggressiv und laut, was man früher an ihr nicht kannte.

Kurz vor Weihnachten musste sich Berta wegen ihrer immer schlimmer werdenden Kopfschmerzen, den Schlafstörungen und ihrer Konzentrationsunfähigkeit in ärztliche Behandlung begeben. Die Stimmungsschwankungen reichten von schwer depressiv bis hin zu Wutausbrüchen und emotionaler Härte gegenüber Bewohnern. Der Arzt diagnostizierte ein sogenanntes Burnout-Syndrom und einen chronischen Erschöpfungszustand. Ihr wurde geraten ihren Beruf als Altenpflegerin aufzugeben oder ihn zumindest nur noch als Teilzeitbeschäftigung auszuüben.

Aufgaben

1. Überlegen Sie, was genau zu Schwester Bertas Erschöpfungszuständen geführt hat.
2. Wie könnte man die häufigen Stimmungsschwankungen und die Persönlichkeitsveränderungen der Altenpflegerin erklären?
3. Versuchen Sie in der Gruppe therapeutische Strategien gegen Bertas Krankheit zu entwickeln. Beziehen Sie in Ihre Überlegungen auch die Handlungsmöglichkeiten der Institution bzw. des Arbeitgebers mit ein.

Durch die häufige Konfrontation der Pflegenden mit Tod und Sterben kann es zu psychosomatischen Krankheiten, Erschöpfungszuständen, Krisen im privaten Bereich, Apathie, Abgestumpftheit und sogar Depressionen und Aggressionen kommen. Viele Altenpfleger meiden deshalb Sterbende, werden als Schutzreaktion emotional hart und abgestumpft oder verstecken sich hinter alltäglicher Routine.

Solche und ähnlichen Reaktionen auf Überforderungen lassen sich vermeiden, wenn die Pflegenden ihre Bedürfnisse wahrnehmen, ernst nehmen, artikulieren lernen und Gegenstrategien entwickeln:

- Hilflosigkeits- und Ohnmachtsgefühle Kollegen gegenüber äußern. Dies wäre z. B. bei der Übergabe oder am Ende eines Schichtdienstes möglich. Der Austausch von Erfahrungen und Überforderungen entlastet psychisch.
- Berufsanfänger müssten von erfahrenen Pflegekräften bei der Bewältigung von Erfahrungen bezüglich Tod und Sterben unterstützt werden.
- Die Heimleitung sollte Fort -und Weiterbildungsangebote, die Sterben und Tod zum Inhalt haben, anbieten. Eine Möglichkeit wäre eine interne Fortbildung in Zusammenarbeit mit dem Hospizverein.
- Wichtig wäre auch das Angebot einer regelmäßigen Supervision (Kap. 9).
- Bei ganz besonders belastenden Situationen und Ereignissen sollte es möglich sein, den Dienstplan zu verändern. Es sollte gewährleistet sein, dass z. B. ein/e Altenpfleger/in, die/der einen Nachtdienst hinter sich hat, in dem ein Bewohner auf tragische Weise verstorben ist, einige Tage dienstfrei bekommt und dann im Spätdienst arbeiten kann.
- Bei Dienstbesprechungen auf der Station oder unter Stationsleitern sollte das Problem „Tod und Sterben" immer auf der Tagesordnung stehen.
- Für die Bewältigung und Verarbeitung des Todes wäre eine „Kultur des Sterbens" im Altenheim auch für die Pflegekräfte von großer Bedeutung. So z. B. könnte man „Abschiedsfeiern", Aussegnungen und Sterbe- und Todesrituale bewusst gestalten. Dazu gehört auch eine würdige Gestaltung des Sterbezimmers. Das würde auch den Altenpflegern den Umgang mit Tod und Sterben und das Abschiednehmen erleichtern.
- Die individuelle Einstellung zu Tod und Sterben ist wichtig, denn nur derjenige kann Sterbende auch professionell begleiten, der selbst einen Weg gefunden hat mit dieser Thematik umzugehen. Der Umgang mit Sterbenden und die Konfrontation mit dem Tod kann das Leben auch erfüllter und reichhaltiger machen, denn Sterbende können auch Gebende sein.

Workshop

- Analysieren Sie Ihnen zur Verfügung stehende Medien (Tageszeitung, Fernsehen, Internet, Werbung etc.) bezüglich Todesnachrichten. Versuchen Sie die Ergebnisse zu ordnen (Verdrängung, Kommerzialisierung, Gewalt, Straßenverkehr, Naturkatastrophen etc.) und in angemessener Weise zu präsentieren.
- Versuchen Sie sich innerhalb einer Meditation Ihren eigenen Tod vorzustellen. Beobachten Sie anschließend Ihre Gefühle, Ängste und angenehmen Erlebnisse!
- Tod und Leben sind sehr eng miteinander verflochten. Dies wird sehr deutlich an folgender Auflistung der Bedeutung, die der Tod für Menschen haben kann:

  Der Tod ...

  - ist eine Erlösung vom beschwerlichen und sorgenvollen Leben.
  - ist das absolute Ende des Lebens. Danach gibt es nichts mehr.
  - ist die schlimmste und bedrückendste Vorstellung, die es für mich gibt.
  - ist doch nur der Übergang zu einem anderen Leben.
  - ist mir persönlich egal. Ich denke nicht an ihn, damit ich das Leben unbeschwert genießen kann.
  - ist für mich eine Vollendung meines gelebten und erfüllten Lebens.
  - bedeutet für mich Verzweiflung, Krankheit, Qual und Schmerzen.

  Überlegen Sie, was der Tod für Sie persönlich bedeutet und welche Vorstellungen Sie mit ihm verbinden.
  Inwieweit beeinflusst die Deutung des Todes Ihre Einstellung zum Leben?
- Erarbeiten Sie aus der Perspektive des Trägers bzw. der Heimleitung ein Handlungskonzept, das den Umgang mit dem Tod im Altenheim regelt. Berücksichtigen Sie dabei die Bedürfnisse der Pflegenden, der Hinterbliebenen und der Träger. (Gestaltung des Sterbezimmers, Aussegnungsfeier, Dienstplangestaltung, Umgang mit Hinterbliebenen, religiöse Bedürfnisse etc.).
- Informieren Sie sich im Rahmen eines Projektes bei Personen, die professionell mit dem Tod zu tun haben, über den Tod (Friedhofsverwaltung, Bestattungsinstitut, Priester, Totengräber etc.). Präsentieren Sie die Ergebnisse auf ansprechende Weise.

Literaturhinweise:

Hampe, J. Ch.: Sterben ist doch ganz anders, Stuttgart 1975.
Neysters, P.; Schmitt, K.: Das Hausbuch zu Leid und Trauern, Sterben und Tod, München 1994.

7. Verlust und Trauer

Wenn die Kraft zu Ende geht,
ist der Tod Erlösung.

Wilhelm Paul

* 28. Juni 1921 † 13. Mai 2001

Wir sind sehr traurig:

Gudrun Paul
Herbert Döring-Spengler
Adelheid Schiedeck
als Schwester
sowie alle Anverwandten

Die Trauerfeier und die Beerdigung sind am Donnerstag, dem 17. Mai 2001, um 14.00 Uhr auf dem ev. Friedhof Wahlscheid.

Anschließend ist der Trostgottesdienst in der ev. Kirche St. Bartholomäus in Wahlscheid.

In Liebe und Dankbarkeit nehmen wir Abschied von meiner geliebten Frau und meiner Schwester

Gislinde Fimmers

geb. Horlebein

* 31. Dezember 1933 † 28. April 2001

Bernhard Fimmers
Waltraud und Willi Kissel
mit Kindern
und alle Anverweandten

Die Beisetzung findet in aller Stille statt.

Einen Mensch lieben heißt:
Ihn so sehen,
wie ihn Gott gemeint hat.
Dostojewski

Norbert Tzschoppe

* 29. November 1958 † 19, April 2001

Die Angehörigen und Freunde

Die Urnenbeisetung findet am Donnerstag, dem 17. Mai 2001, um 14.30 Uhr auf dem alten Dellbrücker Friedhof, Thurner Str., statt

---

In stiller Trauer

Matthias Schäfer

* Köln 8.4.1925 † Köln 22.4.2001

Jan und Sofie van Diessen-Schäfer
Aardenburg Niederlande
Rob und Willy van Diessen-Leinse
Purmered Niederlande

Ruhe sanft

STATT JEDER BESONDEREN ANZEIGE!

Du hast gesorgt, Du hast geschafft,
bis Dir die Krankheit nahm die Kraft,
schlicht war Dein Leben,
treu und fleißig Deine Hand,
immer helfend war Dein Streben,
schlafe ruhig und habe Dank.

Gertrud Hilger

geb. Mirgel

* 13. April 1916 † 12. Mai 2001

In stiller Trauer:
Heinz und Anni Hilger
Stefan Hilger
Martina und Ralf Beier mit Lucas
Andrea Hilger
sowie alle Anverwandten

53879 Euskirchen, Alter Markt 7

Die Exequien werden gehalten am Mittwoch, dem 16. Mai 2001, 8m 8,45 in der Pfarrkirche St. Martin in Euskirchen. Anschließend ist um 9.45 Uhr die Beerdigung von der Friedholfskapelle aus.

Von Beileidsbekundungen am Grabe bitten wir abzusehen.

Aufgaben

1. Diskutieren Sie in der Gruppe den Sinn von Todesanzeigen. Welche Bedeutung hat eine Todesanzeige für Sie persönlich?
2. Welche Art der oben dargestellten Todesanzeigen würden Sie bevorzugen?
3. Welchen Beitrag leisten Todesanzeigen Ihrer Meinung nach für die Trauerarbeit?
4. Nehmen Sie sich Zeit und gestalten Sie in Ruhe und entspannter Atmosphäre Ihre eigene Todesanzeige. Versuchen Sie diese Übung auch, wenn Sie Todesanzeigen generell ablehnen. Überlegen Sie sich Gestaltung, Inhalt und Namen, die Ihre Todesanzeige enthalten soll.

Verlust und Trauer begleiten uns Menschen durch das ganze Leben. Bereits in der Kindheit erlebt der Mensch in schmerzvollen Erfahrungen, dass er sich von liebgewonnen Dingen und Situationen verabschieden muss. Es gibt kein Zurück. Im Laufe der Entwicklung soll der Mensch Strategien und Fähigkeiten entwickeln mit Verlusterlebnissen umgehen zu können. Gerade im Umgang mit Tod und Sterben wird deutlich, wie schwierig es ist derartige Fähigkeiten zu erwerben, da das Erleben von Verlust eine höchst individuelle Angelegenheit ist.

Definition

Verlust: Trennung von Materiellem oder Immateriellem, das dem Menschen gehört hat oder Teil seiner Existenz war.

Materielle Verluste können sein: Geld, Haus, Auto, Wohnung usw.

Diese Verluste können unter gewissen Umständen wieder rückgängig gemacht werden. Pflegebedürftige alte Menschen können gerade bei einem Heimeinzug die Aufgabe der eigenen Wohnung oder des eigenen Hauses häufig nur schwer verkraften.

Immaterielle Verluste dagegen sind schwerwiegender, da sie zumeist unumkehrbar sind. Hierzu gehören Beziehungen, die getrennt werden, Fähigkeiten die verloren gehen, die Unabhängigkeit und auch der Status, der aufgegeben werden muss. Der Tod des Partners, die Fähigkeit selbstständig essen zu können und die ständige Abhängigkeit von einer Pflegeperson sind nur einige Beispiele, die immaterielle Verluste deutlich machen.

Definition

Trauer: Reaktion auf einen erlittenen schmerzhaften Verlust mit dem Ziel, sich an die neue Situation anzupassen = Trauerprozess.

Die Trauer und der Trauerprozess verlaufen individuell unterschiedlich. Abhängig ist das Ausmaß der Trauer und die Länge des Trauerprozesses von verschiedenen Faktoren:

- Persönlichkeit des Trauernden
- Vorbereitung auf den Verlust
- Zeitpunkt des Verlustes, evtl. im Zusammenhang mit anderen schwierigen Lebenssituationen
- soziales Umfeld, Freunde und Verwandte
- Auswirkungen des erlittenen Verlustes
- Offenheit, um nicht sozial isoliert zu werden
- Ehrlichkeit und Echtheit im Umgang mit dem Verlust usw.

7.1 Was bedeutet Trauer?

10 Leitgedanken

1. Trauer ist eine ganz natürliche Antwort auf einen Verlust.
2. Es führt im Leben kein Weg an der Trauer vorbei, sondern nur hindurch. Trauer kann man nicht „loswerden“, sie wartet immer darauf, durchgangen zu werden.
3. Trauer ist einzigartig: Sie hat viele Masken und Gesichter.
4. Trauer bedeutet häufig ein Chaos an Gefühlen: Angst, Wut, Hass, Schuldgefühle, Liebe etc.
5. Trauer braucht Zeit. Aber: Zeit allein heilt keine Wunden.
6. Trauer ist keine Krankheit und deshalb mit medizinischen Mitteln auch nicht zu behandeln. Sie kann aber krank machen.
7. Trauer braucht Gemeinschaft. Trauer im einsamen Kämmerlein macht krank.
8. Trauer braucht Mittel und Wege des Ausdrucks, um ins Fließen zu kommen. Z. B. Rituale und Materialien, die zum schöpferischen Tun anregen.
9. Trauer ist eine heilsame Gabe der Natur. Trauern lernen heißt leben lernen: Trauer hat enorme Energie für einen neuen Lebensbeginn.
10. Trauerbegleiter müssen die eigene Trauer kennen.

Quelle: Thesenpapier des Hospizverbandes

7.2 Trauerphasen

Nach dem Verlust bzw. Tod eines Menschen wiederholt sich nach Kübler-Ross und Spiegel ein ähnlicher Vorgang wie während des Sterbeprozesses: die sogenannten Trauerphasen.

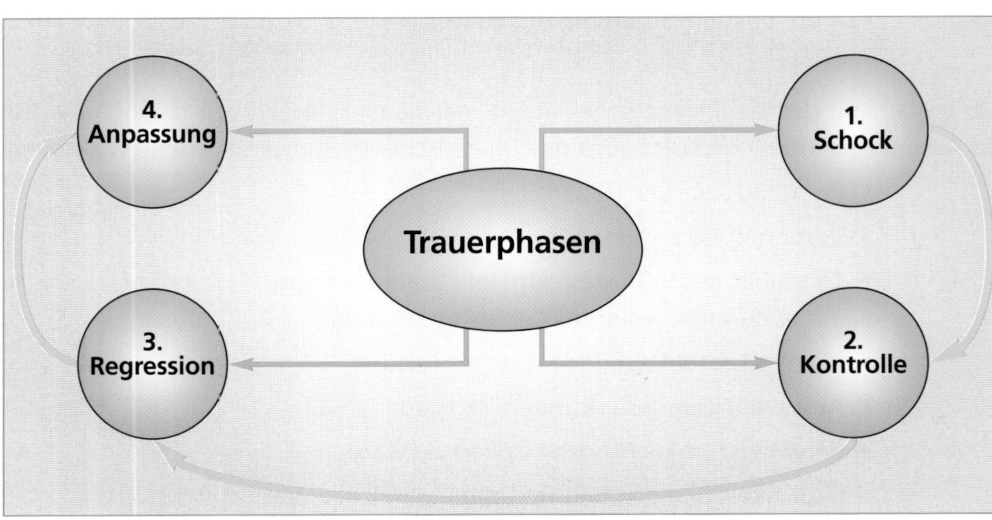

1. Phase: Schock

Unmittelbar nach dem Tod oder Verlust kann es zu dramatischen Schockzuständen kommen. Der Ausdruck dieser Phase zeigt sich sehr unterschiedlich. Der Schockzustand kann verschiedene Verhaltensweisen nach sich ziehen. Dabei ist eine Spannbreite von Lähmung bzw. Betäubung bis hin zur unkontrollierten Überreaktion zu beobachten.

Der betäubende Schock äußert sich in Fassungslosigkeit, Sprachlosigkeit, Hilflosigkeit, Handlungsunfähigkeit, Verbitterung und Desorientierung. Ein Gefühl der Sinnlosigkeit des Lebens kann sich vorübergehend einstellen. Häufig äußern betroffene Menschen den Wunsch, dass es sich nur um einen bösen Traum handelt und der Verlust nicht tatsächlich stattgefunden hat. Auch wenn der Tod erwartet wird, erlebt der Mensch einen tiefen inneren Schmerz, der nicht nur psychisch sondern auch physisch zum Ausdruck kommt. Körperliche Erscheinungsformen können ein erhöhter Pulsschlag, Schwitzen, Übelkeit etc. sein.

Der Schock kann sich auch in Überreaktionen zeigen. Pflegekräften und Ärzten werden massive realitätsfremde Vorwürfe gemacht. Dramatische Szenen machen die Verzweiflung durch den erlittenen Schock deutlich: Lautes Schreien und Klagen, schütteln und festhalten des Verstorbenen usw.

Diese Schockphase wird in der Regel durch das kontrollierte und organisierte Vorgehen während der Bestattungsrituale abgelöst.

Aufgabe

Ergänzen Sie diese Phase mit eigenen Erfahrungen und Vorstellungen.

2. Phase: Kontrolle

Der Umgang mit dem Verlust bzw. Tod wird in dieser Phase zum Teil von der Gesellschaft vorgegeben. Angehörige und Freunde müssen verständigt werden, Formalitäten sind zu regeln, der Arzt hat den Totenschein auszustellen, ein Bestattungsinstitut wird beauftragt, die Bestattungsfeier ist zu organisieren etc.

Der Trauernde setzt sich in dieser Phase in sachlicher Weise mit dem Verlust auseinander. In der Auseinandersetzung mit der sozialen Umwelt und mit gesellschaftlichen Institutionen (Gemeinde, Kirche etc.) hat sich der Trauernde in der Regel selber unter Kontrolle. Dies erwartet auch die Gesellschaft und kontrolliert somit auf ihre Weise den Trauernden. Diese gesellschaftlichen Umgangsformen ermöglichen einen geregelten Umgang mit Sterben und Tod.

In unserer Gesellschaft wird diese Phase immer mehr institutionalisiert. Bestattungsinstitute übernehmen auf Wunsch beinahe alle organisatorischen Tätigkeiten. Somit geht dem Trauernden die sachliche Auseinandersetzung mit dem erlittenen Verlust zum Teil verloren.

Aufgaben

1. Diskutieren Sie die „Institutionalisierung des Todes". Stellen Sie mögliche Vor- und Nachteile zusammen.
2. Erstellen Sie eine Liste, in der alle Angelegenheiten und Formalitäten aufgeführt werden, die Sie als Altenpfleger/in nach einem Todesfall zu erledigen haben.

3. Phase: Regression

Nach der Bestattung des Verstorbenen beginnt die eigentliche Verarbeitung des Verlustes. Jetzt wird die Lücke deutlich, die nach dem Tod entstanden ist. Der Trauernde erlebt Leere und eventuell auch Einsamkeit.

Definition

Regression ist ein Begriff aus der Psychoanalyse. Mit Regression ist der Rückzug auf frühere (scheinbar kindliche) Entwicklungsphasen bzw. Konfliktlösungsstrategien gemeint, der vor allem bei Überforderung eintritt.

Auf dem langen oft Jahre dauernden Weg, sich an das alltägliche Geschehen wieder anzupassen, bedient sich der Mensch häufig der Regression. Die regressive Phase zeigt sich u. a. in Angst, Schuldgefühlen, Depression, Schwierigkeiten in der Interaktion und krankhaften Trauerreaktionen.

- Mögliche Äußerungen von Angst können sein: Angst vor Einsamkeit, Angst mit der neuen Lebenssituation nicht zurecht zu kommen, Angst vor der Aufarbeitung der Beziehung mit dem Verstorbenen.
- Schuldbewusstsein kann in ambivalenter Form auftreten. Zum Einen können sich Schuldgefühle gegen die trauernde Person selbst richten: „Hätte ich ihn doch ins Krankenhaus gegeben!", „Hätte ich doch eine Sozialstation in Anspruch genommen." Schuld kann während der Trauer auch unreflektiert außenstehenden Personen zugeschrieben werden. Z. B. werden Pflegekräfte immer wieder für den Verlust der geliebten Person verantwortlich gemacht. Als Gründe werden dabei mangelnde Fachlichkeit, Gleichgültigkeit und Rücksichtslosigkeit aufgeführt. Auch der verstorbenen Person kann Schuld zugeschrieben werden. „Hätte sie mehr auf ihre Gesundheit geachtet." „Sie hat sich zu Tode geraucht!" „Warum hat sie nicht den Arzt gewechselt, wie ich ihr empfohlen habe." etc.
- Depression kann zum sozialen Rückzug der trauernden Person führen. Die Aufgaben des alltäglichen Lebens werden zur Last und bereiten unüberwindbare Schwierigkeiten.
- Der Umgang mit der Außenwelt ist gerade in dieser Phase besonders schwierig. Die trauernde Person muss die eigene Rolle neu definieren und wird von der Gesellschaft, also von Freunden, Bekannten, Kollegen etc. anders angesehen als vor dem Verlust der verstorbenen Person. Je nach Intensität der Beziehung wird der Status neu definiert. Eine Witwe oder ein Witwer hat eine andere Position in der sozialen Umgebung. Auch Neidgefühle gegenüber Bekannten, die ihren Partner, ihre Mutter etc. noch haben, können auftreten.

- Krankhaft wird Trauer dann, wenn die Phase der Regression nicht überwunden wird. D.h. der Verlust wird nicht akzeptiert und die Trauergefühle werden nicht durchlebt.

Krankhafte Trauerreaktionen sind:

- Suchtverhalten als Trauerreaktion: Die trauernde Person versucht mit Alkohol, Drogen oder Medikamenten auf Dauer die Lebenssituation zu bewältigen
- Isolation, Depression: Aufgrund des Verlustes isoliert sich der Mensch und vereinsamt. Die Isolation kann auf Dauer zur Depression werden.
- Chronische Trauer: Die Phase der Regression erstreckt sich über einen ungewöhnlich langen Zeitraum.
- Flucht in Krankheit: Das innere Verlusterleben bzw. der innere Schmerz äußert sich durch körperliche Erkrankungen (psychosomatische Reaktionen).
- Konservierende Trauerreaktion: Der Verlust wird dadurch verdrängt, dass die Wohnung und die Kleidung der verstorbenen Person nicht angetastet werden. Evtl. wird sogar für die verstorbene Person noch der Tisch gedeckt, als würde der Verstorbene jederzeit wieder kommen. Alle möglichen Gegenstände und Erinnerungsstücke werden aufbewahrt und gesammelt.
- Bagatellisieren: Mit allgemeinen Floskeln wird versucht den Verlust zu bagatellisieren. Häufig verwendete Aussprüche sind z. B. „Das wird schon wieder.", „Die Zeit heilt Wunden." etc. Damit wird die Trauer nicht angenommen und der Verlust nicht akzeptiert.

4. Phase: Anpassung

Nach der Phase der Regression folgt bei einer gelungenen Trauerarbeit die Phase der Anpassung und Anerkennung (Adaption). Ohne den Verlust zu verdrängen versucht der Trauernde am gesellschaftlichen Leben wieder teilzunehmen. Die Aufgaben, die vorher der Verstorbene ausgeführt hat, werden verteilt. Der Trauernde übernimmt neue Rollen und erhält einen neuen gesellschaftlichen Status. Er passt sich den neuen Gegebenheiten an. Über die verstorbene Person wird in der Vergangenheit gesprochen. Dadurch wird der Tod akzeptiert und als unabwendbar angenommen.

Aufgaben

1. Diskutieren Sie in der Gruppe die angemessene Länge der Trauerzeit. Wie viele Tage, Wochen, Monate oder Jahre sehen Sie als „normale Trauer" an?
2. Suchen Sie Beispiele aus ihrer eigenen Erfahrung, womit Sie die Trauerphasen nachvollziehen können!
3. Diskutieren Sie den kontinuierlichen Verlauf der Trauerphasen. Führen Sie Beispiele an, die den kontinuierlichen Verlauf der Trauerphasen durchbrechen.
4. Vergleichen Sie die Sterbephasen mit den Trauerphasen.

7.3 Hilfen zur Trauerarbeit

... mein aufrichtiges Beileid.

... von Beileidsbekundungen bitten wir Abstand zu nehmen.

... das Leben geht weiter. In wenigen Wochen wirst du sehen, dass es doch einen Ausweg gibt.

... es tut mir leid, dass deine Mutter gestorben ist

... so viele alte Menschen möchten sterben und können nicht. Warum muss gerade dieses junge Mädchen mitten aus dem Leben gerissen werden?

... ich weiß, es ist schrecklich für dich, dass deine Freundin gestorben ist. Ich leide mit dir.

Aufgaben

1. Welche der oben genannten Beileidsäußerungen finden Sie im Todesfall angemessen?
2. Suchen Sie nach weiteren Möglichkeiten das Beileid auszudrücken.
3. Sind Ihrer Meinung nach Beileidsbekundungen hilfreich für die Trauerarbeit?
4. Was sagen Sie ganz konkret zu Angehörigen wenn die pflegebedürftige Person verstorben ist?
5. Überlegen Sie in Kleingruppen, wie Sie bei Bewohnern, Angehörigen, Kollegen und sich selbst die Trauerarbeit unterstützen können!

Der Umgang mit Trauernden ist eine sehr schwierige Aufgabe, die Altenpfler/innen zu bewältigen haben. Umgang mit Trauer heißt in diesem Zusammenhang nicht nur, wie gehe ich mit trauernden Angehörigen und Bewohnern um, sondern auch mit Kollegen und mit mir selbst.

Grundsätzlich ist zu beachten, dass Trauer für die Gesundheit der Psyche von höchster Wichtigkeit ist. Wir müssen uns bei jedem Trauerfall neu ins Bewusstsein rufen, dass Trauer nichts mit Schwäche zu tun hat. Ganz im Gegenteil verlangt Trauerarbeit in unserer Gesellschaft, die Sterben, Tod und Trauer immer mehr verschiedenen Institutionen überlässt, viel Mut, Kraft und Stärke. Unsere Gesellschaft lässt Trauernden häufig kaum Zeit der veränderten Situation gerecht zu werden. Bereits nach wenigen Tagen wird erwartet, dass sich der Mensch wieder den Alltagsaufgaben widmet als wäre nichts geschehen. Diese gesellschaftlichen Forderungen blockieren eine notwendige Trauerarbeit.

Die Möglichkeiten, die Trauerarbeit zu unterstützen sind begrenzt und bedürfen eines hohen Einfühlungsvermögens.

Maßnahmen im Rahmen der Trauerarbeit

- **Zuhören:** Gemeint ist hier kein passives, teilnahmsloses Zuhören, sondern aktives Zuhören, das dem Trauernden signalisiert, dass für die schwierige Situation Verständnis vorhanden ist. Dabei bedarf es meist nicht vieler Worte. Hilfreich kann sein, die Gefühle der trauernden Person zu verbalisieren und so Einfühlungsvermögen zu zeigen. Auch das Äußern der eigenen Hilflosigkeit macht dem Trauernden deutlich, dass er nicht allein ist, dass es anderen ähnlich ergeht.
- **Gefühle ausdrücken lassen:** Der Trauernde wird es als Unterstützung empfinden, wenn ihn die Pflegekraft spüren lässt, dass er seine Gefühle ausdrücken darf. Mögliche Äußerungen von Gefühlen sind dabei weinen, jammern, klagen und Wutausbrüche. Trauergefühle können auch noch nach Monaten oder sogar Jahren auftreten. Auch diese sind zu akzeptieren.
- **Verabschiedung ermöglichen:** Zur gesunden Bewältigung der Trauerarbeit ist es unabdingbar, sich von der verstorbenen Person in Würde verabschieden zu können. Trauernde sollen also ermutigt werden den Verstorbenen anzusehen und wenn möglich auch zu berühren. Damit wird erleichtert, die veränderte Realität zu erkennen und zu begreifen.
- **Vermeiden von Floskeln:** Äußerungen wie „Kopf hoch, das wird schon wieder.", „Zeit heilt Wunden." oder „In wenigen Tagen sieht die Welt wieder anders aus." sind für die Trauerarbeit nicht dienlich. Diese oder ähnliche Bemerkungen zeugen von wenig Verständnis und Unsicherheit im Umgang mit Sterben und Tod. Sie blokkieren die Trauerarbeit und setzen die trauernde Person noch zusätzlich unter Druck. Gefühle werden verleugnet und als Schwäche dargestellt.

- **Körperliche Aktivität:** Der seelische Schmerz der Trauer kann mit Hilfe von körperlicher Aktivität leichter bewältigt werden.
- **Organisation der Verabschiedungsrituale:** Die Organisation der Beerdigung, die Verständigung von Angehörigen und Freunden und notwendige Behördengänge sind eine aktive Auseinandersetzung mit dem erlittenen Verlust. Alleine die Tatsache, dass der Trauernde anderen Menschen mitteilen muss, dass ein liebgewonnener Mensch verstorben ist trägt dazu bei sich mit dem Verlust aktiv auseinanderzusetzen. Der Trauernde kann dadurch beginnen seine Gefühle zu verarbeiten und somit Trauerarbeit zu leisten.

Aufgabe

Welche Verabschiedungsrituale erscheinen Ihnen als positiv, um die Trauerarbeit zu erleichtern?

7.4 Ratschläge eines Trauernden für seinen Begleiter

- Lass nicht zu, dass ich in meiner Trauer belächelt oder entwürdigt werde. Biete mir Deine Hilfe an, und wenn ich es Dir signalisiere, dann lass mich alleine trauern.
- Bleibe bei mir, wenn mich jetzt Zorn, Angst, Hilflosigkeit und Verzweiflung heimsuchen. Hilf mir, durch dieses tiefe Tal.
- Denke nicht, wenn die Beisetzung stattgefunden hat und ich wieder gezwungen bin mich am gesellschaftlichen Leben zu beteiligen, dass alles vorbei ist und es so weitergeht wie früher. Ehrliche Trauer dauert länger als es die Gesellschaft erlaubt. Der Abschied von liebgewonnenen Menschen dauert länger als in mancher Fachliteratur zu lesen ist – und bei mir vielleicht besonders lang. Wenn Du mir etwas sagen willst, dann höre ich Dir zu. Aber sag jetzt nicht irgendwas, sondern das Richtige. Belangloser Trost hilft mir nicht weiter. Überlege Dir gut, was Du mir sagst, oder schweige mit Anteilnahme.
- Ich weiß, dass es schwierig ist, mit mir und meiner Trauer richtig umzugehen. Bitte mache mir aber nichts vor. Sätze wie, „Das wird schon wieder." oder „Die Zeit heilt Wunden." sind in meiner Situation eine Beleidigung für mich und machen mir deutlich, dass Du mich nicht verstehst. Versuche meine Situation und meine Gefühle in Worte zu fassen, denn ich kann das jetzt nicht. Dann weiß ich, Du teilst mit mir das erfahrene Leid.
- Sprich mit mir über den Verstorbenen. Aber sei ehrlich zum Verstorbenen. Schließe Dich bitte nicht denen an, deren Blick einseitig oder verklärt ist. Du kennst ja den Spruch aus Volkes Mund: „ Es wird nirgends so viel gelogen wie am Grab". Er soll Dir zu denken geben.
- Wenn ich Hilfe brauche, werde ich Dir Signale senden. Es liegt an Dir diese richtig zu deuten. Ich kann bei diesen starken Gefühlen kaum Bitten aussprechen, denn ich will Dir auch nicht zur Last fallen. Ich werde Dir signalisieren: Halte meine Hand oder lass mich alleine. Sprich mit mir oder schweige mit mir. Ich wünsche mir Dein Mitleid oder bitte halte Abstand mit Mitleidsbekundungen. Bete mit mir oder mit Gebeten kann ich nichts anfangen. Ich hoffe Du hilfst mir. Danke!
- Und wenn dann die Zeit der tiefen Trauer vorbei ist, dann sprich weiterhin über den Verstorbenen mit mir. Ich kann den Verlust nämlich nur verarbeiten, wenn ich frei darüber sprechen kann. Verschweigen macht verkrampft, sprechen befreit.
- Sollte ich in meiner Traurigkeit zu versinken drohen, dann entreiße mich aus diesem Elend. Setze positive Energie in mir frei. Wecke in mir den Glauben und sprich mit mir über das, was nach dem Irdischen auf uns zukommt. Lass mit mir der Fantasie freien Lauf. Egal welcher Religionsgemeinschaft ich angehöre; der Glaube trägt, gerade in diesen schweren Stunden.
- Nimm aus meiner Trauer mit, was Dich bereichert. Du wirst daran wachsen. Und wenn Du mich begleitet hast, dann wird sich unser Verhältnis neu gestalten. Es wird tiefer, inniger und freudiger sein, trotz aller erlebten Traurigkeit.
- Danke für Deine Begleitung!

8 Ethische Konfliktfelder in der Praxis

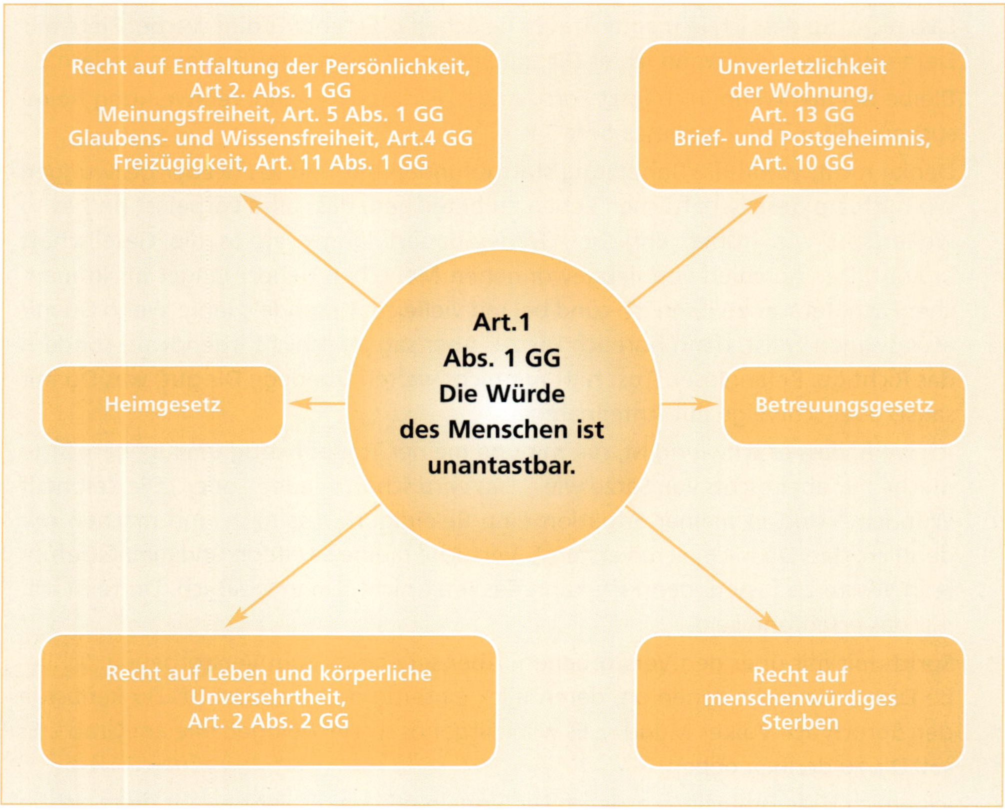

Wer trägt die Verantwortung, wenn die pflegebedürftige Frau S. aus dem Bett fällt, sie aber das Schutzgitter ablehnt? Darf ich übelriechende Lebensmittel zum Schutze der Bewohnerin aus dem Kühlschrank entfernen? Muss der Heimbewohner wirklich um 7:30 Uhr am Frühstückstisch sitzen, weil es in der Hausordnung so festgeschrieben steht? Wie soll ich mit geäußerten sexuellen Wünschen und Bedürfnissen umgehen? Ist es nicht besser, Menschen in Ruhe sterben zu lassen als der modernen Apparatemedizin Folge zu leisten?

Es geht nicht darum, ethische Vorstellungen und juristische Vorgaben gegeneinander auszuspielen, denn schließlich beruht unsere Gesetzgebung auf Moralvorstellungen, welche im Grundgesetz deutlich formuliert sind. Anliegen dieses Kapitels ist, den Pflegekräften die Konfliktfelder vor Augen zu führen, in denen sie alleinverantwortlich Entscheidungen zu treffen haben. Außerdem soll mit dieser Problematisierung zu einer ständigen Reflexion der Einflussfaktoren wie z. B. des eigenen Menschenbildes (s. Kap. 2), gesellschaftlicher, sozialer und emotionaler Faktoren angeregt werden, so dass nach bestem Wissen und Gewissen Verantwortung übernommen werden kann.

8.1 Konfliktfeld institutionelle Zwänge, Freiheit und Privatsphäre

Auszug aus dem Heimgesetz (HeimG), Fassung vom 03.02.1997:

§ 2 Zweck des Gesetzes

(1) Zweck des Gesetzes ist es,

1. die Interessen und Bedürfnisse der Heimbewohner und der Bewerber für die Aufnahme in ein Heim vor Beeinträchtigungen zu schützen, insbesondere die Selbstständigkeit und die Selbstverantwortung der Bewohner im Heim zu wahren,
2. die Beratung in Heimangelegenheiten zu fördern.

(2) Die Selbstständigkeit der Träger der Heime in Zielsetzung und Durchführung ihrer Aufgaben bleibt unberührt.

Aufgaben

1. Erläutern Sie Ihrer Klasse, was Sie persönlich unter Interessen und Bedürfnissen von Heimbewohnern verstehen.
2. Erstellen Sie in einer Kleingruppe ein Plakat zum Thema Selbstständigkeit und Selbstverantwortung von Heimbewohnern.

Das Heimgesetz trat 1975 in Kraft und hatte das Ziel, Bewohner/innen von Heimen einem besonderen gesetzlichen Schutz zu unterstellen und sie somit vor willkürlichen Maßnahmen eines Heimträgers zu schützen. 1997 erfolgte die Novellierung, nachdem gehäuft Lücken im Gesetz zu verzeichnen waren.

Dennoch kann das Heimgesetz auch bis zum heutigen Tage nicht alle Anforderungen an eine ganzheitliche Pflege erfüllen – es fungiert sozusagen lediglich als Mindestvorgabe für Heimträger und Personal, auch wenn derzeit über ein neues Heimbewohnerschutzgesetz diskutiert wird.

In § 2 Abs. 2 HeimG wird darüber hinaus die Selbstständigkeit der Heimträger berücksichtigt. Im Klartext bedeutet dies, dass Heimträger je nach Leitbild eigene Ziele verfolgen und ihre diesbezüglichen Aufgaben durchführen können. Einer sogenannten Hausordnung steht demzufolge nichts im Wege.

Institutionelle Zwänge

Hausordnung eines Seniorenheimes (Auszug):

Unsere Einrichtung ist stets bemüht, Ihnen Ihr Leben so angenehm wie möglich zu gestalten. Dennoch werden Sie Verständnis dafür haben, dass wir im Sinne der allgemeinen Ordnung gewisse Reglementierungen vorsehen, die uns allen helfen sollen, Störungen für Sie und uns zu vermeiden.

Wir bitten Sie daher:

1. Besucher nur zu den üblichen Besuchszeiten zu empfangen: 9:30–20:30 Uhr
2. Ihre Mahlzeiten pünktlich einzunehmen:

Frühstück:	7:30 Uhr
Mittagessen:	11:45 Uhr
Nachmittagskaffee:	14:30 Uhr
Abendessen:	17:30 Uhr

Selbstverständlich können Sie auch zwischen den Mahlzeiten unsere Teeküche benutzen. Beachten Sie aber bitte die Feuersicherheitsvorschriften! In der Teeküche dürfen Sie nur Getränke, wie z. B. Tee oder Kaffee aufwärmen. Die Garung von Mahlzeiten, wie z. B. das Braten von Spiegeleiern, ist nicht gestattet. Wenden Sie sich in diesen Fällen bitte an unser Personal. (...)

(...)

6. Sicherlich haben Sie Verständnis dafür, dass wir aus Sicherheitsgründen keine Hausschlüssel an Sie weitergeben können. Unser Haus ist rund um die Uhr besetzt, d.h. Sie können bei verspätetem Nachhausekommen gerne die Nachtdienstschwester per Hausglocke alarmieren. Unser Haus ist übrigens ab 21:00 Uhr verschlossen.

(...)

9. Zum Schutze unseres Gebäudes ist es untersagt, Tauben oder andere Vögel aus dem Zimmer heraus zu füttern.
10. Kleintierhaltung, wie z. B. Vögel, ist nur mit ausdrücklicher Genehmigung durch die Heimleitung gestattet. Im Krankheitsfalle haben Sie eine Person zu benennen, die Sorge für diese Tiere trägt.

(...)

15. Alle Handlungen, die dieser Hausordnung zuwiderlaufen, können die unmittelbare Kündigung des Heimvertrages nach sich ziehen!

Aufgabe

Bitte denken Sie einmal über Ihren eigenen Lebensweg und Ihre Vorlieben und Gewohnheiten nach. Wie würden Sie im Alter mit der o. g. Hausordnung umgehen?

Ein Heimbewohner ist, ähnlich einem Mieter in einem großen Mietshaus, auch einer gewissen Hausordnung unterworfen. Naturgemäß schränkt dies die persönliche Freiheit des Einzelnen in einem gewissen, aber gesetzlich zugelassenem Maße ein. In einer Mietwohnung allerdings kann ich Spiegeleier braten, Besuche empfangen und nach Hause kommen, wann immer mir es recht ist. Selbstverständlich ist dabei auf die Mitbewohner des Hauses Rücksicht zu nehmen. Darf aber eine Einrichtung wie z. B. ein Seniorenheim diese Freiheit, die für jeden Bundesbürger grundgesetzlich festgelegt ist, einschränken? Bereits hier unterliegt ein Heimbewohner gewissen Zwängen.

Aufgabe

Stellen Sie sich vor, Sie sind für die Leitung einer Altenhilfeeinrichtung verantwortlich. Wie würden Sie die Hausordnung unter ethischen Gesichtspunkten gestalten? Entwerfen Sie in Gruppenarbeiten eine exemplarische Hausordnung.

Neben dem Heimgesetz schreibt auch die Pflegeversicherung im Sozialgesetzbuch XI eine ganzheitliche und fachkompetente Pflege vor. In der Auslegung dieser Vorgaben gibt es jedoch im stationären Altenhilfeangebot große Unterschiede. Jeder Heimträger versucht zwar, nach außen hin eine ganzheitliche Pflege zu proklamieren, oft jedoch erweist sich die in Hochglanzprospekten dargestellte Ganzheitlichkeit als nicht haltbar, da Pflegeabläufe systematisch und funktionell ablaufen, an den Dienstplänen des Personals ausgerichtet sind und wesentliche individuelle Bedürfnisse der Bewohner in den Hintergrund gestellt werden.

Dennoch werden derartige Einrichtungen den Anforderungen der geltenden Gesetze gerecht, schließlich erleiden die Bewohner keinen körperlichen Schaden. Instrumente zur Messung der seelisch-geistigen Befindlichkeit gibt es hingegen nicht – wie also soll man diesbezüglich eine Einrichtung zur Rechenschaft ziehen? Auch im ambulanten Altenpflegedienstleistungssektor existieren diese ethischen Qualitätsunterschiede. Es handelt sich nicht um ein stationäres, sondern um ein generelles Problem in der Altenhilfe.

Juristisch-ethische Konflikte sind überall dort vorprogrammiert, wo Gesetzesvorgaben und Institutionsinteressen vermischt werden. Gesetze verlangen eine ausgewogene Einzelfallbeurteilung. Pauschale Gesetzesauslegungen hingegen widersprechen einer persönlichen und ganzheitlichen Pflegeethik und Pflegeausübung. Alle altenpflegerelevanten Gesetze bedürfen somit einer individuellen Abstimmung, um auch den pflegeethischen Gesichtspunkten gerecht zu werden.

Der Badetag

Leider gibt es in vielen Einrichtungen immer noch die veraltete Unsitte des festgelegten Badetags. Pflegebedürftige müssen an einem feststehenden Wochentag, in der Regel vormittags, gebadet werden. Dies ist aus ethischer Sicht sehr verwerflich, zumal die Hektik des Badevorgangs mit einer bedürfnisorientierten und ganzheitlichen Pflege nichts gemein hat und der Pflegebedürftige sehr unter Stress gerät. Biografisch angeeignete Vorlieben, wie z. B. ein entspannendes Bad am Samstagabend, sind aufgrund einer dünnen Personaldecke im Spät- und Wochenenddienst nicht möglich.

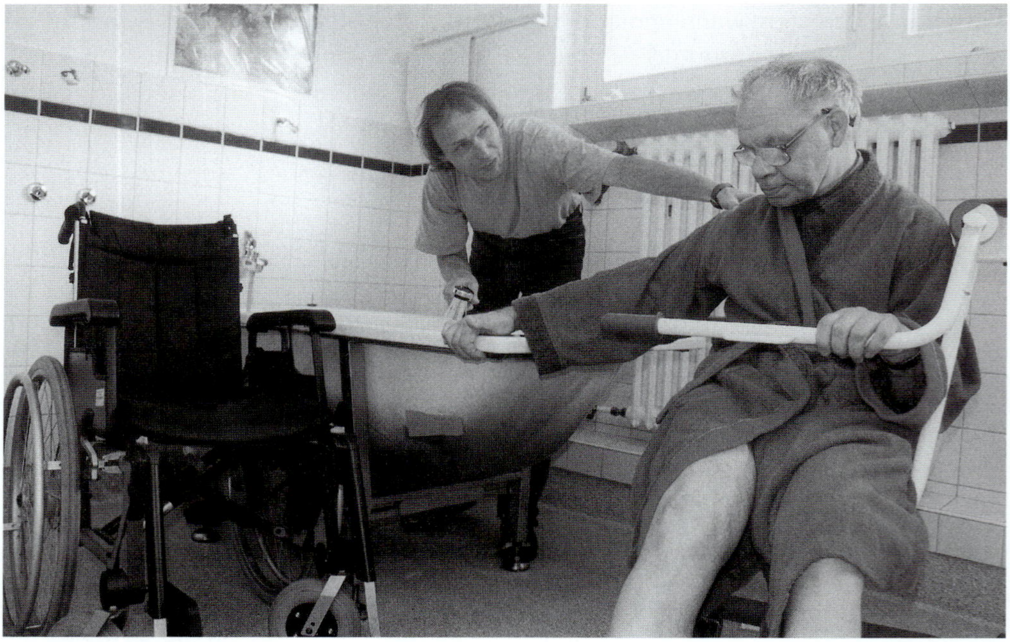

Die Essensaufnahme

Viele alte Menschen sind aufgrund körperlicher oder seelisch-geistiger Veränderung nicht imstande, ihre Mahlzeiten selbstständig einzunehmen. In diesen Fällen greift das Pflegepersonal unterstützend ein und reicht das Essen, oft jedoch auch gnadenlos – schließlich ist der/die Altenpfleger/in zur Überwachung und Unterstützung der Nahrungsaufnahme verpflichtet. Aber Hand auf's Herz: Wird dabei die geschmackliche Vorliebe des betreuten Menschen berücksichtigt? Ist die Mahlzeit auch ästhetisch genug angerichtet oder handelt es sich um den Einheitsbrei? Sind die Essenszeiten sinnvoll? Gesteht das Personal dem Unterstützungsbedürftigen auch einmal Appetitlosigkeit zu oder muss der Teller leer gegessen werden („Ach, Frau Müller, ein paar Löffelchen gehen schon noch, ja.")? Gerade die Mahlzeiten sind für viele alte Menschen eine willkommene Unterbrechung des oft eintönigen Tagesablaufs, demzufolge müssen diese Höhepunkte auch ethisch einwandfrei gestaltet werden.

Aufgaben

1. Lassen Sie sich bitte einmal auf folgende Übung ein: Sie werden von Ihrer/m Mitschüler/in an den Händen festgebunden. Anschließend reicht Ihnen die Mitschülerin mit einem Löffel mehrere in Kaffee eingeweichte Brotstückchen. Registrieren und reflektieren Sie Ihre Empfindungen. Welche Schlüsse ziehen Sie für Ihre praktische Tätigkeit aus dieser Übung?
2. Im eingangs erwähnten Beispiel der Hausordnung sind Essenszeiten festgelegt. Halten Sie diese Essenszeiten für ethisch vertretbar? Entwickeln Sie in Kleingruppen bedürfnisorientierte Essenszeiten und begründen Sie diese.

Definition

Institutionelle Zwänge sind Vorgaben seitens einer Einrichtung, die das Zusammenleben in einer großen Gemeinschaft organisieren sollen. Zugleich schränken sie allerdings die Persönlichkeit des einzelnen Heimbewohners ein und unterlaufen somit gelegentlich die ethischen Grundprinzipien der Pflege.

Das Grundrecht auf Freiheit und Privatsphäre

Im Grundgesetz ist die Freiheit und die Privatsphäre des Menschen klar definiert:

Art. 1: Die Würde des Menschen ist unantastbar. Sie zu achten und zu schützen ist Verpflichtung aller staatlichen Gewalt.

Art. 2: Jeder hat das Recht auf freie Entfaltung seiner Persönlichkeit. (...)

Art. 4: Glaubens- und Gewissensfreiheit

Art. 5: Meinungsfreiheit

Art. 10: Brief-, Post- und Fernmeldegeheimnis

Art. 11: Freizügigkeit

Art. 13: Unverletzlichkeit der Wohnung

Einschränkungen dieser Grundrechte dürfen daher nur durch wiederum im Grundgesetz definierte Gesetze erfolgen, die dem Schutz des Einzelnen und der Gesellschaft dienen. Ein Rechtsbereich dieser Art findet sich beispielsweise im Betreuungsrecht, mit dem Altenpfleger/innen täglich in der Praxis konfrontiert werden.

In welchen ethisch-juristischen Konfliktfeldern sich Pflegekräfte bewegen, verdeutlicht diese Sammlung von Aussagen:

Ich darf die Medikamente nicht in den Tee schütten, Herr Doktor! Auch nicht wenn Sie das anordnen!

Ich bin allein auf Station. Da muss ich jemanden schon mal einschließen, damit ich überhaupt fertig werde!

Meine Mutter wollte sterben und Sie haben sie ins Krankenhaus geschafft!

Jetzt reicht's aber, Frau Müller! Hier, nehmen Sie Ihre Neurociltropfen jetzt!

Sie müssen doch nachsehen, ob die Frau noch lebt!

Natürlich hat der Amtsrichter das Bettgitter erlaubt, aber heute ist Frau Maier wirklich gut drauf. Lassen wir sie doch!

Ich hab's doch nur gut gemeint als ich den Kühlschrank von Herrn M. sauber gemacht habe!

Schwester, Sie müssen der Frau jetzt die Spritze geben, ob sie will oder nicht!

Fallbeispiele

Die Altenpflegerin Maria ist sehr auf Sicherheit bedacht. Sie weiß, dass verdorbene Lebensmittel im Kühlschrank des Bewohners K. liegen und entfernt diese mit Wissen des Betreuers, als Herr K. gerade von ihrer Kollegin im Badezimmer gebadet wird. Als Herr K. den aufgeräumten Kühlschrank sieht, beschimpft er Maria auf's übelste und weigert sich fortan, sich von ihr pflegen zu lassen.

Frau B. irrt nachts orientierungslos auf dem Flur der Station umher und sucht ihr Zimmer. Der Altenpfleger Franz ist im Nachtdienst alleine verantwortlich für 30 Bewohner und will kein Risiko eingehen. Er führt Frau B. in ihr Zimmer zurück und verschließt die Tür von außen. Dies geschieht mit richterlicher Genehmigung. Als Frau B. jedoch Angst bekommt, laut an die Tür klopft und schreit, öffnet der Altenpfleger die Tür wieder und lässt Frau B., um die anderen Bewohner nicht im Schlafe zu stören, auf dem Flur wandern. Prompt stürzt sie und zieht sich eine Oberschenkelhalsfraktur zu. Ein langwieriger Krankenhausaufenthalt ist die Folge.

Das Konfliktfeld Recht auf Freiheit und Privatsphäre bewegt sich im Pflegebereich zwischen den Extremen:

Größtmögliche Freiheit Entfaltung der Persönlichkeit Recht auf Privatsphäre	↔	Größtmögliche Sicherheit des Einzelnen und der Allgemeinheit mit Einschränkungen der Freiheit und der Privatsphäre

Aufgaben

1. Sammeln Sie in ihrer Klasse weitere Beispiele aus Ihrer persönlichen beruflichen Erfahrung, in welchen Sie sich vermeintlich in einer ethisch-juristischen Zwickmühle befunden haben. Berichten Sie diese einem Partner Ihrer Wahl und holen Sie sich dessen Meinung dazu ein.
2. Halten Sie sehr prägnante Erzählungen kurz auf Plakaten fest, fixieren Sie diese im Klassenzimmer und beraten Sie sich im Klassenplenum darüber.
3. Machen Sie zu den prägnanten Fällen eine Abstimmung mit der Frage „Wie würden Sie entscheiden?".
4. Im Sinne eines fächerübergreifenden Unterrichts können Sie auch Ihre Rechtskunde-Lehrkraft zu dieser Stunde einladen.

Freiheitsentziehende Maßnahmen sind ebenso wie die Verletzung der Privatsphäre schwerwiegende juristische Vergehen, solange sie ohne gesetzliche Grundlagen durchgeführt werden. Doch selbst richterliche Genehmigungen befreien Pflegekräfte im Zweifelsfall nicht vom „ethischen Druck in der Brust" und führen sie mitunter in einen Gewissenskonflikt, der sich seinerseits wieder destruktiv auf ihre Motivation niederschlägt.

Zur juristischen Absicherung verschiedener notwendiger Handlungsweisen empfiehlt sich das sogenannte Risk-Management in Altenhilfeeinrichtungen:

- Mögliche Risiken im Vorfeld erkennen, Notfallpläne für juristische Grauzonen erstellen.
- Juristische Abklärung: Anrufung des Vormundschaftsgerichts nötig?
- Detaillierte Dokumentation eventueller Vorfälle.
- Restrisiko bewusst als Lebensrisiko hinnehmen: Man kann nicht für Alles und Jeden verantwortlich sein!
- Kontinuierliche juristische Schulung und Beratung des Personals.

Das Risk-Management verhindert zwar noch keinen persönlichen ethischen Konflikt einer Pflegeperson, es schafft aber in juristischen Belangen weitgehend Klarheit, so dass zumindest in diesem Bereich ein „Freispruch" erfolgt. Der Verarbeitung eines möglichen ethischen Konfliktes kann ein/e Altenpfleger/in somit mehr Raum und Kraft widmen.

Hierzu eignen sich

- Supervision
- Fortbildung
- Erfahrungsaustausch mit Kolleg/innen, z. B. in ungezwungener Atmosphäre beim Essen oder bei einem „Altenpflegestammtisch"
- Gespräch mit einem Seelsorger
- Gespräch mit einem Juristen

Die letztendliche Entscheidung über die Inanspruchnahme juristisch genehmigter Verletzungen von Grundrechten obliegt im jeweiligen akuten Einzelfall dem/der Altenpfleger/in. Eine juristische Legitimation darf jedoch nicht als Freibrief für ständige freiheitsentziehende Maßnahmen und Verletzungen der Privatsphäre u. a. gelten. Der/die Altenpfleger/in hat sich ebenso von ihren/seinen ethischen und moralischen Werten und somit von ihrem/seinem Menschenbild leiten zu lassen.

Aufgaben

(in Zusammenarbeit bzw. mit Genehmigung Ihrer Lehrkraft)

1. Inspizieren Sie ohne Vorwarnung die Tasche Ihrer/s Tischnachbar(i)n. Wie reagiert diese/r? Wie würden Sie reagieren?
2. Die Türe Ihres Klassenraums wird verschlossen. Wie fühlen Sie sich?

Workshop

1. Welche weiteren Zwänge können Sie sich in einer stationären Altenhilfeeinrichtung vorstellen? Zeichnen Sie dazu den Tagesablauf eines Heimbewohners in Form eines Stundenplanes nach.

2. Welche Rahmenbedingungen würden Sie ändern, wenn es in Ihrer Macht stünde? Wie könnten Sie diese institutionellen Zwänge auflockern? Diskutieren Sie darüber in einer Kleingruppe und präsentieren Sie Ihr Ergebnis mittels einer Collage vor der Klasse.

3. Erinnern Sie sich einmal an Ihre ersten Einsätze in der Altenpflege:
   - Welche Ereignisse, Vorkommnisse oder Situationen haben besonders schockierend oder abstoßend auf Sie gewirkt?
   - Welche Lehren haben Sie daraus gezogen und was bedeuten diese Erlebnisse für Ihre weitere berufliche Zukunft?

4. Würden Sie Ihre Mutter oder Ihren Vater im Ernstfall in die Obhut eines Seniorenheimes geben? Begründen Sie Ihre Antwort.

5. Gibt es auch im ambulanten Pflegebereich Formen von institutionellen Zwängen? Wie können sich diese äußern?

6. Sehen Sie bitte einmal punktuell das Heimgesetz, das Betreuungsrecht und die Pflegeversicherung in den wichtigsten Abschnitten durch. Sind diese Gesetze für Sie ethisch vertretbar? Wo haben Sie ethische Bedenken?

7. Sammeln Sie in Form einer Collage Situationen aus dem Alltag, in denen Sie sich in Ihren Grundrechten eingeschränkt sehen. Überlegen Sie sich evtl. auch kurze Rollenspiele dazu.

8.2 Konfliktfeld Gewalt in der Pflege

Verbraucherverbände schlagen Alarm – Bundesweite Studie:
Von 900 kontrollierten Heimen und ambulanten Diensten weisen die Hälfte Mängel auf

„Menschenwürdige Pflege im Alter längst nicht immer der Fall"

VON ALEXANDER KAIN

Berlin. In der Altenpflege in Deutschland herrscht offenbar Chaos: Missstände in Pflegeheimen, rechtswidrige Verträge, entmündigte Pflegebedürftige. Gestern haben die Verbraucherverbände (AgV) und die Bundesinteressenvertretung der Altenheimbewohner (BIVA) in Berlin Alarm geschlagen.

8,8 Millionen Deutsche sind derzeit über 70 Jahre alt, knapp 600 000 leben in Alten- und Pflegeheimen. Rund sieben Prozent der älteren Menschen gelten dabei als pflegebedürftig. Die Tendenz ist steigend. Um das Lebensrisiko der Pflegebedürftigkeit abzusichern, wurde 1995 die Pflegeversicherung eingeführt. „Doch die Erfahrungen zeigen: Eine menschenwürdige Pflege im Alter ist längst nicht immer der Fall", ist nun von den Verbraucherverbänden zu hören. So sei eine bundesweite Studie des Medizinischen Dienstes der Spitzenverbände der Krankenkassen zu dem Ergebnis gekommen, dass von 900 kontrollierten Heimen und ambulanten Diensten fast die Hälfte Mängel habe, fünf Prozent der Einrichtungen seien sogar als so mangelhaft beurteilt worden, dass ihnen die Finanzierung entzogen wurde. Auch die Quote des Pflegepersonals liege durchschnittlich bei nur 30 Prozent – während 50 Prozent gesetzlich vorgeschrieben seien. Zudem berichteten die Verbraucherverbände von Fällen, in denen Pflegedienste und -heime das Selbstbestimmungsrecht der Pflegebedürftigen beschnitten und ältere Menschen in ihren Wohnungen oder Zimmern einschlossen, ans Bett fesselten oder mit elektronischen Ortungsgeräten versahen.

Um Abhilfe zu schaffen, hat das Bundesgesundheitsministerium einen Referentenentwurf für ein Pflege-Qualitätssicherungsgesetz erarbeiten lassen, das die Qualität in der Pflege verbessern soll. Das Bundesseniorenministerium plant ein Heimbewohnerschutzgesetz. Beide Entwürfe weisen laut Thomas Isenberg, AgV-Fachreferent für Gesundheitsdienstleistung, jedoch „gravierende Defizite" auf und könnten dadurch die Situation von Alten- und Pflegeheimbewohnern weiter verschlechtern. So sei beispielsweise im Heimbewohnerschutzgesetz geplant, die vorgeschriebene jährliche Prüfung von Heimen durch die staatliche Heimaufsicht künftig wegfallen zu lassen, wenn der Heimträger bestimmte Gütesiegel oder Testate vorweisen könne. Diese Gütesiegel seien aber keinesfalls immer ein objektiver Indikator für gute Betreuung und patientengerechte Pflege, so Isenberg. Solche „Pseudo-Qualitätskriterien" dürften eine staatliche Heimaufsicht nicht ersetzen.

Nach Einschätzung von AgV und BIVA wird auch der Entwurf des Pflege-Qualitätssicherungsgesetzes seinem Namen nicht gerecht: Es bleibe weiter unklar, wie eine humane und aktivierende Pflege konkret aussehen solle. Auch sei nicht vorgesehen, ein Gremium zusammenzustellen, das Qualitätsstandards definiere. Damit aber werde der Schutz der Heimbewohner und die Definition der Pflegequalität an den Pflegebedürftigen vorbei an Pflegekassen und Heimbetreiber delegiert. Laut Katrin Markus, Geschäftsführerin der Bundesinteressenvertretung der Altenheimbewohner (BIVA), gewinne das insbesondere deshalb an Brisanz, da rund 70 Prozent der Heimbewohner ihren Heimaufenthalt zumindest teilweise selbst bezahlten. Weil aber Mindeststandards der Pflege nicht eindeutig definiert seien, wüßten zahlreiche Heimbewohner nicht einmal, für welche Leistungen sie nun konkret bezahlten.

Lovis Wambach, Pflegerechtsexperte der Verbraucher-Zentrale in Bremen, wies zudem auf rechtliche Probleme bei der Vertragsgestaltung mit Heimen und Pflegediensten hin: „Viele Anbieter scheuen nicht davor zurück, eindeutig rechtswidrige Klauseln in ihre Vertragsmuster aufzunehmen." Beispiele seien der Ausschluss des Pflegedienstes für Pflegefehler oder überlange Kündigungsfristen in Heimverträgen. Auch rückwirkende Preiserhöhungen seien Gang und Gäbe.

Verbraucherverbände und BIVA kritisierten zudem, dass in beiden Gesetzentwürfen der Bundesregierung ein bekanntes Problem nicht gelöst werde: Krankenkassen und Pflegekassen stritten nach wie vor darüber, wer bestimmte medizinische Leistungen bei kranken Pflegebedürftigen übernehmen müsse. „Im Ergebnis bezahlt also keiner", so Isenberg. AgV und BIVA fordern nun, im Heim- und Pflegebereich mehr Transparenz über Rechte und Pflichten von Dienstleistern und Kunden zu schaffen sowie wirksamere Mechanismen zur Aufdekkung von Missständen einzurichten – statt sie zu beschneiden. Markus: „Oft sind Heimbewohner zu alt oder trauen sich nicht, auf Missstände hinzuweisen, weil sie Nachteile befürchten." Der Staat habe die Aufgabe, dafür zu sorgen, dass der intensive Preiswettbewerb im Pflegebereich, der zwischen den Dienstleistern und den Pflegeversicherungen ausgetragen werde, nicht zu Lasten der Qualität für die Pflegebedürftigen gehe. Isenberg: „Die Leitfrage der Zukunft muss lauten: Was braucht ein pflegebedürftiger Mensch? Nicht: Was kostet er?"

aus: Passauer Neue Presse, 28.07.2000

Aufgaben

1. Wie äußert sich die menschenunwürdige Pflege in diesem Zeitungsbericht?
2. Wer trägt die Verantwortung für die menschenunwürdige Pflege?
3. Welche Gegenmaßnahmen beabsichtigt der Gesetzgeber?
4. Sind die Gegenmaßnahmen ausreichend?
5. Welche weiterführenden Verbesserungen müssen vorangetrieben werden?
6. Besorgen Sie sich Prospekte von Pflegediensten und Heimen. Vergleichen Sie diese hinsichtlich ihres Leitbildes. Welches Menschenbild liegt dem Leitbild zugrunde?
7. Warum kommt es trotz der in den Prospekten ausgewiesenen Leitbilder zu den im Zeitungsbericht genannten menschenunwürdigen Zuständen und Missständen?

Definition

Gewalt: Einsatz von Machtmitteln, um bestimmte Absichten den Absichten anderer Menschen gegenüber durchzusetzen. Im allgemeinen verbindet der Normalbürger Gewalt mit Sachbeschädigung oder -zerstörung bzw. mit Körperverletzung oder Tötung von Mensch und Tier. Gewalt ist jedoch mehr als nur ein rein physischer, zerstörerischer Vorgang, der sich vielleicht auch verschiedener Werkzeuge und Waffen bedient. Definitorisch lässt sich Gewalt durch Macht ersetzen. Jemand übt gegenüber einem anderen Macht aus. Er hat eine mächtigere Position und kann den anderen „in die Knie" zwingen, ihm seinen Willen aufdrängen. Bereits Sigmund Freud schreibt, dass Interessenkonflikte unter den Menschen prinzipiell durch die Anwendung von Gewalt entschieden werden und blickt auf deren Entwicklungsgeschichte zurück. Haben unsere Urväter sich noch mit Muskelkraft an die Macht gekämpft, so erfand man später entsprechende Werkzeuge oder Waffen. In unseren Generationen tritt dagegen die Gewalt des Geistes mindestens gleichwertig mit auf. Dies spiegelt sich auch im Volksmund wieder: „Er wollte seine Führungsposition in der Firma mit aller Gewalt durchsetzen." Hier nimmt die Gewalt geistige Formen an, die ebenso mächtig und zerstörerisch wirken können, wie sich dies am Beispiel von Mobbing in der Arbeitswelt häufig zeigt.

Aufgabe

Erinnern Sie sich an Ihre praktischen Einsätze: Wurden Sie schon einmal Zeuge von Gewalt gegenüber alten Menschen? Sammeln Sie im Plenum Begebenheiten und spielen Sie diese nach.

Im Einzelnen lassen sich in der Pflege folgende Formen der Gewalt aufteilen:
Physische Gewalt: Hier ist die Gewalt gemeint, die direkt von einem Menschen auf einen anderen menschlichen Körper trifft, z. B. die Gurtfixierung von unruhigen Bewohnern im Rollstuhl oder im Bett oder die Zwangsernährung und somit die künstliche Lebensverlängerung.
Psychische Gewalt: Meint jene Gewalt, die direkt auf die seelisch-geistige Verfassung eines Menschen zielt, z. B. Liebesentzug, Nichtbeachtung der Klingel, bewusste Vernachlässigung der Bewohnerbedürfnisse, Respektlosigkeit etc.
Persönliche Gewalt: In diesem Falle geht die Gewalt willentlich oder auch unwillentlich von einer Person direkt auf die andere Person über, z. B. als Form der physischen Gewalt bei der täglichen Ganzkörperwaschung; der Bewohner wehrt sich „mit Händen und Füßen" – der Pflegende hält den Bewohner unter Aufbietung seiner Muskelkräfte fest und führt die Waschung durch.
Strukturelle Gewalt: Verursacht wird diese Form der Gewalt von der inneren und äußeren Struktur der Altenpflege; die innere Struktur wird festgelegt durch eine bestimmte Hausordnung, die Besuchszeiten vorschreibt, Essenszeiten vorgibt und unter Umständen den persönlichen Raum der Heimbewohner durch nicht bewohnerorientierte Dienstzeiten einschränkt.
Die äußere Struktur ist das Feld der Gesetze und Verordnungen; das Heimgesetz gibt die Mindestgröße des Zimmers vor, die Pflegeversicherung legt je nach Bedürftigkeit den Pflegebedarf fest, ohne sich konkret an den Bedürfnissen des Bewohners zu orientieren.

Tägliche Gewalt in der Pflege

Fallbeispiel

Physische Gewalt

Frau Huber, 87 Jahre alt, lebt seit 4 Jahren in der Pflegestation und teilt sich ihr Zimmer mit Frau Schmidt. Es ist 22:30 Uhr nachts. Bei einem der Kontrollrundgänge entdeckt die Nachtwache, dass Frau Huber mit dem Kopf am Fußteil des Bettes liegt und obendrein auch noch vollständig bekleidet und nicht zugedeckt ist. Die Bewohnerin schläft tief und fest. Die Nachtschwester versucht, Frau Huber sanft zu wecken, doch diese schlummert weiter. Erst nachdem sie richtig wachgeschüttelt und mit lauten Rufen aus dem Schlaf gerissen wird, reagiert sie und schaut sich verwundert im Zimmer um. Sie begreift die Situation nicht. Die Schwester erklärt ihr, dass sie noch nicht ausgezogen sei und beginnt an den Knöpfen des Kleides von Frau Huber zu nesteln. Plötzlich wird die Bewohnerin ungehalten und schimpft. Sie versucht auf die Hände der Schwester zu schlagen. Diese wartet nicht lange und verständigt eine Kollegin. Zu zweit entkleiden sie nun Frau Huber gegen deren Widerstand und legen die noch immer aufgebrachte Frau richtig herum ins Bett. Anschließend verlassen sie schnell das Zimmer und löschen abrupt das Licht, damit Frau Huber möglichst schnell wieder einschläft.

Die Pflegenden verstoßen hier ganz deutlich mehrfach gegen die eigentlichen Bedürfnisse der Bewohnerin. Zum Einen wird der Schlaf von Frau Huber auf unangenehme Weise unterbrochen und somit ein grundlegendes physiologisches Bedürfnis gestört. Das weitere Verhalten der Nachtschwestern grenzt an Körperverletzung: Mit körperlicher Gewalt entkleiden sie die Frau und zwingen ihr so ihren Willen auf. Deutlich üben sie Macht aus und gehen darüber hinaus keinen Moment auf das Bedürfnis nach räumlicher und zeitlicher Orientierung ein. Im Gegenteil, Frau Huber wird nun erst Recht verwirrt sein. Von der Belästigung der Mitbewohnerin ganz zu schweigen...

Fallbeispiel

Psychische Gewalt

Es ist 6:15 Uhr, die Frühschicht beginnt. Die Altenpflegerin Anna ist für Herrn Walter und weitere acht Bewohner zuständig. Anna weiß, dass sie sich beeilen muss. Um Herrn Walter nicht zu plötzlich zu stören, klopft sie nicht an die Zimmertüre. Sie öffnet stattdessen etwas laut die Tür und schaltet auch gleich das Licht ein. Mit einem lauten „Guten Morgen, Herr Walter. Haben Sie gut geschlafen?" begrüßt sie den Bewohner. Sofort geht sie ans Fenster, zieht die Vorhänge zur Seite und dreht die Heizung auf. Mit routinierten Handgriffen hat sie schnell alle Vorbereitungen zur Waschung am Waschbecken getroffen und wendet sich Herrn Walter zu. Dieser ist noch etwas schlaftrunken. Dennoch erklärt ihm Anna ihr Vorgehen: „Wir waschen uns jetzt erst mal, dann gehen wir zum Tisch." Sie hebt den Bewohner aus dem Bett heraus, entfernt seine Schlafanzughose, setzt ihn auf den bereitgestellten und geöffneten Leibstuhl und fährt ihn vor das Waschbecken. „Jetzt wollen wir erst mal den Rücken waschen, vorne können Sie ja alleine. Und denken Sie dran, Sie sitzen auf dem Leibstuhl!" erinnert sie ihn an seine „Ausscheidungspflicht". Nach erfolgter Waschung aber erfolgloser Ausscheidung legt sie Herrn Walter mit den Worten „Heute ziehen wir mal den blauen Jogginganzug an." die Kleidung bereit. Zwischenzeitlich richtet sie das Bett und entsorgt verschiedene Materialien, wobei die Zimmertür weit offen bleibt. Als Herr Walter mit dem Ankleiden fertig ist, schiebt sie ihn an den Tisch, wo bereits das Frühstück steht. Wie immer erhält er zwei bereits geschnittene Scheiben Weißbrot mit Erdbeermarmelade und zwei Tassen Kaffee. Anna verabschiedet sich mit einem kurzen „Schönen Tag noch".

Auf den ersten Blick sieht man in diesem Beispiel keine Gewalt, zumal Anna ja insgesamt ihrer Pflicht nachkommt. Erst bei genauem Hinsehen zeigt sich die psychische Gewalt:

Herr Walter wird unsanft aus dem Schlaf geweckt, obwohl es die ursprüngliche Absicht von Anna war, ihn nicht zu plötzlich zu stören. Ihm wird kaum Zeit zum Aufwachen und Orientieren gegeben.
Trotz der frühen Tageszeit öffnet Anna sofort die Vorhänge. Wenn das Zimmer von der Straße her einsehbar wäre, ist dies eine grobe Verletzung der Intimsphäre des Bewohners.
Ihre Sprache, die sehr vom „Chefarztplural" geprägt ist, verniedlicht die Situation und täuscht Gemeinsamkeiten vor, die es nicht geben kann. Der Bewohner wird quasi entmündigt.
Das gleichzeitige Waschen und Ausscheiden-Sollen setzt Herrn Walter unter gehörigen Stress, außerdem ist auch hier die Wahrung der Intimsphäre nicht gegeben.
Eine völlige Bevormundung erfährt Herr Walter, als ihm der blaue Jogginganzug bereit gelegt wird. Er hat keinerlei Wahl und muss diese Kleidung annehmen. Das Bedürfnis nach persönlicher Kleidung wird nicht berücksichtigt.
Eine weitere Verletzung der Intimsphäre liegt vor, als Anna den Raum verlässt, die Pflegematerialien entsorgt und dabei die Zimmertür weit offen stehen lässt.
Auch zum Frühstück wird Herr Walter nicht gefragt. Wie immer erhält er Weißbrot und Kaffee, vielleicht schon monate- und jahrelang? Das Bedürfnis nach individuellem Geschmack wird völlig ignoriert.

Die Folgen dieser psychischen Gewalt sind für den Bewohner auf längere Sicht verheerend: Verlust der Entscheidungsfähigkeit, des Selbstwertgefühls, der Persönlichkeit und letztlich der Würde. Der Bewohner wird in ein völliges Abhängigkeitsverhältnis gedrängt, aus dem er bald keinen Ausweg mehr findet.

Fallbeispiel

Persönliche Gewalt

Gerlinde ist seit acht Jahren Altenpflegerin auf Station 2. Hier gibt es mehrere verwirrte und desorientierte Heimbewohnerinnen, die tagsüber im Aufenthaltsbereich sitzen. Frau Meier, eine von ihnen, erhebt sich wieder einmal aus ihrem Stuhl und schlurft über den Flur in Richtung Treppenhaus. Gerlinde trifft sie kurz vorher und fragt: „Wo gehen Sie denn schon wieder hin, Frau Meier?" Als Frau Meier nicht antwortet, fragt sie nochmals: „Na, sagen Sie schon, wo wollen Sie hin." Doch die alte Dame bleibt stumm und sieht Gerlinde ängstlich an. Gerlinde hakt sie unter, dreht sie etwas zu schnell um und führt sie halb ziehend an ihren Platz zurück. „Setzen Sie sich hin, Frau Meier. Hier hinsetzen. Ja hier!", sagt sie eine Spur zu laut und unterstreicht ihren Befehl mit einem Druck auf die Schultern der Bewohnerin. Als Frau Meier endlich sitzt, fügt sie hinzu: „So ist es gut. Und jetzt aber schön sitzenbleiben."

Im vorstehenden Beispiel erleben wir eine Situation, wie sie im Altenheim alltäglich ist. Gerlinde kommt aber ihrer Fürsorgepflicht nach und verhindert so ein Weglaufen und vielleicht auch einen Sturz der Bewohnerin. Doch mit welchen Mitteln? Übt sie nicht eine persönliche, physische und psychische Gewalt gegen Frau Meier aus? Was hat ihr die Bewohnerin angetan, dass sie so forsch und im Befehlston behandelt wird? Gerlinde zwingt sie physisch, indem sie sie unterhakt und zum Platz „abführt", und Sie zwingt Frau Meier psychisch auf verbale Weise, indem sie ihr im lauten Befehlston zu verstehen gibt, was sie zu tun und lassen habe.

„Wer Gewalt als Macht benötigt,
um betreuen oder behandeln zu können,
ist ohnmächtig.
Wer ohnmächtig ist,
ist hilflos, bekommt Angst
und benötigt alle Kräfte,
eigene destruktive Tendenzen zu bekämpfen.
Ein entscheidendes Kriterium
für die Behandlung und Betreuung
älterer Menschen ist,
in welchem Ausmaß deren Freiheit,
aber auch die der Betreuer/innen eingeschränkt
und gefährdet wird." *(Dr. Rolf D. Hirsch, Rheinische Landesklinik Bonn)*

Fallbeispiel

Strukturelle Gewalt

Herr Merz ist nach einem Apoplex seit einigen Jahren Bewohner der Pflegestation. Er war Lehrer und hatte es sehr gern, am Wochenende auszuschlafen und lange zu frühstücken. Am heutigen Sonntag kommt der Altenpfleger Heinz bereits um 6:30 Uhr in sein Zimmer und möchte ihn versorgen. „Kann man denn nicht einmal am Sonntag länger liegenbleiben?" fragt er Heinz, der nur stumm mit den Achseln zuckt und antwortet: „Tut mir sehr leid, Herr Merz, aber am Wochenende sind wir ja nur wenig Leute, da müssen Sie halt doch früher raus". So sitzt Herr Merz um 7:00 Uhr bereits gewaschen im Rollstuhl und wartet noch etwa eine Stunde lang auf das Frühstück. Am Abend das gleiche Bild: Schwester Maria kommt um 18:00 Uhr und möchte ihn zu Bett bringen. Herr Merz bittet: „Ach, Schwester, mein Sohn kommt in einer halben Stunde noch vorbei. Können Sie mich heute nicht später ins Bett bringen?". Maria entgegnet: „Würde ich gerne, Herr Merz, aber dann werde ich heute nicht mehr fertig. Und bitte sagen Sie Ihrem Sohn, dass die offizielle Besuchszeit auf der Pflegestation um 18:00 Uhr endet!".

Sowohl morgens als auch abends erfährt Herr Merz hier deutlich strukturelle Gewalt. Dienst- und Stellenpläne lassen die individuelle Pflege des Bewohners auch beim besten Willen des Personals nicht zu, er darf seine Gewohnheiten nicht ausleben und muss sich den Regeln des Hauses unterwerfen. Zwar wird er durch das Pflegepersonal sehr höflich behandelt und um Verständnis gebeten, doch seine eigenen Bedürfnisse gehen dabei unter. Tag für Tag erlebt er Bevormundung und Lebensqualitätsverlust durch innere (Dienstplan) und äußere (Stellenschlüssel) Struktur. Das Nicht-Dürfen und Müssen schreibt ihm Absichten vor, die seinen Absichten entgegen stehen.

Gewalt an alten Menschen geschieht oft unbewusst und ungewollt. Erschreckend ist allein die Tatsache, dass viele Gewalterscheinungen, vor allem in psychischer und struktureller Form, im Rahmen der gesetzlichen Möglichkeiten stattfinden.

Aufgabe

Gewalt wird oft auch Kindern, Behinderten und sozialen Randgruppen gegenüber ausgeübt. Versuchen Sie Beispiele aus dem Alltag zu finden. Gibt es auch hier psychische und strukturelle Formen?

Wege aus der Gewalt: Gebote achten

Wege aus der Gewalt finden sich zuallererst beim einzelnen Mitarbeiter. Es wäre müßig zu behaupten, der alte Mensch müsse sich ändern. Er hat jede Art von Verständnis verdient, denn schließlich entsteht seine Frustration in den meisten Fällen erst durch unser Handeln oder die äußerlichen Gegebenheiten der Institution. Prof. Franco Rest, Sozialwissenschaftler in Dortmund, hat zu den Wegen aus der Gewalt nicht weniger als 37 Gebote aufgestellt, die eine innere Macht zur Kontrolle der Gewalt ermöglichen.

- Stelle dir immer den Menschen ohne seine Gebrechen und Beeinträchtigungen vor.

  Somit vermeide ich, ihn nur in seinen Defiziten zu sehen und kann ihn stattdessen ganzheitlich und auch seelisch-geistig betrachten.

- Zieh immer die Folgen seines jetzigen Zustandes in Betracht, ohne jedoch diese Folgen zu fördern oder herbei zu pflegen.

  Ich kann mich so besser in seine Zukunftsängste eindenken und ihm versichern, dass alles Mögliche für ihn getan wird.

- Lass den Menschen immer wieder über die Veränderungen in seinem Leben sprechen, so gut er es vermag und in der von ihm jeweils gewünschten Form.

  Ich unterstütze ihn in der Verarbeitung seiner möglichen Verluste, dränge ihn aber nicht.

- Versuche, die charakteristische Persönlichkeit des Menschen zu begreifen und im Biografischen wiederzufinden.

  Ich sehe die Biografiearbeit als Grundlage zum Verständnis des Menschen. Aber auch meine eigene Biografie muss ich reflektieren.

- Beobachte und korrigiere deine eigenen Gefühle gegenüber dem Menschen, indem du ihm und dir nicht nur Ja – sondern auch Nein-Sagen erlaubst.

  Ich überprüfe meine Wahrnehmung, suche positive Aspekte beim Menschen und entscheide bewusst über Sympathie und Antipathie.

- Lass den Menschen so viele Entscheidungen selber treffen, wie es ihm möglich ist.

  Somit ermögliche ich ihm viel Selbstständigkeit und erhalte sein Selbstwertgefühl.

- Hilf dem Menschen wenigstens in der Annäherung so sein Leben zu leben, zu beschließen und zu sterben, wie er es sich vorgestellt hat, selbst dann, wenn du nicht weißt, wie er es sich vorgestellt hat.

  Ich vermeide es, meine eigenen Vorstellungen auf den Menschen zu projizieren, sondern versuche aus der Biografie heraus seine Einstellung zu begreifen.

- Der pflege- und behandlungsbedürftige Mensch ist die wichtigste Person in seinem Haus oder in dem Haus deines Berufes, nicht der Arzt, nicht die Angehörigen, der Verwaltungsleiter, die Kollegen...

  Ich horche auf die Wünsche des Menschen und versuche sie weitestgehend zu erfüllen, auch wenn ich dabei anecke.

- Der pflege- und behandlungsbedürftige Mensch stellt keine Unterbrechung deiner Arbeit dar; er ist Teil deines Lebens und also auch deiner Arbeit.

  Dringende Angelegenheiten werden nicht verschoben, sondern umgehend erledigt. Wenn ich auf die Toilette muss, gehe ich auch so bald ich kann.

- Der kranke und sterbende Mensch ist in gewisser Weise zwar abhängig von uns, aber unser Ansehen ist abhängig von ihm.

  Nur wenn der Kranke oder Sterbende mit unserer Arbeit zufrieden ist, können wir stolz auf uns sein und uns „gut verkaufen".

- Der Mensch ist keine Nummer und kein beschädigtes Organ, sondern umfassend ein Mensch aus Fleisch und Blut, mit Gefühlen und Sehnsüchten, mit stimmigen Gedanken und Wirrnissen wie wir selbst.

  Auch ich möchte ernst genommen werden, möchte meinen Sehnsüchten nachhängen, habe meine Wirrnisse beim nächtlichen Wachwerden. Auch ich kann mich nur wohlfühlen, wenn ich Körper, Seele und Geist im gesunden Gleichgewicht halte.
  Also versuche ich auch, ganzheitlich zu pflegen.

- Mische dich nicht ein in die persönlichsten Angelegenheiten des Menschen.

  Der Mensch wird mir rechtzeitig und deutlich zu verstehen geben, wenn ich das tun soll.

- Halte aber stets den notwendigen Abstand zu ihm, denn Distanz ist Grundlage von Nähe und Loslassen, Grundlage von Liebe.

  Ich darf nicht in ihm aufgehen, mich nicht mit ihm identifizieren. Nur wenn ich mich immer wieder von ihm löse, kann ich ihn mit ganzer Kraft betreuen.

- Sei bereit, selbst um Hilfe zu bitten bei allen, die sich dir bieten, einschließlich des Kranken; aber nimm die angebotene Hilfe auch an.

  Ich bin keine Maschine, sondern ein in Grenzen belastbarer Mensch. Diese Grenzen muss ich mir eingestehen und erkennen, dann bin auch ich zur Annahme von Hilfe bereit.

- Lass deine Wut gegebenenfalls bei Gleichstarken heraus; denn gleich starke Kräfte können sich zusammen tun und gegen Mächte und Gewalten eher bestehen.

  Ich kontrolliere meine negativen Gefühle nur bis zu einem gewissen Maße, dann muss auch ich sie äußern. Dazu suche ich mir einen guten Vertrauten, der meine Wut verstehen kann und sie nicht auf sich persönlich bezieht.

(...)

Workshop

1. Suchen Sie für sich fünf oder mehr zutreffende Gebote aus und halten Sie diese auf Ihrer persönlichen „Anti-Gewalt-Karte" fest. Tragen Sie diese stets bei sich, z. B. in Ihrer Geldbörse oder Brieftasche.

2. Fertigen Sie in Ihrer Klasse ein großes zusammenfassendes Plakat bzw. eine Collage zum Thema Gewalt in der Pflege.

3. Spielen Sie verbale Gewalt in der Pflege vor und zeichnen Sie Ihre Worte auf einer Kassette auf. Hören Sie die Kassette erst in der nächsten Stunde ab.

4. Wagen Sie ein Unterrichtsprojekt zum Thema Gewalt in der Pflege. Fertigen Sie einen Videofilm oder ein Hörspiel. Interviewen Sie Kolleginnen und alte Menschen, machen Sie eine Umfrage auf der Straße, arbeiten Sie mit der örtlichen Presse zusammen.

5 Welche Formen von Gewalt sind in der Pflege zu beobachten?

6. Worin liegen Ihrer Meinung nach die Gründe für Gewalt in der Pflege?

7. Welche Auswege aus der Gewalt würden Sie vorschlagen?

8.3 Konfliktfeld Sexualität

Sexualität im Alter wird im Allgemeinen verniedlicht, oft aber auch tabuisiert. Vielfach hat der außenstehende Betrachter den Eindruck, in Altenhilfeeinrichtungen sei Sexualität verboten oder verpönt. Doch zum Recht auf Entfaltung der Persönlichkeit nach Art. 2 GG gehört auch das Recht Sexualität erleben zu dürfen.

Das Sexualleben im Alter ist nicht gleichzusetzen mit Geschlechtsverkehr nur um der Befriedigung willen, denn es ist hinlänglich bekannt, dass der Sexualtrieb mit den Jahren nachlässt. Viel bedeutendere Elemente wie Berührung spüren, Streicheln, Zärtlichkeiten austauschen, spielen eine Rolle, was aber nicht bedeuten soll, dass lustvolle Empfindungen nicht auftreten oder nicht erwünscht wären.

Es müssen deshalb ethische Umgangsformen des Altenpflegepersonals mit den sexuellen Aktivitäten alter Menschen gefunden werden.

Fallbeispiel

Die 17-jährige Margit leistet ihr Vorpraktikum im Seniorenheim St. Peter ab, um im nächsten Schuljahr mit der Ausbildung zur Altenpflegerin beginnen zu können. Sie macht im Spätdienst noch einmal ihre Runde, versorgt die Bewohnerinnen und Bewohner der Station mit Tee und erfragt ihre Wünsche für die Nacht. Im Zimmer von Herrn Karl, einem ansonsten sehr liebenswürdigen Bewohner, gerät sie in eine kompromittierende Situation: Der Bewohner liegt aufgedeckt in seinem Bett und masturbiert. Erschrocken und verlegen zugleich huscht Margit wieder aus dem Zimmer und teilt der Schichtleitung ihr Erlebnis mit. Diese stürmt zu Herrn Karl und herrscht ihn an: „Herr Karl, das hätte ich nie von Ihnen gedacht! Schämen Sie sich denn gar nicht, sich vor einem jungen Mädchen einen 'runter zu holen?".

Aufgaben

1. Hat die Schichtleitung Ihrer Meinung nach richtig reagiert?
2. Welche alternativen Reaktionen können Sie aufzeigen? Wie könnten Sie Ihrer Vorstellung nach in solchen Situationen reagieren?
3. Hat die Schichtleitung überhaupt das Recht, den Bewohner zu kritisieren?

Fallbeispiel

Frau May, 88 Jahre alt und Herr Grünholz, 85 Jahre, lernten sich im Seniorenheim „Agathe" vor einigen Monaten kennen und fühlten sich nach kurzer Zeit zueinander hingezogen. Bald schon sah man sie Händchen haltend im Foyer des Hauses sitzen und füreinander sorgen. Da Frau May rollstuhlbedürftig ist und in Pflegestufe 2 eingestuft wurde, bewohnt sie ein Zweibettzimmmer auf der Pflegestation. Dort kommt es wegen der Beziehung zu Herrn Grünholz immer wieder zu Konflikten mit der Mitbewohnerin. Frau Mays Bitte nach einem Doppelzimmer zusammen mit Herrn Grünholz schlug der Heimleiter bislang mit der Begründung aus: „Das geht doch nicht Frau May. Sie brauchen Pflege und überhaupt sind wir hier ein anständiges Haus".

Aufgaben

1. Diskutieren Sie die Aussage des Heimleiters.
2. Zählen Sie an der Tafel Pro und Kontra eines Doppelzimmers mit Herrn Grünholz auf.
3. Versuchen Sie, sich in die Rolle des Heimleiters zu versetzen, der auf den guten Ruf seines Hauses achtet und keine hausinternen Konflikte heraufbeschwören möchte.
4. Versuchen Sie, sich in die Situation von Herrn Grünholz und Frau May hinein zu versetzen, die beide ihre Lebenspartner schon verloren

haben, nun eine tiefe Zuneigung füreinander spüren und die letzten Jahre ihres Lebens gemeinsam im Heim verbringen wollen. Berücksichtigen Sie dabei auch die einzelnen Bedürfnisse.
5. Ihre Klasse ist nun das Heimträgergremium. Stimmen Sie über das Doppelzimmer ab.
6. Konstruieren Sie weitere Fallbeispiele zum Konfliktfeld Sexualität bzw. berichten Sie über Ihre bisherigen Erlebnisse in den praktischen Einsätzen.

Das Bedürfnis nach Sexualität im Alter ist durchwegs natürlich und keineswegs ethisch verwerflich, solange Mitbewohner bzw. Personal keinen Anstößigkeiten und Belästigungen ausgesetzt sind. Das sexuelle Erleben der älteren Menschen aber auch die Reaktionen der Umwelt sind geprägt von Werten und Normen, Einstellungen, Erziehung, Religion und letztlich biografischen Momenten aller beteiligten Personen. Ein/e Altenpfleger/in, der/die relativ liberal zum Thema Sexualität steht, wird ein im Normbereich liegendes sexuelles Bedürfnis von Seniorinnen und Senioren eher nachempfinden können und realisierbar gestalten als eine Mitarbeiterin, die nach streng religiösen Prinzipien handelt.

Sexuelle Belästigung

Besonders weibliche Mitarbeiterinnen im Pflegeberuf sind häufig sexuellen Belästigungen durch männliche Patienten bzw. Heimbewohner ausgesetzt und wissen sich oft nicht zu helfen. Eindeutige Handlungen oder auch verbale Anzüglichkeiten verletzen sie einerseits in ihrer Ehre, andererseits werden sie oft in dem Glauben alleingelassen, ihre berufliche Pflicht verbiete ihnen die Zurechtweisung oder die Zurwehrsetzung bei sexueller Belästigung, insbesondere, wenn dies durch demente Bewohner geschieht.

Doch haben Pflegekräfte sehr wohl das Recht sich zu wehren, wenn sie in ihren Persönlichkeitsrechten und in ihrer Würde verletzt werden. Die Abwehr sexueller Belästigung im Pflegealltag darf in aller Regel nicht mit Mitteln der Gewalt durchgesetzt werden. Vielmehr nötig sind klare Worte gegenüber den Belästigenden und eine offene Absprache im Pflegeteam, ob etwa eine männliche Pflegekraft den Heimbewohner versorgt oder ob zwei Pflegepersonen einen problematischen Patienten betreuen. Arbeitgeber, die hier nicht unterstützend eingreifen, sind an ihre Fürsorgepflicht zu erinnern, denn auch dies bedeutet praktizierte Ethik.

Aufgaben

1. Diskutieren Sie in Ihrem Kurs Erfahrungen aus der Praxis, in welchen Sie schon mit sexuellen Belästigungen, auch verbaler Art, konfrontiert wurden. Bedenken Sie dabei bitte, dass auch Männer belästigt werden können.
2. Sammeln Sie mögliche Reaktionsmuster an der Tafel und erstellen Sie abschließend einen kleinen „Erste-Hilfe-Katalog bei sexueller Belästigung".

8.4 Konfliktfeld Demenz

Definition

Demenz: Abbau geistiger Fähigkeiten
mit mindestens einer der folgenden Störungen:

- Gedächtnisstörungen
- Sprachstörungen,
- Handlungsunfähigkeit,
- Unvermögen Gegenstände zu erkennen,
- Unfähigkeit konstruktive Aufgaben zu lösen.

Die Definition des Begriffes Demenz ist Altenpflegeschüler/innen wahrscheinlich sehr vertraut. Sie erlernen in Unterrichtsfächern wie Psychiatrie und Neurologie aber auch in Alten- und Altenkrankenpflege sehr wohl die Begriffe zu unterscheiden, Symptome zu erkennen und entsprechende therapeutische Ansätze zu verwirklichen. Somit ist dem naturwissenschaftlichen Lernbereich Genüge getan.

Anders hingegen gestaltet sich die ethische Verantwortung dem Demenzerkrankten gegenüber. Häufig stehen hier Schüler/innen aber auch erfahrene Praktiker/innen vor dem Problem der Hilflosigkeit und Überforderung. Daraus resultiert eine oft zu beobachtende Pflegehandlungstendenz zur Überbehütung. Unter dem Deckmantel der Fürsorgepflicht kommt es wiederholt zu bevormundendem Verhalten selbst bei nur leicht dementen Bewohnern und Patienten.

Im Zusammenhang mit Demenz-Patienten ist oft und pauschal die Rede von „aggressivem Verhalten". Dabei werden „verbale" und „körperliche" Aggressivität selten unterschieden, obwohl sie jeweils völlig andere Anforderungen an die Umwelt stellen. Wie eine Studie von S. Bridges-Parlet und Mitarbeitern zeigt, sind Demenz-Kranke relativ selten körperlich (!) aggressiv (auch wenn sie oft „stören" oder „belästigen").

Soweit körperlich aggressives Verhalten auftritt, lässt es sich in folgender Weise charakterisieren:

- Es ist überwiegend gegen das Personal gerichtet.
- Es tritt besonders im Zusammenhang mit der persönlichen Pflege wie Baden, Toilettengang und Ankleiden auf.
- Meist ist verbale Aggressivität oder ein Akt der Non-Compliance gegenüber Anweisungen des Pflegepersonals vorhergegangen.
- Die körperliche Aggressivität klingt in der Regel rasch ab.

Zusammenfassend stellen die Autoren fest: Nur äußerst selten sind Demenz-Kranke spontan aggressiv. Im allgemeinen gehört dies nicht zu ihrem normalen Verhalten. Meist reagieren die Patienten dann körperlich aggressiv, wenn eine andere Person in ihren Intimbereich eindringt. Man sollte daher das körperlich aggressive Verhalten eines Demenz-Kranken nicht als Ausdruck von Ärger, sondern als eine verständliche Abwehrreaktion verstehen. Ursache ist ein Missverständnis des Kranken, der die Annäherung des Betreuers nicht als Hilfsangebot, sondern als Bedrohung erlebt.

http: // www.alzheimer-forum.de, 2001, Dr. Dr. Herbert Mück

Fallbeispiel

Frau Klein, 86 Jahre, leidet laut Arztdiagnose unter einer Multiinfarktdemenz im Anfangsstadium. Sie verläuft sich öfters auf der Station und kann auch Tag und Stunde nicht benennen. Körperlich gesehen ist sie noch sehr rüstig.

Zur Zeit des Mittagessens wird Frau Klein von der Altenpflegerin Edith in einen Aufenthaltsraum gebracht. Die Bewohnerin ist heute sehr unruhig und bleibt nicht auf dem ihr zugewiesenen Platz sitzen. Wiederholt muss Edith sie wieder zu ihrem Platz führen. Beim vierten Mal bricht es aus der Altenpflegerin heraus: „Frau Klein, jetzt bleiben Sie aber mal sitzen, zum Donnerwetter! Hier ist Ihr Essen, das wird doch kalt. Und überhaupt werden Sie sich noch was brechen, wenn Sie dauernd zwischen den Stühlen 'rumturnen.". Um ihren Befehlen Nachdruck zu verleihen, schiebt sie Frau Klein mit dem Stuhl ganz an die Tischkante und blockiert ein Stuhlbein.

Aufgaben

1. Welche Unsicherheiten zeigt die Altenpflegerin im Umgang mit Frau Klein?
2. Welche Wirkung hat das Verhalten der Altenpflegerin auf Frau Klein? Sammeln Sie ihre Ergebnisse an der Tafel.
3. Handelt die Altenpflegerin ethisch korrekt?
4. Wie könnte die Altenpflegerin besser reagieren? Entwickeln Sie in Gruppen Handlungsstrategien und tragen sie diese in Rollenspielen vor.

Tendenzen zu einer überbehütenden und fürsorglichen Pflege sind angesichts einer möglichen Demenz-Symptomatik wie Gedächtnisverlust, Handlungsunfähigkeit oder der Unmöglichkeit, Gegenstände zu erkennen durchaus nachvollziehbar und haben ab einem gewissen Ausprägungsgrad der Demenz ihre Berechtigung. Die Absicht eine/s Altenpfleger/in, Schaden von Bewohnern oder Patienten abzuwenden, ist ebenso ethisch einwandfrei. Dennoch eröffnen die Erkenntnisse der modernen Geisteswissenschaften andere Handlungsmöglichkeiten, die einer ethischen Grundhaltung förderlich sind. Die Kunst besteht darin, Demenzerkrankte nicht um jeden Preis belehren zu wollen, sondern auch ihnen einen gewissen Freiraum von persönlichen Entscheidungsmöglichkeiten zu gewähren. Eine wertschätzende Pflege, auch validierende Pflege genannt, kommt den ethisch-moralischen Ansprüchen einer Demenzbetreuung am Nächsten und verhindert unnötigen Stress und Aggressionsaufbau auf beiden Seiten.

„Was wollt ihr denn? Die bekommt ja sowieso nichts mehr mit!"

Eine ebenso irrige wie ethisch verwerfliche Meinung und Aussage wie oben genannte verdeutlicht überdies nur zu gut die Grundeinstellung mancher Altenpfleger/innen im Umgang mit Dementen. Aussprüche dieser oder ähnlicher Art offenbaren nicht nur fachliche Unkenntnis sondern zeugen klar von der beruflichen Uneignung.

Aufgaben

1. Sammeln Sie auf einem Negativ-Plakat ähnliche weitere Aussagen in Ihrer Klasse.
2. Diskutieren Sie die Hintergründe dieser Äußerungen. Was sagen Sie über die ethische Grundeinstellung bzw. über das Menschenbild einer Pflegekraft aus?
3. Jetzt erstellen Sie ein Positiv-Plakat: Formulieren Sie förderliche Äußerungen, die auch deutlich eine soziale Grundeinstellung zum Ausdruck bringen.

Weitere Handlungsmöglichkeiten zum Umgang mit Demenzerkrankten:

- **Biografiearbeit:** Wer die Lebensgeschichte eines Menschen kennt, findet immer wieder Anknüpfungspunkte, insbesondere bei Menschen, die in ihrer Vergangenheit leben. Das Verständnis für deren Handlungsweisen vertieft sich zusehends, angepasste Reaktionsmuster ergeben sich dann oft von alleine.
- **Validation/wertschätzende Pflege:** „In den Schuhen des Anderen gehen" bedeutet, sich in die Gefühlswelt des dementen Menschen zu versetzen, ihn so anzunehmen wie er ist und wo er ist.
- **Realitätsorientierungstraining (ROT):** Ganz gezielt auf Verbesserungen der Hirn- und Gedächtnisleistungen zur Alltagsorientierung hinarbeiten. Hilfsmittel sind alle möglichen Orientierungshilfen wie Kalender, Uhren, Alltagsgegenstände, Jahreszeitdekoration etc. Aber bedenken Sie bitte, dass ab einer gewissen Schwere der Demenz insbesondere bei Alzheimerbetroffenen das ROT durch Überforderung mögliche Aggressionen hervorrufen kann.
- **Basale Stimulation:** Gezielter Einsatz von Reizen zur Wahrnehmungsförderung.
- **Milieutherapie:** Bewohnerorientierte Umfeld- und Raumgestaltung.

Alle genannten Konzepte verfolgen das Ziel einer ethisch einwandfreien und fördernden Pflege. Sie gehen deutlich über eine Erhaltungspflege hinaus und tragen wesentlich zum Wohlbefinden der alten Menschen aber auch zur Berufszufriedenheit der einzelnen Mitarbeiter bei.

8.5 Konfliktfeld Wachkoma

Mutter erwachte nach 16 Jahren aus dem Koma

Albuquerque. „Tut das nicht!" – waren die ersten Worte von Patricia White Bull seit 16 Jahren. Die 42-Jährige ist an Heiligabend überraschend aus einem Koma erwacht. Die Krankenschwestern in Albuquerque im US-Staat New Mexiko, die gerade das Bettzeug der Koma-Patientin wechselten, erschraken nicht schlecht, als die Frau plötzlich die Augen aufschlug und die drei Wörter ausstieß.

„Ich habe dafür keine medizinische Erklärung", sagte der Arzt Elliot Marcus. Während eines Kaiserschnitts vor 16 Jahren war Patricia wegen eines Blutgerinnsels in der Lunge ins Koma gefallen.

Inzwischen hat sie zum ersten Mal ihren damals geborenen Sohn Mark umarmt. Es ist noch unklar, was die frühere Bankangestellte in den Jahren ihrer Umnachtung wahrgenommen hat. Sie spricht wenig, ließ sich die Ereignisse in der Familie berichten. Und sie nahm ein altes Hobby wieder auf: Sie verfolgt die Spiele ihres Lieblings-Football-Teams im Fernsehen.

Die in einem Reservat der Sioux-Indianer lebende Familie – Mann und vier Kinder – eilte nach Albuquerque. Die 26-jährige Studentin Cindi: „Ich ging zu ihr, habe sie umarmt, und sie nahm auch mich in den Arm. Ich habe mich erst erschreckt und war dann einfach überwältigt".

Ehemann Mark hatte nach Jahren die Scheidung eingereicht. „Aber wenn sie sich erholt und die Partnerschaft mit mir wieder aufbauen will – ich bin da", sagte er.

(ap/dpa) 06.01.2000

Was ist ein apallisches Syndrom?

Im „Apallischen Syndrom" ist die wichtige Verbindung vom Hirnstamm zum Großhirn gestört. Schädigungsstelle ist die Mittelhirnebene. Das Stammhirn reguliert die lebenswichtigen Grundaufgaben des Körpers wie Atmung, Kreislauf, Schlucken. Das Großhirn ist Sitz des Bewusstseins. Dort werden alle Sinneseindrücke zu einer Gesamtwahrnehmung verarbeitet. Jeder Mensch kann durch einen Unfall mit Gewalteinwirkung am Gehirn, durch einen Tumor, durch eine Blutung oder eine Entzündung des Gehirns samt der umgebenden Hirnhäute ein solches Apallisches Syndrom erleiden. Auch Durchblutungsstörungen des Gehirns, z. B. beim Schlaganfall oder nach Wiederbelebung können dieses schwere Krankheitsbild auslösen. Dann ist die Bündelungsstelle aller Nervenbahnen im Mittelhirn außer Kraft gesetzt und entkoppelt.
Im Apallischen Stadium können viele Störungen an Stoffwechsel, Muskeln und Gelenken auftreten (z. B. Spastik), die intensive Behandlung erfordern. So ist die Lagerung, Ernährung und Atemtherapie (besonders bei Luftröhrenkanüle) enorm wichtig. Ebenso muss täglich Krankengymnastik, physikalische Therapie und individuelle Medikamentengabe erfolgen. Unterbleibt dies, so können Schäden entstehen, wie zum Beispiel Gelenkversteifungen (Kontraktur) oder Hautdruckgeschwüre (Dekubitus), die später kaum wieder gutzumachen sind. Eine Rundumpflege (Stufe 3) ist erforderlich. Aktivierende Pflege und alle Formen von Therapie, der Stimulation und des Dialoges sind frühestmöglich anzuwenden. Unbedingtes Muss ist auch die Zusammenarbeit mit den Angehörigen der Betroffenen. Alle Förderung von außen soll die innerliche Erholung der Gehirnzellen unterstützen.
Ein Team aus Ärzten, Pflegekräften, Therapeuten unter Mitwirkung der Angehörigen sollte sich bereits in der Akutklinik um den Patienten kümmern. Je früher Rehabilitation beginnt, desto erfolgreicher kann sie sein. Menschen im Wachkoma (Apallisches Durchgangssyndrom) sind Patienten, die unsere volle Hilfe und Unterstützung brauchen. Mit wachen, offenen Augen, menschlichen Empfindungen, Gefühlen und Regungen sowie Wach- und Schlafzeiten sind sie im Koma, in einer noch „medizinischen Grauzone".

Schädel-Hirn-Patienten in Not e.V.: http: // www.dfx.de/schaedel-hirn

...Es gab auch schon Fälle, in denen Ärzte und Angehörige sich im Krankenzimmer eines Wachkomapatienten darüber unterhielten, ihm die Magensonde zu entziehen, um ihn verhungern zulassen – und der Patient bekommt alles mit, kann aber nicht reagieren. In Deutschland ist das Verhungernlassen von Komakranken verboten, einige andere Länder erlauben es unter bestimmten Bedingungen – zum Beispiel Großbritannien oder die Niederlande, wo jüngst eine Frau 10 Tage brauchte, bis sie tot war. (...) „In meinem Koma konnte ich hören und fühlen", schrieb ein englischer Journalist, der nach seinem Erwachen sogar wusste, dass inzwischen der Golfkrieg stattgefunden hatte. In Rom erwachte eine 43-Jährige aus dem Koma, als man ihr Videoaufnahmen ihrer Kinder vorspielte. (...) Ein Kapitän fand durch einen befreundeten Küstenfischer seine Sprache wieder. „Na, kommst du mit, ein Bier trinken?", fragte der Fischer den Komapatienten per Morsezeichen auf die Hand. „Ich habe schon lange darauf gewartet", morste der Finger des Kapitäns zurück.

Zeitschrift P. M., Ausgabe 4/98, „Was ein Mensch im Koma alles erlebt"

...Das Vorhandensein elementarer kognitiver Prozesse selbst im tiefen Koma wird durch die elektrophysiologischen Untersuchungen von Reuter u. a. (1989) unterstützt, die anhand der „P-300"-Welle im EEG Informationsverarbeitungsprozesse bei Komatösen nachweisen konnten. Auch weisen Ergebnisse aus anderen Wissenschaftsbereichen, wie z. B. der pränatalen Psychologie darauf hin, dass selbst bei nicht voll funktionsfähigem Gehirn die Fähigkeit zur Informationsaufnahme und -verarbeitung sowie zu einem ganzheitlichen Empfinden und Erleben besteht (vgl. Janus 1991).

H.J. Hannich in Bewusstlos, Düsseldorf 1994

Aufgaben

1. Was geschieht beim Apallischen Syndrom?
2. Wodurch werden Menschen auch nach jahrelangem Koma noch erweckt?
3. Wie beschreibt die Medizin Gehirnaktivitäten auch beim komatösen Menschen?

Ein Apallisches Syndrom, auch Wachkoma genannt, beschreibt einen Zustand, den ein Neurologe auch als Querschnittslähmung ab der Schädeldecke bezeichnete. Das Problem der Pflegenden und der Betreuenden liegt hierbei insbesondere in der Erkennung von Reaktionen der Betroffenen, die still und stumm mit teils geöffneten Augen und scheinbar teilnahmslos völlig abhängig daliegen. Eben aufgrund der anscheinend fehlenden Reaktionen des Apallikers verfallen sowohl Pflegeteams als auch Ärzte in einen pflegerischen und therapeutischen Nihilismus. Der apallische Mensch wird aufgegeben, lediglich Erhaltungspflege und -medizin kommen noch zur Anwendung. Doch wie o. g. Beispiele verdeutlichen, völlig zu Unrecht.

Fallbeispiel

Aussage einer Pflegekraft:

„Herr M. liegt schon seit zweieinhalb Jahren auf unserer Station. Er war schon immer so in, naja ... in diesem Zustand eben. Natürlich passen wir auf, dass er genügend zu essen und trinken bekommt, dafür hat er ja die PEG-Sonde. Und natürlich versuchen wir einen Dekubitus zu vermeiden und machen alle Prophylaxen und so... Aber was sollen wir tun? Auch der Arzt weiß nicht weiter. Der verschreibt nur noch ein Herzmittel und ein Medikament gegen Verschleimung."

Sehr wohl sind wachkomatöse Patienten und Bewohner noch in der Lage, Reize ihrer Umwelt wahrzunehmen. Sie können diese Reizwahrnehmung nur nicht in einer Form zum Ausdruck bringen, die uns auf Anhieb verständlich ist. Streng genommen unterliegen Pflegende bei der Versorgung der Apalliker einem Kommunikationsproblem; sie verstehen es vielfach nicht, die Antwort des Apallikers zu lesen. Als Folge dessen werden oft wesentliche ethische Grundsätze im Rahmen der Pflegetätigkeiten verletzt:

- Beim Eintreten ins Zimmer wird nicht mehr angeklopft.
- Die Intimsphäre wird nicht mehr gewahrt.
- Der Betroffene wird oft nicht mehr begrüßt und mit Namen angesprochen.
- Der Betroffene wird geduzt.
- Pflegekräfte unterhalten sich über den Betroffenen an seinem Bett, vielfach in wenig ermutigender Art und Weise.
- Alle pflegerischen Bemühungen reduzieren sich rein auf die physische Versorgung (Erhaltungspflege).

Aufgaben

1. Tauschen Sie sich in Ihrem Kurs über Ihre praktischen Erfahrungen im Umgang mit apallischen Patienten aus.
2. Wagen Sie einen Versuch: Nacheinander legt sich jeder Teilnehmer Ihres Kurses mit verbundenen Augen auf einer Decke auf den Boden. Die anderen Kursteilnehmer stehen rundherum und reden über den Liegenden, der sich weder verbal noch nonverbal wehren darf. Reflektieren Sie anschließend diese Übung: Wie war das Gefühl des Ausgeliefertseins? Wie ist es, sich nicht zur Wehr setzen zu können? etc.

   Alternativ kann diese Übung auch im fächerübergreifenden Unterricht mit dem Fach Pflege anhand einer konkreten Pflegesituation exerziert werden.

Handlungsmöglichkeiten

Das Erkennen von Reaktionen des Betroffenen hat allen Vorrang. Hierzu bedarf es einer gezielten Beobachtung:

- Verändern sich Puls und RR bei bestimmten Handlungen, z. B. bei der Waschung?
- Verändert sich die Atmung (Rhythmus, Frequenz)?
- Treten Hautreaktionen auf (Blässe, Rötung, Schwitzen)?
- Gibt es Veränderungen im Muskeltonus (Erhöhung der Spastik oder Entkrampfung, verzerrtes oder entspanntes Gesicht etc.)?
- Treten Pupillenreaktionen oder Blickänderungen auf?
- Gibt es ansatzweise Bewegungen der Arme oder Beine, die nicht auf Reflexauslösung beruhen?

Jede der genannten Veränderungen ist als eine Reaktion des Apallikers auf einen Reiz zu verstehen. Eine positive oder negative Reaktionsform ist die Antwort auf einen positiven oder negativen Reiz und muss als solche auch von der Pflegekraft verstanden werden. Jedenfalls bedeutet eine Antwort, dass der Apalliker Signale wahrgenommen hat, die er nun in seiner „Sprache" uns mitzuteilen versucht.

- In weiteren Schritten gilt es jetzt, konkret mit den positiven Reizen, die positiv beantwortet wurden, weiter zu arbeiten. Keinesfalls sollte eine Reizprovokation mit negativen Reizen (Schmerzreize, wie z. B. Zwicken, Stechen mit Kanülen o. ä.) erfolgen, da sich die Patienten dann erwiesenermaßen noch weiter in ihr Koma zurückziehen könnten. Gerade spezielle neurologische Untersuchungsmethoden zur Feststellung der Komatiefe können sich insofern verhängnisvoll auswirken.
- Besonders gute Ansätze zur Förderung von Apallikern bietet das Konzept der Basalen Stimulation® (vgl. Fachliteratur). Unabdingbar hierzu ist die Biografiearbeit, um Kenntnisse über Vorlieben und Abneigung des Patienten zu gewinnen. Mit diesen Erkenntnissen lassen sich die einzelnen Zugangskanäle zum Menschen im positiven Sinne gezielt nutzen:
  - Welche Geräusche, Stimmen, Musik hört er gerne?
  - Welche Menschen, Tiere, Dinge, Bilder sieht er gerne?
  - Welche Geschmacksrichtungen bevorzugt er beim Essen und Trinken?
  - Welche Gerüche nimmt er gerne wahr?
  - Welche Bewegungen macht er gerne?
  - Welche Berührungen sind für ihn angenehm?
  - Was oder wen berührt er gerne? etc.

  Insbesondere Angehörige können bei der Sammlung der benötigten Informationen sehr hilfreich sein.

Aufgabe

Erstellen Sie Ihre eigene „Stimulus-Card“: Was essen Sie gerne? Was trinken Sie gerne? Was hören Sie gerne? Was riechen Sie gerne? Wie liegen Sie gerne? Was halten Sie gerne in Ihren Händen? Was tun Sie gerne? etc.

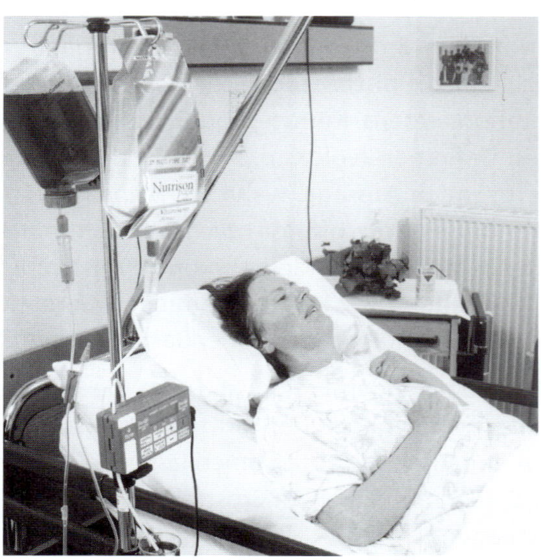

Apalliker – sprechen sie eine eigene Sprache?

Der apallische Patient verdient unser besonderes Augenmerk, da seine Reaktionsmöglichkeiten eingeschränkt sind und von uns erst „decodiert" werden müssen. Entsprechend angemessen und ethisch einwandfrei hat auch unsere Umgangsform mit ihm zu sein. Er ist ein Mensch und aufgrund seiner besonderen Lage in hohem Maße auf Respekt und Zuneigung angewiesen.

Informationen:

Schädel-Hirnpatienten in Not e.V.
Bayreuther Straße 33, 9224 Amberg, Notruftelefon: 09621/ 6 48 00

8.6 Exkurs: Organspende

...Zu den Menschen, deren biologische Funktionen noch intakt sind, deren Stammhirn noch arbeitet, deren Persönlichkeit aber zerstört ist, gehören die Apalliker. Bei Ihnen ist das Großhirn durch einen längeren Sauerstoffmangel – Folge eines Unfalls oder einer Vergiftung – ausgefallen. Allenfalls junge Menschen, bei denen die apallische Phase, auch Enthirnungsstarre genannt, nicht zu lange dauert, haben die Chance auf teilweise, selten vollständige geistige Erholung. Nach der Definition, dass ein Mensch tot ist, dessen Großhirn tot ist, könnte man die Körper älterer Apalliker zur Entnahme von Organen freigeben. Sie werden nie wieder bewusste Menschen sein – im Gegensatz zu manchem, der mit wachem Geist bange auf ein lebensrettendes Transplantat wartet. Aber wie weit kann man dieser Argumentation folgen? Auch Alzheimer-Patienten im fortgeschrittenen Stadium haben ihre Persönlichkeit unwiederbringlich verloren. Wird man sie künftig zu Hirntoten erklären, wenn eine künftige Diskussion das Konzept vom Ganzhirntod durch das vom Großhirntod ersetzt?...

Bild der Wissenschaft, 11/97, Seite 64: Der Schritt über die Schwelle – Wann ist der Mensch tot?

Die ethische Diskussion über die Organspende und -transplantation ist so alt wie die erste Organverpflanzung und in ihrer Entwicklung ähnlich dem heutigen Gentechnikdisput. Viele gesellschaftliche, medizinische, rechtliche aber auch religiöse Fragen prägen das Bild des Transplantationswesens. Kernstreitpunkt ist nach wie vor die Feststellung des Todes bzw. dessen Definition (vgl. Kap. 5 und 6), da sich trotz modernster Apparatur eine hundertprozentige Aussage, wann ein Mensch nun tot ist, nicht treffen lässt. Immer wieder kommt es trotz offensichtlicher Großhirninaktivität und dem elektronisch nachgewiesenen Ausfall von Kleinhirn und Hirnstamm zum Einsetzen der Spontanatmung bei Abschaltung der lebenserhaltenden Geräte und z. T. zur vollständigen Wiedergenesung eines irrtümlich für tot erklärten Patienten.

Diese sehr selten, aber doch vorkommenden Ereignisse rufen die Gegner der Transplantationsmedizin auf den Plan, wobei neben der Hirntoddiagnostik auch der Handel mit Organen Bedenken zur Organspende aufkommen lässt. Vielfach werden auch Befürchtungen geäußert, Organspender kämen im Ernstfall nicht in den Genuss aller möglichen medizinischen Leistungen.

Fragen und Antworten zum Hirntod

Es lassen sich nicht alle Hirnfunktionen messen. Kann man dann überhaupt von einem „Ganzhirntod" sprechen?

Es ist richtig, dass die unübersehbare Vielzahl von Hirnfunktionen nicht durch klinische oder apparative Untersuchungen in ihrer Gesamtheit erfasst werden kann. Dies ist aus medizinischer Sicht auch unnötig. Vielmehr soll durch die Hirntoddiagnostik die Vollständigkeit und Endgültigkeit einer Schädigung des Gehirns als funktionierendes Ganzes festgestellt werden. Die Gültigkeit dieses Konzeptes ist empirisch begründet, d. h. durch Erfahrung an vielen Tausenden von Hirntod-Fällen belegt. Es erhebt dabei nicht den Anspruch, den Tod jeder einzelnen Hirnzelle nachzuweisen.
Im Übrigen: Auch beim Herztod – z. B. bei einem irreversibel geschädigten Herz nach Herzinfarkt – können durchaus noch einzelne Zellbereiche für gewisse Zeit überleben. Für die Feststellung des Todes wurde und wird dabei nie der Nachweis eines Absterbens jeder einzelnen Zelle geprüft oder gefordert.

Kann ein Hirntoter wieder erwachen?

Eine sachgerechte Hirntodfeststellung bedeutet, dass alle Funktionen des Gehirns unwiederbringlich erloschen sind. Die direkte oder indirekte Ursache hierfür ist ein kompletter Ausfall der gesamten Hirndurchblutung. Dies führt nach kurzer Zeit zum Tod des Gehirns. Es wird daraus ersichtlich, dass ein Wiedererwachen aus dem Hirntod – ebenso wie jede Form von Bewusstsein nach Eintreten des Hirntodes – definitiv nicht möglich ist.
Gleichwohl werden immer wieder Einzelfälle in der Sensationspresse berichtet. Hierbei handelt es sich ausnahmslos um Patienten, bei denen die Hirntoddiagnostik nicht sachgerecht, nicht vollständig und/oder unter Missachtung der wesentlichen Voraussetzungen durchgeführt wurde. Keiner der behaupteten Fälle hat bisher einer wissenschaftlichen Überprüfung standgehalten.

Ist der Hirntote wirklich tot oder ist er ein Sterbender?

Sterben ist ein fließender Prozess. Mit dem Hirntod ist die notwendige und unersetzliche körperliche Grundlage für das Dasein des Menschen als körperlich-geistige Einheit und untrennbar davon zugleich für die Lebensmerkmale des Menschen als Lebewesen Mensch zerstört. Deshalb ist der Mensch mit dem Hirntod gestorben. Sein Sterben und sein Tod sind zu unterscheiden vom Absterben seiner Körperteile. Das Sterben des Menschen ist mit dem Hirntod beendet, das Absterben der Körperteile nach dem Tod des Menschen wird intensivmedizinisch nur kurz verzögert und endet mit dem Tod der letzten Zelle.
In einer pluralistischen Gesellschaft, welche auch Einzelmeinungen toleriert, kann es zu so strittigen Fragen wie der Definition des Todes keine einheitliche Meinung, nur einen mehrheitlichen Konsens geben. Dieser Konsens liegt vor und ist tragfähig genug, um auch in Zeiten schnell wechselnder medizinischer Lehrmeinungen eine sichere Unterscheidung von Tod und Leben zu ermöglichen.

Kann sich der Arzt bei der Hirntoddiagnostik irren?

Jede von Menschen getroffene Feststellung birgt in sich das Risiko eines Irrtums. Dies gilt in allen Bereichen, z. B. auch im Strafrecht. Deshalb kann aber nicht auf Entscheidungen verzichtet werden. Wer aus Angst vor menschlichem Irren keine Entscheidung fällt, ist zu völliger Inaktivität verdammt. Wichtig ist, dass alle vernünftigen Zweifel ausgeräumt sind. Die gesetzlichen Vorschriften und die verbindlichen, strengen, inzwischen gesetzlich fundamentierten Richtlinien der Hirntoddiagnostik, die eine hohe Summe gleichlautender Befundergebnisse fordern (und damit Einzelirrtümer aufdecken), garantieren die innere Plausibilität und wissenschaftliche Gültigkeit des Hirntod-Kriteriums.

Wird ein potenzieller Organspender nicht zu früh von den Ärzten aufgegeben?

Nein, denn ein Arzt ist zunächst immer vorrangig am Überleben und an der Genesung seines Patienten interessiert und nicht am Wohlergehen eines anonymen Organempfängers. Dazu ist er im Übrigen schon aufgrund seines hippokratischen Eides verpflichtet. Wenn er sich dennoch entscheiden muss, eine aussichtslose Behandlung abzubrechen, hat er sich durch klar vorgegebene Untersuchungen davon zu überzeugen, dass der Patient tot ist, bevor eine Organspende in Frage kommt. Voraussetzung hierfür ist die zweifelsfreie Hirntodfeststellung. Mit der Hirntoddiagnostik wird wissenschaftlich fundiert festgestellt, dass ein Mensch mit Sicherheit keine Chance einer Rückkehr ins Leben mehr hat. Sie schafft Klarheit darüber, dass jede weitere Behandlung sinnlos ist.

Wie ist gesichert, dass mit Spenderorganen kein Handel betrieben wird?

Organhandel kann für Deutschland ausgeschlossen werden. Die Deutsche Transplantationsgesellschaft (DTG) hat in ihrem Kodex eine Kommerzialisierung der Organspende abgelehnt. Außerdem verhindert eine lückenlose Dokumentation der Organspende und der Empfängerauswahl, dass Handel mit Spenderorganen betrieben wird. Alle entnommenen Spenderorgane werden von den Organisationszentralen der Deutschen Stiftung Organtransplantation an Eurotransplant gemeldet, die nach festgelegten Kriterien über die Vergabe entscheidet.
Natürlich können Versuche eines kriminellen Missbrauchs dadurch nicht ausgeschlossen werden. In § 17 des Transplantationsgesetzes wird ein Verbot ausgesprochen, mit Organen, die einer Heilbehandlung dienen, Handel zu betreiben. Der Gesetzgeber sieht hierfür eine Freiheitsstrafe bis zu fünf Jahren oder eine Geldstrafe vor.

Internet: www.akos.de

Informationen:

Arbeitskreis Organspende
Postfach 1562, 63235 Neu-Isenburg, Tel. 06102/359225

Aufgaben

1. Wie wird der Hirntod festgestellt?
2. Sind Sie mit der derzeit gültigen Praxis der Hirntoddiagnostik persönlich einverstanden? Begründen Sie Ihre Einstellung.
3. Sammeln Sie an der Tafel Bedenken und Unbedenklichkeiten, Pro und Kontra zur Hirntoddiagnostik und zur Organspende im Allgemeinen.
4. Tragen Sie einen Organspenderausweis bei sich? Warum oder warum nicht?
5. Wie stellt sich für Sie die Organspende aus kirchlicher Sicht dar? Beachten Sie dazu auch folgende Mitteilungen:

+++ PRESSEMELDUNG +++ Agence France Press 2000 +++ PRESSEMELDUNG +++ Agen

Kardinal Ratzinger zählt zu den Organspendern Vatikan-Stadt, 4. Februar (AFP) – Kardinal Joseph Ratzinger, der Vorsitzende der päpstlichen Glaubenskongregation, besitzt einen Organspenderausweis. Wie der deutsche Kardinal der Tageszeitung „La Repubblica" (Donnerstagsausgabe) anvertraute, versteht er seine Organspendebereitschaft als Liebesdienst an Menschen in Not. Er habe den Spenderausweis stets bei sich, versicherte der 71-jährige Kardinal, der zu den möglichen Nachfolge-Kandidaten von Papst Johannes Paul II. gerechnet wird.

Press 2000 +++ PRESSEMELDUNG +++ Agence France Press 2000 +++ PRESSEMELDUNG

„Wer für den Fall des eigenen Todes die Einwilligung zur Entnahme von Organen gibt, handelt ethisch verantwortlich, denn dadurch kann anderen Menschen geholfen werden, deren Leben aufs höchste belastet oder gefährdet ist. Angehörige, die die Einwilligung zur Organtransplantation geben, machen sich nicht eines Mangels an Pietät gegenüber den Verstorbenen schuldig. Sie handeln ethisch verantwortlich, weil sie ungeachtet des von ihnen empfundenen Schmerzes im Sinne des Verstorbenen entscheiden, anderen Menschen beizustehen und durch Organspende Leben zu retten."

„Aus christlicher Sicht ist die Bereitschaft zur Organspende nach dem Tode ein Zeichen der Nächstenliebe und Solidarisierung mit Kranken und Behinderten."

Gemeinsame Erklärung der Deutschen Bischofskonferenz für die katholische Kirche und des Rates der Evangelischen Kirche Deutschlands.

Innerhalb der Kirchen gibt es natürlich abweichende Meinungen, die sich insbesondere auf den Zeitpunkt des Todes beziehen und letztlich in Glaubensfragen begründet sind. Der Glaube ist als ein hohes persönliches Gut zu achten. Eine daraus hergeleitete Negativentscheidung zur Organspende ist in jedem Falle zu respektieren.

8.7 Konfliktfeld Sterbehilfe

„Bei meiner Aufnahme in den ärztlichen Berufsstand gelobe ich feierlich mein Leben in den Dienst der Menschheit zu stellen. (...) Die Erhaltung und Wiederherstellung der Gesundheit meiner Patienten soll oberstes Gebot meines Handelns sein. (...)

(aus der Berufsordnung für deutsche Ärzte)

„Gott hat uns das einzigartige Geschenk des Lebens gemacht, das auch nur von ihm wieder genommen werden darf. Wir haben nicht das Recht das Ende des Lebens selbst zu bestimmen.“ *(Ruth E., 36 Jahre, Sekretärin)*

„Es heißt 60 Prozent der gesamten Behandlungskosten eines Lebens fielen in den letzten zwei Jahren an.“

(Prof. H. L. Schreiber in: „Spiegel“ Nr. 31/1998, S.178)

„Wenn ich sterbe, möchte ich im Kreise meiner Familie sterben, um von jedem Abschied nehmen, Unfertiges klären und mit allen, die mir wichtig sind, noch sprechen. Deswegen möchte ich nicht im Krankenhaus von Apparaten künstlich am Leben erhalten werden.“

(Katharina B., 76 Jahre, Rentnerin)

(§ 216 StGB)

(1) Ist jemand durch das ausdrückliche und ernstliche Verlangen des Getöteten zur Tötung bestimmt worden, so ist auf Freiheitsstrafe von sechs Monaten bis zu fünf Jahren zu erkennen.

(2) Der Versuch ist strafbar.

„Jeder hat doch das Recht, das Ende seines Lebens selbst zu gestalten und zu bestimmen.“ *(Franz B., 45 Jahre, Sozialarbeiter)*

„Es ist sicher nicht genug, wenn man sagt, Menschen hätten ein Recht auf Leben, einfach weil sie der Gattung homo sapiens angehören. Warum sollte denn die Zugehörigkeit zu einer Gattung an sich einen entscheidenden ethischen Unterschied machen? (...)“

(aus Peter Singer, Helga Kuhse, Ist das menschliche Leben von gleichem Wert? In: Analyse & Kritik, Zeitschrift für Sozialwissenschaften, Opladen, 12. Jg., Heft 2, 1990, S. 119 f.)

Aufgabe

1. Diskutieren Sie in der Gruppe das Für und Wider jeder Aussage!
2. Welche Interessen müssen bei der Thematik Sterbehilfe berücksichtigt werden?
3. Welche Menschenbilder liegen den Aussagen zugrunde?

Das Problem der Euthanasie (wörtlich übersetzt: guter, schöner Tod) ist nicht neu, stellt sich aber durch den rasanten Fortschritt der Medizin, die Verbesserung der Hygiene, der Arbeitsbedingungen und der Lebensverhältnisse in den letzten hundert Jahren ganz neu.

Den Menschen ist es gelungen, die Zeitspanne zwischen Beginn und Ende einer tödlichen Krankheit oder bis zur totalen Vergreisung auf viele Jahre auszudehnen. Es ist noch gar nicht allzu lange her, da hatte der Tod sein Werk in wenigen Stunden, Tagen oder Monaten vollbracht. Ein Großteil der Menschen erreichte früher die Phasen des Erwachsenseins und des Alterns gar nicht. Heutzutage ist das Menschenleben um einen neuen Abschnitt verlängert worden: Die Jahre der tödlichen Krankheit und der Vergreisung. Dieser neue Lebensabschnitt ist nun für manche zu einer schier unerträglichen Last geworden, da das Problem der Verantwortung des Menschen für das Ende seines Lebens eine andere Dimension erhalten hat.

Es stellen sich die Fragen: Wie kann man in Würde sterben? Hat der Mensch das Recht, seinem Leben selbst ein Ende zu setzen? Wie kann man das Ende seines Lebens sinnvoll gestalten?

Passive Sterbehilfe

Fallbeispiel

Bei einem 60 Jahre alten Mann ist ein Lungenkarzinom diagnostiziert worden. Eine bereits durchgeführte Chemotherapie konnte das Karzinom nicht stoppen. Außerdem ist der Mann durch die Chemotherapie körperlich geschwächt, sein Gesamtzustand hat sich eher noch verschlechtert. Der Arzt informiert den unheilbar Kranken sehr ausführlich über die Krankheit, zeigt ihm weitere Behandlungsmöglichkeiten auf, die den Tod eventuell hinauszögern könnten. Er überlässt dem Patienten die Entscheidung über die weitere medizinische Behandlung.

Fallbeispiel

Ein 20 Jahre alter Mann ist in Folge eines Autounfalls mit schweren Kopfverletzungen ins Krankenhaus eingeliefert worden. Er ist bewusstlos und muss künstlich ernährt werden. Auf der Intensivstation wird er medizinisch sehr gut versorgt, aber es vergehen Monate, ohne dass der Patient aus seiner komatösen Bewusstlosigkeit erwacht. Nach zwei Jahren stellt der behandelnde Arzt fest, dass die Wahrscheinlichkeit, dass der Patient das Bewusstsein wieder erlangt sehr gering ist. Zudem könne niemand die Dauerschäden (Verlust des Sprach-, Denk- und Wahrnehmungsvermögens oder Lähmungen), die zurück bleiben werden, einschätzen.

Aufgaben

1. Wie würden Sie die beiden Fälle entscheiden?
2. Unter welchen Bedingungen würden Sie eine medizinische Behandlung abbrechen?
3. Wie lange muss man Ihrer Meinung nach die teure Behandlung fortsetzen?

Kein Patient ist in irgendeiner Weise dazu verpflichtet in jeder Situation jede mögliche Therapie oder Operation über sich ergehen zu lassen, die sein Leben verlängert. Es ist schließlich das Recht des Kranken, nach entsprechender Information, frei über die ärztliche, klinische Pflege zu entscheiden.

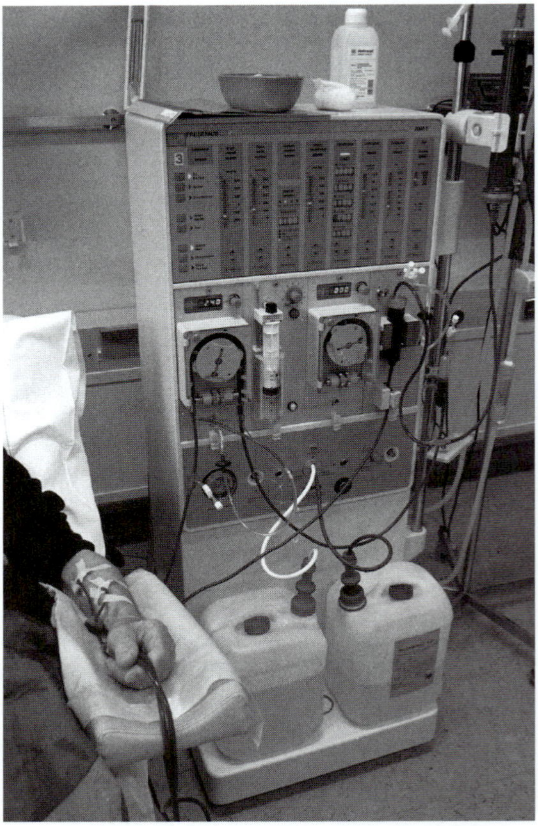

Auch der Arzt ist nicht dazu verpflichtet, eine Lebensverlängerung um jeden Preis anzustreben, denn seine Behandlungspflicht endet dort, wo die Lebensverlängerung für den Sterbenden keine Hilfe mehr bedeutet. Er darf den Patienten eines „natürlichen Todes" sterben lassen, muss nicht eine bestimmte Therapie endlos fortsetzen, auch wenn der Tod durch den Abbruch einer medizinischen Maßnahme oder das Nichteingreifen des Arztes früher eintritt.

Der Verzicht auf eine „gewaltsame" Lebensverlängerung ist kein Verstoß gegen die Würde des Menschen, denn dem Patienten wird eine oft qualvolle und unmenschliche Lebensverlängerung durch die sogenannte „Apparatemedizin" erspart.

Was aber, wenn der Patient seinen eigenen Willen wie im zweiten Beispiel, nicht mehr äußern kann? Was, wenn er wegen seiner Verletzungen nicht mehr in der Lage ist, selbst über sein Leben zu bestimmen?

Es wird deutlich, dass es noch zu Lebzeiten wichtig ist, ein schriftliches Dokument anzufertigen, in dem der Wunsch des potenziellen Patienten im Falle einer unheilbaren Krankheit auf Verzicht von lebenserhaltenden bzw. lebensverlängernden Maßnahmen festgehalten ist. Dies lässt sich am besten durch ein sogenanntes Patiententestament realisieren.

PATIENTENVERFÜGUNG

Für den Fall, dass ich

....

(Vorname, Name)

....

(Anschrift)

Zur Bildung oder Äußerung meines Willens einmal nicht mehr in der Lage bin, erkläre ich hiermit:
Solange eine realistische Aussicht auf Erhaltung eines menschenwürdigen Lebens besteht, erwarte ich ärztlichen und pflegerischen Beistand unter Ausschöpfung der angemessenen Möglichkeiten. Auf jeden Fall erwarte ich ausreichende Schmerzbehandlung.
Nach Möglichkeit möchte ich in meiner vertrauten Umgebung bleiben können. Ich will nicht, dass mein Leben um jeden Preis verlängert wird. Für den Fall, dass durch eine ärztliche Maßnahme nicht mehr erreicht werden kann, als eine Verlängerung des Sterbevorgangs, verweigere ich hiermit ausdrücklich die Zustimmung dieser Maßnahme.

....

(Ort, Datum) (Unterschrift)

Die Patientenverfügung sollte in einem Exemplar bei Ihnen und in einem weiteren, bei einer Person ihres Vertrauens aufbewahrt werden, damit im Fall des Falles der Arzt auch Kenntnis davon erlangt. Sicher ist es auch sinnvoll, Ihren Hausarzt zu informieren.

Definition

Passive Sterbehilfe: Verzicht lebenserhaltender bzw. -verlängernder Maßnahmen bei unheilbar kranken Menschen. Man bricht z. B. eine medizinische Behandlung ab, indem man die Apparate abschaltet, die allerdings nicht die Basisversorgung des Menschen betreffen, oder indem man Medikamente absetzt. Der Tod des Patienten wird indirekt nach einer gewissen Zeit eintreten.

Juristisch ist die Passive Sterbehilfe unter bestimmten Bedingungen (z. B. Zustimmung des Patienten) erlaubt.

Ethisch muss eine Güterabwägung stattfinden. Jeder Mensch hat das Recht auf einen menschenwürdigen Tod ohne übertriebene Apparatemedizin. Es muss manchmal einfach hingenommen werden, dass der baldige natürliche Tod nicht mehr zu verhindern ist.

Indirekte Sterbehilfe

Fallbeispiel

Eine ältere Frau, die einen Hirntumor im fortgeschrittenen Stadium hat, gilt aus medizinischer Sicht als austherapiert, d. h. die Ärzte können nichts mehr für sie tun. Um die auftretenden Schmerzen für sie erträglicher zu machen, verabreicht man ihr hohe Dosen Morphium, obwohl man weiß, dass dieses schmerzstillende Medikament erhebliche Nebenwirkungen hat und den Eintritt des Todes beschleunigt.

Aufgaben

1. Halten Sie eine Medikation, die Organe schädigt und eventuell sogar den Tod beschleunig, für gerechtfertigt?
2. Unter welchen Bedingungen kann eine Medikamentierung Ihrer Meinung nach erfolgen?

Viele Medikamente haben nicht nur schmerzstillende, sondern – bedingt durch die Nebenwirkungen – auch lebensverkürzende Wirkung. Gerade bei Schwerstkranken nimmt die medikamentöse Behandlung oft immense Ausmaße an; Patienten müssen mehrmals am Tag für sie notwendige „Medikamentencocktails" einnehmen, die allerdings auch die Funktionsfähigkeit verschiedener Organe (v. a. Leber und Nieren) bei geschwächtem gesundheitlichen Allgemeinzustand beeinträchtigen oder nachhaltig schädigen. Das Leben des Patienten wird durch die Einnahme notwendiger (schmerzstillender) Mittel verkürzt, der Eintritt des Todes wird durch die Medikation beschleunigt.

Die indirekte Sterbehilfe zielt medizinisch darauf ab, das Leiden des Patienten erträglicher und menschlicher zu machen, verhilft ihm häufig zur Möglichkeit des klaren Denkens um Entscheidungen treffen zu können.

Umstritten ist, inwieweit man den Patienten bei der emotionalen Bewältigung seiner letzten Lebensphase durch Psychopharmaka unterstützen soll. Der bevorstehende Tod und das Sterben schaffen natürlich auch psychische Probleme (Angst, Depression etc.), die man mit Medikamenten abschwächen oder lindern kann. Diese Frage kann man nicht pauschal beantworten, aber vorzuziehen ist einer medikamentös unterstützten Bewältigung psychischer Probleme – wenn es die Umstände im Alten- oder Pflegeheim erlauben – menschliche Zuwendung in Form von Gesprächen, körperlichem Kontakt und Dasein für den Patienten (siehe Kap. 5).

Definition

Indirekte Sterbehilfe: bei Verabreichung schmerzlindernder Medikamente in Kauf genommene lebensverkürzende Wirkung und Beschleunigung des Todeseintritts, um Patienten von qualvollen und unerträglichen Leiden zu erlösen.

Juristisch und ethisch ist dies erlaubt, da jeder Mensch das Recht auf einen menschenwürdigen Tod hat. Außerdem hat der Arzt die Pflicht Leiden zu mindern, selbst wenn die medikamentöse Behandlung das Leben des Patienten verkürzt.

Aktive Sterbehilfe

Ein populärer Fall von aktiver Sterbehilfe war 1994 der Tod der Schriftstellerin Sandra Paretti, die sich das Leben nahm, da sie unheilbar krank war. Kurz vor ihrer Selbsttötung wurde ihr mitgeteilt, dass sie noch zwei Monate zu leben habe. Sie hatte von Anfang an jede Chemo- oder Bestrahlungstherapie kategorisch abgelehnt. Ihre Todesanzeige hatte sie noch selbst verfasst. Sie erschien am Morgen nach ihrem Tode in der Neuen Züricher Zeitung:

> „Ich hatte ein leichtes und schönes Leben. Wie eine Mozart-Sinfonie führte es geradewegs in ein leichtes und schönes von Ungeduld funkelndes Finale. (...) Dass ich schließlich mit leichtem Schritt und singendem Herzen auf die große Reise gehe, zurück in die Heimat, die ich einst verlassen habe, um auf die Erde zu kommen, verdanke ich der wunderbaren Hilfe von EXIT".

Definition

EXIT: Verbände, die sich für sog. humanes Sterben einsetzen und dies auch aktiv unterstützen. Unter humanem Sterben versteht EXIT unter anderem auch die aktive Sterbehilfe.

Fallbeispiel

Das Opfer eines schweren Verkehrsunfalls liegt schon ein halbes Jahr im Koma. Große Teile des Gehirns sind unwiederbringlich zerstört. Es besteht nicht die geringste Aussicht auf Genesung. Ein Beatmungsgerät und eine intravenöse Ernährung halten den 25 Jahre alten Mann noch am Leben. Der Zustand des Patienten in dieser Lage könnte unbegrenzte Zeit andauern. Die Eltern, die ihren Sohn täglich in der Klinik besuchen, sind nervlich am Ende. Die das Unfallopfer behandelnde Ärztin weiß von alledem. Die Ärztin denkt lange über die Situation nach und fühlt sich moralisch in der Pflicht etwas zu unternehmen. Schließlich gibt sie dem Patienten eine tödliche Injektion.

Aufgabe

1. Finden Sie Gründe für das Vorgehen Sandra Parettis. Diskutieren Sie diese.
2. Parettis Todesanzeige ist eine Werbung für aktive Sterbehilfe. Wie stehen Sie dazu?
3. Verfassen Sie am Beispiel Parettis ein schönes „Todesszenario“ ohne aktive Sterbehilfe.
4. Versetzen Sie sich in die Lage der Ärztin in oben genanntem Beispiel. Finden Sie Gründe für ihr Handeln.
5. Kann man das Handeln der Ärzte moralisch in irgendeiner Weise rechtfertigen?

In Deutschland ist aktive Sterbehilfe verboten, da der Mensch laut Grundgesetz kein Verfügungsrecht über das Leben besitzt. Wer vorsätzlich den Tod eines Menschen herbeiführt, auch wenn dieser unheilbar krank ist oder selbst nach der Todesspritze verlangt, macht sich strafbar.

Die Niederlande sind das einzige Land auf der Welt, in dem aktive Sterbehilfe durch Ärzte unter bestimmten Bedingungen straffrei bleibt.

- Die Sterbehilfe durch den Arzt muss aufgrund wiederholten, ausdrücklichen Verlangens, eventuell auf eine schriftliche Erklärung des Betroffenen selbst hin, geleistet werden.
- Der Betroffene muss an einer Krankheit gelitten haben, die nach medizinischen Erkenntnissen unheilbar ist.
- Das Leiden muss vom Betroffenen als sinnlos oder unerträglich empfunden werden.
- Der Betroffene muss sich der Situation, in der er sich befindet, und d(ie)er Alternativen, die es für ihn gibt, bewusst sein, so dass er auch wirklich in der Lage ist, eine Entscheidung zu treffen.
- Es darf keine anderen Möglichkeiten geben, die Situation des Betroffenen wirksam zu verbessern.
- Der Arzt muss die Entscheidung, Sterbehilfe zu leisten, im Einverständnis mit einem anderen Arzt treffen.

1991 wurde ein Gesetz beschlossen, nach dem aktive Sterbehilfe verboten ist, aber es ist möglich, dass Ärzte, die diesem Verbot zuwider gehandelt haben, straffrei bleiben, wenn die Staatsanwaltschaft zu der Auffassung gelangt, dass die Kriterien eingehalten worden sind. Grundsätzlich bleibt die aktive Sterbehilfe verboten, der Staat verzichtet allerdings unter bestimmten Bedingungen auf Strafverfolgung.

Wie ist aber die konkrete Praxis der aktiven Sterbehilfe in den Niederlanden? Eine 1990 durchgeführte Untersuchung hat ergeben, dass pro Jahr ca. 2300 Fälle von aktiver Sterbehilfe auf Verlangen des Betroffenen vorkommen. In 1000 Fällen wird das Leben von Patienten beendet, die nicht darum gebeten haben (in diesen Fällen war das wichtigste Kriterium, das ausdrückliche und wiederholte Verlangen des Patienten nicht gegeben).

Die Diskussion in den Niederlanden um die aktive Sterbehilfe und um die gesetzliche Regelung ist bezeichnend für die Komplexität dieser Thematik:

- Was ist eine unheilbare Krankheit? Eine Frau z. B., die seit Jahrzehnten an endogenen Depressionen leidet und medikamentös nicht zu behandeln ist, ist auch unheilbar krank. Ihr Leben ist ihr zur Hölle geworden, da sie meist weder arbeits- noch voll kommunikationsfähig ist.
- Möglichkeiten, die Situation unheilbar kranker Menschen zu verbessern, gibt es vielleicht erst in ein einigen Jahren. Das Forschungsgebiet, das in den letzten 50 Jahren am meisten Fortschritte gemacht hat, ist zweifellos die Medizin. So kann es durchaus sein, dass Krankheiten, die unheilbar sind, in wenigen Jahren geheilt werden können.
- Seit einiger Zeit wird von niederländischen Medizinerkreisen auch die Meinung vertreten, dass man auch dann auf eine Behandlung von Menschen verzichten solle, wenn das Leben des Patienten „sinnlos" erscheine. Die Qualität des Lebens soll das Kriterium sein für eine medizinische Behandlung (z. B. bei mehrfach behinderten Neugeborenen oder chronisch Kranken).

Dadurch wird sehr deutlich, wohin eine Liberalisierung der Sterbehilfe führen kann: Ein objektives medizinisches Urteil wird ersetzt durch ein subjektives persönliches Urteil. Kein Mensch kann über den Sinn des Lebens anderer Menschen urteilen, auch Ärzte nicht.

Definition

Aktive Sterbehilfe: Eine vorsätzliche Handlung mit dem Ziel den Tod herbeizuführen. Sie besteht z. B. in der vorsätzlichen Verabreichung giftiger Stoffe oder auch überdosierter Medikamente, die den Tod unmittelbar herbeiführen.

Greift ein Sterbewilliger selbst zu einem bereit gestellten tödlichen Mittel und trinkt oder spritzt es, handelt es sich um Selbsttötung. Ärzte, Pflegekräfte oder Angehörige, die die Mittel zur Selbsttötung bereitgestellt hatten, sind allerdings in Gerichtsverfahren unter Anklage gestellt worden.

Juristisch verboten, da das Grundgesetz kein Verfügungsrecht über das Leben zulässt.

Ethisch verwerflich, da kein Mensch über den Sinn des Lebens und des Leidens anderer Menschen entscheiden kann. Kein Mensch darf sich zum Herrn über Leben und Tod erheben.

Lebensunwertes Leben

„(...)
Gibt es Menschenleben, die so stark die Eigenschaft des Rechtsgutes eingebüßt haben, dass ihre Fortdauer für die Lebensträger wie für die Gesellschaft dauernd allen Wert verloren hat? (...)
Dass es lebende Menschen gibt, deren Tod für sie eine Erlösung und zugleich für die Gesellschaft und den Staat insbesondere eine Befreiung von einer Last ist, deren Tragung außer dem einen, ein Vorbild größter Selbstlosigkeit zu sein, nicht den kleinsten Nutzen stiftet, lässt sich in keiner Weise bezweifeln. Ist dem aber so – gibt es in der Tat menschliche Leben, an deren weiterer Erhaltung jedes Interesse dauernd geschwunden ist, – dann steht die Rechtsordnung vor der verhängnisvollen Frage, ob sie den Beruf hat, für deren unsoziale Fortdauer einzutreten (...) oder unter bestimmten Voraussetzungen ihre Vernichtung freizugeben?
(...)
Die in Betracht kommenden Menschen zerfallen nun, soweit ich zu sehen vermag, in zwei große Gruppen; (...)

1. Die zufolge Krankheit oder Verwundung unrettbar Verlorenen, die im vollen Verständnis ihrer Lage den dringenden Wunsch nach Erlösung besitzen und ihn in irgendeiner Weise zu erkennen gegeben haben. (...)
2. Die zweite Gruppe besteht aus den unheilbar Blödsinnigen – einerlei ob sie so geboren oder etwa wie Paralytiker im letzten Stadium ihres Leidens so geworden sind. Sie haben weder den Willen zu leben, noch zu sterben. So gibt es ihrerseits keine beachtliche Einwilligung in die Tötung, andererseits stößt diese auf keinen Lebenswillen, der gebrochen werden müsste. Ihr Leben ist absolut zwecklos, aber sie empfinden es nicht als unerträglich. Für ihre Angehörigen wie für die Gesellschaft bilden sie eine furchtbar schwere Belastung. Ihr Tod reißt nicht die geringste Lücke.
   (...)“

(Binding, K./Hoche, A., Die Freigabe der Vernichtung lebensunwerten Lebens. Ihr Maß und ihre Form, Leipzig 1922 (2. Auflage), S.26 ff.)

Aufgaben

1. Welches Menschenbild wird von Binding und Hoche vertreten?
2. Wie wird die Forderung nach Euthanasie von den Autoren begründet?
3. Nehmen Sie Stellung zu der Aussage: „Ihr Tod reißt nicht die geringste Lücke“.

Der Jurist Karl Binding (1841–1920) und der Mediziner Alfred Hoche (1865–1943) gelten als Begründer und Theoretiker der nationalsozialistischen Euthanasie – Praxis. Sie plädieren aus juristischer und medizinisch-eugenischer Sicht für die Freigabe der Euthanasie und die Tötung so genannter Ballastexistenzen.

Es gab zwar nie ein offizielles Euthanasiegesetz im NS-Staat, doch es sind nachweislich aufgrund eines geheimen Führerbefehls ca. 60 000–80 000 Menschen in mehr oder weniger geheimen und koordinierten „Sonderaktionen" vergast, vergiftet, erschossen, ausgehungert oder bei medizinischen Versuchen ermordet worden. Als „lebensunwert" wurden v. a. körperlich und geistig behinderte Menschen von den Nationalsozialisten eingestuft. Es fielen aber auch z. B. an Tuberkulose erkrankte Zwangsarbeiter unter die Zwangseuthanasie.

Seit dem Massenmord an angeblich „lebensunwerten" Juden, Sinti und Slawen, seit der Zwangstötung körperlich und geistig kranker Menschen in speziellen Tötungsanstalten im nationalsozialistischen Deutschland schien in Europa die Diskussion um „lebenswertes" oder „lebensunwertes" Leben ein Ende gefunden zu haben. Eine Ideologie der Rassenhygiene und der Selektion von angeblich „lebensunwerten" Menschen schien ein für alle mal geächtet.

Seit all diesen verabscheuungswürdigen Greueltaten wider die Menschlichkeit gilt heute unumstritten: Jede Form erzwungener Euthanasie aufgrund staatlicher Anordnung ist nichts als kalter Mord! Alle internationalen Ärztedeklarationen machen unmissverständlich deutlich, dass Zwangseuthanasie indiskutabel ist und gegen elementare Menschenrechte verstößt. Es gibt kein Land auf der Welt, das Euthanasie als staatlich angeordneten Zwang in seinen Gesetzen anführt.

Seit der Veröffentlichung des Buches „Praktische Ethik" des Sozialphilosophen Peter Singer ist – nicht nur in Deutschland – eine emotionsgeladene Debatte über die „lebensunwert" -Thesen neu entbrannt.

Singer geht davon aus, dass menschliches Leben grundsätzlich nicht heilig ist. Er unterscheidet zunächst zwischen der Gattung Mensch und dem Menschen als Person. Zur Gattung Mensch gehört alles irgendwie Menschliche oder Menschenähnliche. Die bloße Gattungszugehörigkeit ist kein Grund menschliches Leben als wertvoll zu betrachten. Eher schon ist die Person wertvoll, denn sie ist ein Mensch, der selbstbewusst, rational und autonom ist und Wünsche für die Zukunft hat.

Wertlos ist es auf jeden Fall, bloß der Gattung Mensch anzugehören, ohne Person zu sein. Konkret nennt Singer als wertlose Leben: Missgestaltete, kranke Kinder, missgebildete Säuglinge, unheilbar zurückgebliebene dahinvegetierende Menschen. Wer im Elend lebt, wer Schmerzen und keine Aussicht auf Heilung hat. Ein bloß empfindendes, aber nicht rationales und selbstbewusstes Leben gilt nach Singer auch als wertlos.

Als Tötungsmotiv nennt Singer die Beendigung von Leiden. Grundsätzlich sollte nur derjenige getötet werden, der darin einwilligt. Wenn Menschen dazu aber nicht mehr in der Lage sind, „die Wahl zwischen der Fortsetzung ihrer Existenz und ihrer Nicht-Existenz" zu verstehen, ist nach Singer auch unfreiwillige Euthanasie gerechtfertigt.

Den Lebensunwert-Thesen Singers liegen Maßstäbe zugrunde, nach denen sich der Grad des Lebenswertes bemisst: Das Maß des Leids/Glücks, das Maß der Behinderung/Normalität, das Maß des Ich/der geistigen Behinderung; das Maß von Gesundheit/Krankheit, das Maß von Abhängigkeit/Freiheit etc. Derjenige, der nach einem der Maßstäbe als lebensunwert eingestuft wird, muss von seinem Leiden erlöst werden, hat auch unter Umständen kein Mitspracherecht über sein Leben mehr.

Sicherlich gibt es all die schrecklichen Erfahrungen von unerträglichen Schmerzen, von Krankheit, Behinderung und Ausweglosigkeit. Die Diskussion über Singers Thesen werfen wichtige Fragen auf: Was kann ein Leben eigentlich lebenswert machen? Wer entscheidet, ob ein Leben lebenswert ist? Aufgrund welcher Kriterien kann man über den Lebens-Wert eines Lebens entscheiden? Kann man überhaupt objektive, von allen Mitgliedern einer Gesellschaft anerkannte, Kriterien für lebensunwertes Leben finden? Oder sind diese vermeintlichen Kriterien nicht subjektive Urteile und Wertungen?

Eine Unterscheidung von Leben in lebenswert und lebensunwert ist kategorisch abzulehnen, denn sie basiert auf subjektiven Urteilen, verstößt gegen elementare Menschenrechte und moralische Grundprinzipien.

Die staatlich legitimierte Zwangseuthanasie von z. B. unheilbar (geistes-)kranken Menschen ist ethisch und juristisch verwerflich.

Sowohl im Grundgesetz als auch durch internationale (Ärzte-)Deklarationen wird kein Wertunterschied des Lebens gemacht. Es gilt: Das Leben aller Menschen ist in gleichem Maße schützenswert.

Mitmenschliche Sterbehilfe

Auf die verschiedenen Möglichkeiten und die Notwendigkeit einer Begleitung des Sterbenden wurde schon ausführlich in vorangegangenen Kapiteln eingegangen. (siehe Kapt. 5).

Definition

Mitmenschliche Sterbehilfe: Man versteht darunter die psychologische und seelsorgerische Begleitung Sterbender beim Sterbeprozess. Dem todkranken Menschen soll dadurch die unabänderliche, notwendige Loslösung von dieser Welt erleichtert werden. Mitmenschliche Sterbebegleitung kann individuell ganz unterschiedlich geschehen (Dasein, aktives zuhören, Körperkontakt, Gespräche....).

Ethisch: Die Sterbebegleitung ist ein Gebot der Menschlichkeit und der Nächstenliebe, die den Menschen das Angenommensein und ein Sterben in Würde ermöglicht.

Aktive (direkte) Euthanasie

Begriff:
vorsätzliches und unmittelbares Herbeiführen des Todes, z. B. durch giftige Stoffe oder Überdosis von Medikamenten

Bewertung:
juristisch:
verboten, kein Verfügungsrecht über das Leben, (GG)

ethisch/christlich:
Gott allein ist der Herr über das Leben

Indirekte Euthanasie

Begriff:
Beschleunigung des Todeseintritts als Nebenwirkung schmerzstillender Therapie

Bewertung:
juristisch:
in Abwägung der ärztlichen Doppelpflicht – Leben erhalten und Schmerzen lindern – erlaubt

ethisch/christlich:
erlaubt im Sinne einer Güterabwägung

EUTHANASIE

Begriff:
der gute Tod, Erleichterung des Sterbens eines unheilbar kranken Menschen

Passive Euthanasie

Begriff:
Unterlassen von lebenserhaltenden bzw. -verlängernden Maßnahmen bei unheilbare Kranken

Bewertung:
juristisch:
unter bestimmten Bedingungen erlaubt, z. B. Zustimmung des Patienten

ethisch/christlich:
Güterabwägung: Recht des Menschen auf einen würdigen Tod (gegen übertriebene Apparatemedizin)

Mitmenschliche Sterbehilfe

Begriff:
psychologisch-seelsorgerische Begleitung beim Sterbeprozess (siehe Anliegen der Hospizbewegung)

Bewertung:
mitmenschlicher Beistand ist für den Sterbenden eine echte Hilfe – Forderung christlicher Nächstenliebe, der Helfer muss sich selbst die Frage nach seinem Tod stellen

LEBENSUNWERTES LEBEN:

Begriff: Tötung von geistig und körperlich unheilbaren Mensachen. Während des 3. Reiches wurden 75000 Menschen in der „Aktion T4" als lebensunwert deklariert und getötet.

Bewertung: Der Schutz jeden Lebens ist durch das Grundgesetz garantiert. Vor Gott gibt es kein lebensunwertes Leben!

Workshop

In einem Krankenhaus liegt ein 84 Jahre alter Patient. Er befindet sich seit 2 Jahren im Wachkoma. Er hat in einem Patiententestament eindeutig und unzweifelhaft verfügt, dass, wenn er sich einmal in einem solchen Zustand befindet, nicht mehr künstlich ernährt werden und in Würde sterben will. Im Einvernehmen mit den Angehörigen wird die künstliche Ernährung eingestellt und der Patient stirbt.

- Diskutieren Sie diesen Fall. Handelt es sich um aktive oder passive Sterbehilfe? Begründen Sie Ihre Meinung.

1975/76 sorgte der Fall der 21 Jahre alten Karen Quinlan in Amerika für Aufsehen: Sie befand sich aufgrund einer Überdosis Alkohol und Beruhigungsmittel in einem anhaltenden Koma, musste also künstlich ernährt und beatmet werden. Man hatte sie nach einer gewissen Zeit aufgrund eines richterlichen Beschlusses vom Atmungsgerät abgekoppelt. Da geschah etwas Unvorhergesehenes: Karens Atmung setzte spontan ein. Sie lebte noch acht Jahre weiter, bewusstlos und künstlich ernährt. Für einen richterlichen Beschluss, der hätte erwirken können, dass Karen Quinlan nicht mehr künstlich ernährt wird, fanden sich keine Richter mehr.

- Hätten Sie den Beschluss, die künstliche Ernährung einzustellen, erteilt? Begründen Sie Ihre Entscheidung.
- Was sagt dieser Fall über Sterbehilfe aus?
- Überlegen Sie, welche Argumente die Richter bewogen haben könnten Karen Quinlan vom Atmungsgerät abzukoppeln? Führen Sie diese Entscheidungsfindung in einem Rollenspiel (z. B. Gerichtsverhandlung) durch, bei dem Angehörige, Priester, Ärzte und Richter ihre Argumente austauschen.

- Sammeln Sie jeweils mindestens 10 Aspekte, die für Sie ganz persönlich zu lebenswerten und lebensunwerten Leben gehören.
- Inszenieren Sie ein Rollenspiel, in dem zwei Pflegekräfte eines Altenheims, die Angehörigen eines Menschen, dessen Tod kurz bevor steht, davon überzeugen den Sterbenden nicht mehr in ein Krankenhaus einliefern, sondern ihn stattdessen in Würde und Frieden sterben zu lassen.
- Diskutieren Sie in der Gruppe die These: „Der bestmögliche Tod soll zu einer ethischen Maxime erhoben werden". Welche Konsequenzen ergeben sich daraus für Ärzte und Patienten?

8.8 Konfliktfeld Suchtverhalten

Mit zitternden Händen
rasiert der Frisör den Pfarrer.
Als er den geistlichen Herrn
zum dritten Male geschnitten hat,
sagt dieser düster und vorwurfsvoll:

„Das kommt vom Saufen,
mein Lieber!"

„Ja, das stimmt, Hochwürden",
antwortet der Frisör,
„davon wird die Haut so spröde!"

„Leider kann ich die Ursache
Ihrer Krankheit nicht finden",
meint der Internist
zu seinem Patienten,
„aber vielleicht liegt es am Alkohol."

„Na schön", sagt der Patient,
„dann komme ich wieder,
wenn Sie nüchtern sind,
Herr Doktor!"

Die mit dem medizinischen Fortschritt verbundene höhere Lebenserwartung in den Industrieländern lässt im Bereich der Altenpflege nicht nur eine rapide Zunahme an Demenz- sondern ebenso an Suchterkrankungen im höheren Lebensalter beobachten.

Der Umgang mit Suchterkrankten stellt für Altenpfleger/innen eine große Herausforderung dar, denn einerseits fehlt ihnen die fachbezogene Ausbildung dafür, andererseits erhalten sie seitens der betreuenden Hausärzte nur wenig Unterstützung. Ebensowenig gibt es Kliniken, die sich auf Suchtbehandlungen im Alter spezialisiert haben.

Nicht selten sind auch Altenpfleger/innen selbst in hohem Maße suchtgefährdet bzw. -erkrankt.

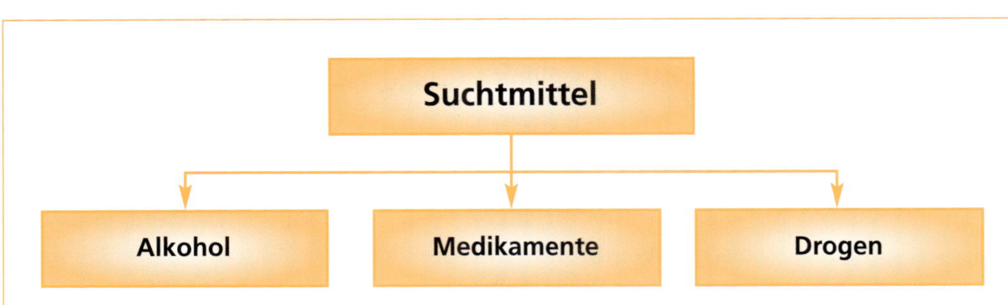

Bei den Suchtmitteln unterscheidet man im weitläufigsten Sinne drei Gruppen: Alkohol, Medikamente und (illegale) Drogen. Mit Rücksicht auf die zu betreuenden Personenkreise in der Altenpflege seien hier nur die Alkohol- und die Medikamentenabhängigkeit genannt, illegale und legale Drogen wie Nikotin und Koffein finden keine Berücksichtigung.

Sucht entstammt dem Wort siechen und steht für krank. Bereits hier wird ersichtlich, dass auch eine Sucht einer Behandlung bedarf und den Betroffenen die gleiche Würde und der selbe Respekt zuteil werden muss, wie andersartig Erkrankten. Doch leider ist der Begriff Sucht immer noch sehr negativ behaftet, weshalb auch die Weltgesundheitsorganisation diesen Begriff durch „Abhängigkeit" ersetzt hat.

Vielfach herrscht die Meinung, Abhängigkeitserkrankte seien selbst schuld an ihrem Schicksal. Sie seien schwach, labil, „hätten ja nur weniger konsumieren brauchen". Doch Alkoholismus oder Medikamentenabhängigkeit entwickeln sich phasenweise und schleichend. Am Anfang stand der „normale" Konsum, der sich über den gelegentlichen Missbrauch zur manifesten Abhängigkeit steigerte. Eine klare Grenze zwischen normalem, missbräuchlichem und abhängigem Suchtmittelkonsum zu ziehen ist unmöglich. Die Übergänge sind fließend.

Abhängigkeitserkrankte stehen unter einem sehr hohen Leidensdruck, der wiederum im psychosomatischen Sinne weitere psychische und physische Erkrankungen neben den bekannten Folgen der Suchtmitteleinnahme nach sich zieht. Etwaige Vorwürfe, Ablehnungen oder Beschimpfungen durch das Pflegepersonal führen hier eher zum Gegenteil, nämlich dem wiederholten Konsum des Suchtmittels.

Aus diesem Teufelskreis zu entrinnen, bedarf großer Anstrengungen seitens der Betroffenen und des therapeutischen Personals. Doch stehen Pflegende häufig allein gelassen vor dem Problem und versuchen, die Abhängigkeit durch die Wegnahme des Suchtmittels einzudämmen, oft mit schlimmen Folgen.

Fallbeispiel

Die Altenpflegerin Ulrike hat Nachtdienst. Auf einem ihrer Kontrollgänge gegen 23:00 Uhr betritt sie das Zimmer von Frau K. Sie findet Frau K. lallend auf dem Fußboden sitzend vor. Auf dem Tisch steht eine halb geleerte Flasche Weinbrand. Mit den Worten „Haben Sie sich wieder besoffen? Ist ja schön", hilft Ulrike Frau K. auf die Beine und führt sie relativ unsanft zum Bett. „Aber ausziehen können Sie sich jetzt selbst", schnauzt Ulrike, greift die Flasche Weinbrand und verlässt das Zimmer. Nachts ist die Bewohnerin noch ruhig und schläft auch noch bei Ulrikes letztem Rundgang um 5:00 Uhr. Der Pfleger Hannes findet Frau K. gegen 7:30 Uhr nicht ansprechbar und krampfend auf der Toilette vor. Der herbeigerufene Notarzt stellt ein Delirium tremens fest.

Aufgaben

1. Wie hätten Sie in dieser Nachtdienst-Situation reagiert? Halten Sie das Verhalten von Ulrike für richtig bzw. haben Sie Verständnis dafür?
2. Welche anderen Handlungsmöglichkeiten hätte Ulrike gehabt?
3. Wie könnte man Frau K. langfristig helfen?

Die Wegnahme eines Suchtmittels in einer akuten Phase einer Abhängigkeitserkrankung ohne entsprechende klinische Überwachung oder Ersatzmedikation ist ethisch gesehen gleichzusetzen mit dem Versagen eines morphinhaltigen Medikaments bei Tumorpatienten mit heftigen Schmerzen. Neben der rein medizinischen Gefährdung plagen den Abhängigen Unruhe, Zittern, Schweißausbrüche u. a. Nicht selten kommt es auch zu Aggressionshandlungen gegenüber dem Pflegepersonal.

Dem Abhängigkeitserkrankten durch die Wegnahme des Suchtmittels zu helfen gelingt also nur unter klinischen Bedingungen und gleichzeitiger psychotherapeutischer Entwöhnung. Oft gestaltet sich dies jedoch als sehr schwierig, da dementielle Prozesse mit der Suchtmitteleinnahme einhergehen können und die Krankheitseinsicht vielmals nicht vorhanden ist. Hier kann man sich unter Umständen mit dem Hausarzt und dem Betroffenen auf eine medizinisch und sozial tolerierbare Erhaltungsdosis verständigen, die im weiteren Verlauf schrittweise reduziert wird. Eine völlige problemlose und dauerhafte Abstinenz, wie sie bei jüngeren Patienten angestrebt wird, ist im Alter eher als Ausnahme zu betrachten.

Fallbeispiel

Frau K. hat sich von ihrem Delirium tremens gut erholt und wohnt wieder in ihrem Zimmer. Einsicht in ihr Alkoholproblem hat sie nicht, da sie sich aufgrund ihrer Gedächtnisstörungen kaum an die Wochen zuvor erinnert. Dennoch ist sie zufrieden, da ihr der Hausarzt drei Gläschen Schnaps am Tag erlaubt hat. Diese holt sie sich nach jeder Mahlzeit beim Pflegepersonal ab. Vorkommnisse wie in jener Nacht mit Ulrike gab es nicht mehr.

Zu berücksichtigen im Umgang mit Abhängigkeitserkrankten im höheren Lebensalter sind folgende Kriterien:

- Biografie und aktuelle Situation
- Dauer der Suchtmitteleinnahme (seit Wochen, Monaten, Jahren?)
- Anlass des Konsums (Isolation, Vereinsamung, Angst?)
- Prognose medizinischer und sozialer Art
- Unterstützungsmöglichkeiten vor Ort
- Lebensqualität des Betroffenen jetzt und in Zukunft

Abhängigkeitskriterien

Es ist weniger die Frage, wie viel an Menge eines Suchtmittels jemand konsumiert, als vielmehr wozu, wann und wie er dies tut. Als abhängig kann ein Mensch bezeichnet werden,

- weil er das Suchtmittel braucht um bestimmte Situationen genießen oder aushalten zu können und
- großes körperliches und/oder psychisches Verlangen danach hat und
- nach wenigen Mengen die Kontrolle verliert und
- bewusst negative Konsequenzen in Kauf nimmt, die durch die Suchtmitteleinnahme entstehen (Familienstreit, finanzielle Schwierigkeiten, Führerscheinverlust, gesundheitliche Folgen etc.).

Zur Bewertung einer Abhängigkeit müssen also mehrere Kriterien zusammentreffen.

Aufgaben

1. Sicher haben Sie im engeren oder weiteren Bekanntenkreis schon von Suchterkrankten, z. B. Alkoholikern, gehört bzw. auch schon praktische Erfahrungen sammeln können. Tauschen Sie sich im Plenum über Ihre Erfahrungen aus.
2. Sammeln Sie an der Tafel Gründe, die zur Einnahme eines Suchtmittels führen können.
3. Erstellen Sie eine Liste möglicher Folgen von Suchtmitteleinnahmen.
4. Erarbeiten Sie in Kleingruppen Strategien, wie Sie Abhängigkeitserkrankten helfen könnten. Präsentieren Sie Ihre Ergebnisse auf Plakaten.

Exkurs: Suchtverhalten am Arbeitsplatz

Wie eingangs erwähnt, stellt die Suchtmitteleinnahme für Altenpflegekräfte selbst ein nicht zu unterschätzendes Problem dar. Nicht umsonst zählen gerade die helfenden Berufe zu den suchtgefährdetsten überhaupt. Viele Ärzte, Polizeibeamte, Pflegekräfte und auch Sozialarbeiter, die mit hohen Idealen ihre Berufsausübung begannen und zusehends enttäuscht wurden oder den hohen beruflichen Anforderungen mit den psychischen Belastungsmomenten nicht gewachsen waren, verfielen dem Alkohol oder Medikamenten. Die Dunkelziffer ist besonders im Gesundheitsbereich hoch.

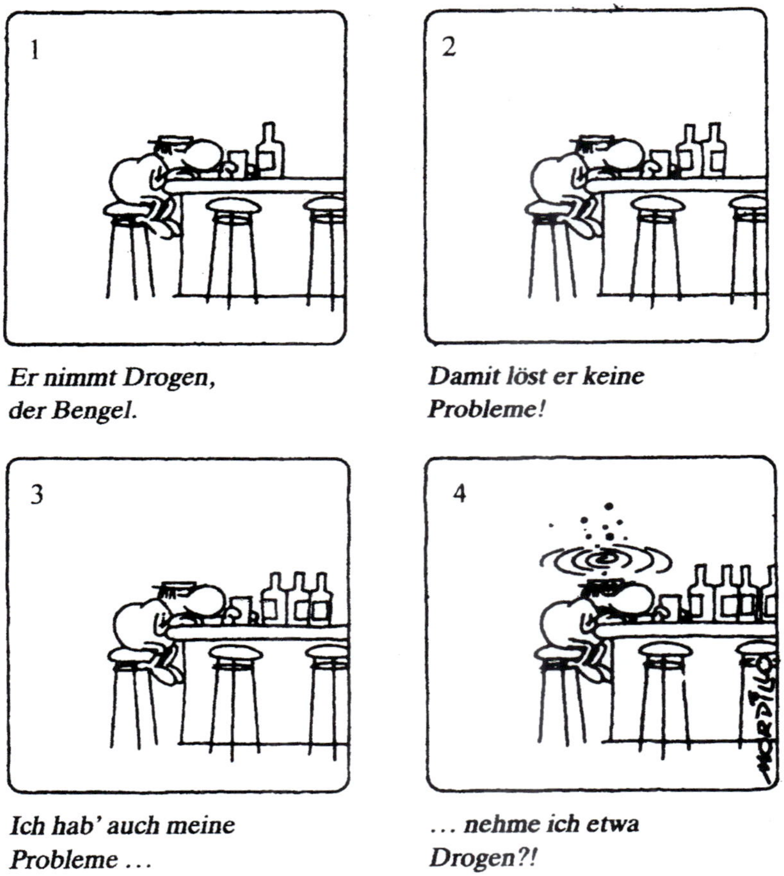

Abhängigkeitsmerkmale im Betrieb – Früherkennungssymptome

Alkoholspezifische Merkmale

- Trinken während der Arbeit: Häufig beobachtetes Trinken von alkoholischen Getränken, erst normal, später verheimlichend
- Alkohol in der Mittagspause: Wenig oder gar nichts essen, dafür Alkoholkonsum, Gaststätte wird der Kantine vorgezogen
- Vermehrte Anwendung von „Atemreinigern": Mundwasser, Pfefferminzbonbons etc. zur Vertuschung der Alkoholfahne
- Schnelles Trinken: Trinken auf einen Zug kann Hinweis auf Spiegeltrinken sein oder zumindest abnormes Trinkverhalten
- Zittern und Schweißausbrüche: Leichtes Zittern der Hände und unerklärliche Schweißausbrüche; erhöhter Kaffeekonsum
- Trunkenheit am Arbeitsplatz: „Fahne", fahrige und unkontrollierte Bewegungen, undeutliche und verwaschene Aussprache, Blackouts, Filmrisse

Betriebs- und umweltspezifische Merkmale

- Häufigeres Fernbleiben vom Arbeitsplatz durch Krankheit, signifikante Erhöhung der Fehlzeiten
- Kurzfristiges Entfernen vom Arbeitsplatz: Häufig beobachtbar, wenn „Nachschub" nötig ist; Vorrat in der Nähe des Arbeitsplatzes versteckt.
- Verlust von Hilfsmitteln und Material: Verursacht durch alkoholbedingten Gedächtnisverlust, fieberhafte Suche
- Übergroße Nervosität: Tritt auf, wenn Betroffener sich beobachtet fühlt, schwankende Arbeitsleistungen
- Verlängerte Pausen: Pausen zum „Nachtanken"; subjektiv empfundener verstärkter Arbeitsstress durch erhöhten Alkoholkonsum
- Niedrige Arbeitsqualität und -quantität: Geringe Arbeitsmenge, konstant nachlassendes Qualitätsniveau
- Meidung von Vorgesetzten: Geht Vorgesetzten aus Angst vor Entdeckung aus dem Weg, zunehmende Isolation Kollegen gegenüber
- Familienprobleme: Häufige Telefonate des Partners, telefonische Krankmeldung durch den Partner

Individuelle Merkmale

- Niedergeschlagenheit am Arbeitsplatz
- Finanzielle Probleme: Gehaltsvorschuss oder Firmenkredit
- Lautes unkontrolliertes Reden: Nach dem Mittagessen Hinweis auf Alkoholkonsum
- Verkrampfte Arbeitsweise: Bemühen um erhöhte Arbeitsgeschwindigkeit, aber Unkonzentriertheit und Gedächtnislücken
- Argwohn: Misstrauen, Skepsis gegenüber Mitarbeitern und Vorgesetzten
- Verneinung und Bagatellisierung: Selbsttäuschung und anfängliches Leugnen, Verharmlosung des Trinkverhaltens

Roland Hallmeier, Leitfaden für Führungskräfte „Alkohol im Betrieb geht jeden an", Bayer. Staatsministerium für Arbeit und Sozialordnung

Die o. g. Merkmale sind Anhaltspunkte, die zur weiteren Beobachtung am Arbeitsplatz sensibilisieren sollen.

Literaturhinweise:

Strecker D.: Die Altenrepublik; 1988

Knobling C.: Konfliktsituationen im Altenheim,1985

Stanjek K. (Hrsg.): Altenpflege konkret – Sozialwissenschaften, 1998

Hoffmann-Gabel B.: Ethik für die Altenhilfe, 1997

Küng, H./Jens, W.: Menschenwürdig sterben, München 1995.

Schneider, R.: Die Suchtfibel, 1998

9 Ethik zwischen Anspruch und Wirklichkeit

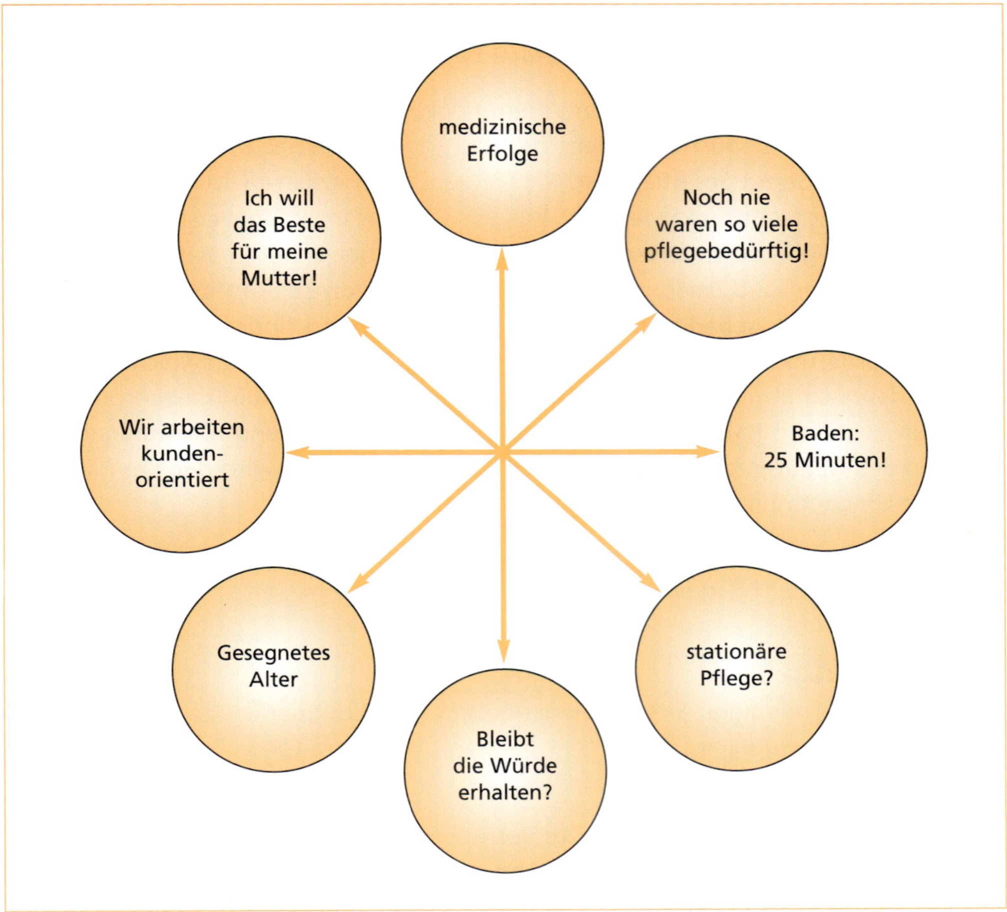

Die Auseinandersetzung mit Ethik in der Altenpflege erfordert auch, dass der Blick auf die Konflikte und Herausforderungen der Mitarbeiter, Angehörigen, Pflegebedürftigen und die Gesamtgesellschaft gerichtet wird. Das Spannungsfeld in der Praxis reicht von vielen gut gemeinten und wohl formulierten Absichten bis hin zu Skandalnachrichten über die Altenpflege. Den Hintergrund bildet immer (oder zumindest meistens) nicht die böse Absicht jemanden zu schädigen, sondern ein Handeln aus ethischer Verantwortung, nach bestem Wissen und Gewissen.

Ethische Vorstellungen sind subjektiv geprägt. D. h. jeder Mensch setzt andere Schwerpunkte und erkennt in der ethischen Verantwortung andere Inhalte. Diese Konfliktsituation ist nicht zu lösen. Es kann lediglich darauf gedrängt werden, dass die Beteiligten in der Altenpflege tatsächlich Verantwortung übernehmen.

9.1 Ethische Verantwortung der Pflegekräfte

Die Situation der Pflegekräfte ist geprägt von einem ständigen Schwanken zwischen unterschiedlichen Anforderungen und Ansprüchen. Die Soziologie verwendet hierfür den Begriff des Rollenkonfliktes. Damit wird deutlich, dass die Mitarbeiter unterschiedliche Rollen erhalten und möglichst alle erfüllen sollen. Dass dies nicht zu erbringen ist, wird in der Praxis sehr schnell deutlich.

Auf der einen Seite wird von den Altenpflegekräften natürlich ein umsorgender Umgang mit pflegebedürftigen Menschen erwartet. Dabei haben sich die Pflegekräfte am neuesten Stand des pflegerischen Könnens zu orientieren. Mit den Schlagworten „ganzheitliche und aktivierende Pflege“ werden im Pflegeversicherungsgesetz die Anforderungen beschrieben. Dagegen steht auf der anderen Seite ein ständiges Ringen um Zeiten und Personal. Bereits die Existenz von Zeitkorridoren, die bei der Einstufung von pflegebedürftigen Menschen Anwendung finden, machen die zeitlichen Anforderungen deutlich. Auch wenn die Zeiten individuell abweichen können, so wird dennoch unmissverständlich klar, dass erwartet wird, die Ganzkörperwäsche in einem zeitlichen Rahmen von ca. 20 Minuten zu tätigen und für Stuhlgang eine Zeit von 3–6 Minuten zur Verfügung steht. Am deutlichsten wird der Konflikt allerdings im Umgang mit dementen, verwirrten alten Menschen.

Es wird zwar erwartet, demente Menschen fachgerecht und menschenwürdig zu pflegen. Von Seiten der Pflegeversicherung ist dafür aber keine Zeit vorgesehen.

Aufgabe

Wie erledigen Sie Angelegenheiten, für die Ihnen keine Zeit zur Verfügung steht?

Neben dem zeitlichen Konflikt gibt es vor allem inhaltliche Konflikte. Viele Pflegekräfte, vor allem diejenigen, die schon länger in diesem Beruf tätig sind, sind geprägt von der versorgenden Pflege. Dabei geht es vor allem um die Versorgung der pflegebedürftigen Menschen, die nach außen sichtbar ist. „Still, satt und sauber“ lautet die Devise. So hat z. B. die tägliche Ganzkörperwäsche Vorrang vor den individuellen Bedürfnissen des Betroffenen. Andererseits werden nach dem ganzheitliche Pflegeverständnis die Wünsche und Bedürfnisse der pflegebedürftigen Person in den Vordergrund gestellt. Der ethische Konflikt bewegt sich zwischen Versorgung, Fürsorge und Förderung bzw. Forderung.

Fallbeispiel

Frau Bauer, 86 Jahre, lebt in einem Altenheim. Aufgrund verschiedener Erkrankungen fällt es ihr schwer alleine zu Essen.

Aufgaben

1. Wie verhält sich eine Pflegekraft entsprechend der versorgenden Pflege?
2. Welche pflegerischen Maßnahmen ergreift eine Pflegekraft entsprechend dem ganzheitlichen Pflegeverständnis?
3. Welche dauerhaften Folgen habe die unterschiedlichen Pflegehandlungen?
4. Sammeln Sie Gründe, die eine versorgende Pflege ethisch rechtfertigen.

Als Pflegekraft ethisch verantwortungsvoll zu handeln bedeutet auch auf die Sorgen und Nöte der Betroffenen einzugehen und Einfühlungsvermögen zu zeigen. Die Grenze wird deutlich, wenn ich als Pflegekraft, aus welchen Gründen auch immer, der pflegebedürftigen Person gegenüber nur Antipathie empfinde. Einfühlungsvermögen kann zwar trainiert aber nicht erzwungen werden. Menschliche Wärme und Nähe zu erzeugen ist ein zwischenmenschlicher Prozess, der sich entwickeln muss. Für diesen Prozess gibt es keine allgemeingültige Gebrauchsanleitung.

Die aufgeführten Spannungsfelder sind nur Auszüge aus der möglichen Fülle von Konflikten, der eine Pflegekraft zwischen Anspruch und Wirklichkeit ausgesetzt ist. Viele dieser Konflikte sind nicht zu lösen.

Um in ethischer Verantwortung handlungsfähig zu bleiben, ist es Aufgabe der Pflegekräfte die Fähigkeit zu entwickeln, die unterschiedlichen Anforderungen zu erkennen, auszuhalten und sich aus der Situation heraus unter Berücksichtigung der Bedürfnisse der Betroffenen immer wieder neu nach bestem Wissen und Gewissen zu entscheiden.

9.2 Ethische Verantwortung der Angehörigen

Der „größte Pflegedienst" in der Bundesrepublik Deutschland sind die Angehörigen. Viele Belastungen werden von den pflegenden Angehörigen in Kauf genommen, um ihren ethischen Anspruch zu erfüllen, nämlich die pflegebedürftigen Eltern, Kinder, Tanten etc. zu pflegen. „Es gehört sich nicht die eigenen Eltern ins Heim abzuschieben". Diese gesellschaftliche Forderung überdeckt häufig eine jahrelange Entfremdung und Konflikte zwischen den Generationen. Viele Angehörige haben aber auch aus eigenem Antrieb den Wunsch ihre pflegebedürftigen Angehörigen selbst zu pflegen. Sie wollen das Beste für ihre Angehörigen. In beiden Fällen kann es zu Problemen kommen, die aufgrund der ethischen Vorstellungen und Forderungen hervorgerufen werden. Überforderung mit der Pflege ist häufig die Folge. Pflegende Angehörige stellen oft ihre eigenen Bedürfnisse und Wünsche sowie die Familie in den Hintergrund. Ihnen fehlt das Wissen über die altersbedingten Krankheiten. Durch die Pflege werden auch jahrelange Tabuzonen überschritten, z. B. haben viele Kinder Schwierigkeiten bei ihren eigenen Eltern Intimpflege zu machen. Der zunehmende körperliche Abbau und geistige Veränderungen der pflegebedürftigen Person erschweren die Pflegesituation.

Wenn sich Angehörige in einer derartigen Situation eingestehen müssen, den Anforderungen der Pflege nicht gewachsen zu sein, wird dies häufig mit dem Gedanken nicht pflegen zu wollen vermischt. Vorwürfe wie „die holt sich doch nur das Pflegegeld" verschärfen den ethischen Konflikt.

Als Besucher in einem Heim sind Angehörige anderen Spannungen ausgesetzt. Unsicherheit besteht häufig im Umgang mit den professionellen Kräften. Wenn die Kommunikation nicht offen und partnerschaftlich verläuft, kommt es sehr leicht zu Konflikten zwischen Pflegekräften und Angehörigen. Durch die institutionelle Pflege werden Entscheidungen im Sinne der Wünsche des Pflegebedürftigen immer schwieriger. Plötzlich reden mehr Personen mit, wenn es darum geht die pflegebedürftige Person optimal zu versorgen. Langjährige Erfahrungen, Vorstellungen und Absprachen z. B. über künstliche Ernährung werden in Frage gestellt. In Konflikte kommen Angehörige eventuell auch durch Überlegungen, die die Kosten-Nutzen-Rechnung betreffen. „Ein Leben lang hat mein Vater gespart. Nun wird in wenigen Jahren sein Lebenswerk verbraucht."

Die ethische Verantwortung der Angehörigen ist emotional geprägt. Durch das verwandtschaftliche Verhältnis und die gemeinsame Lebensgeschichte verläuft die Auseinandersetzung mit Pflegebedürftigkeit auf einer anderen Ebene als bei Pflegekräften. Dabei bedürfen sie der Unterstützung der professionellen Kräfte.

Aufgaben

1. Überdenken Sie ihre eigenen Erfahrungen (soweit vorhanden) mit pflegebedürftigen Angehörigen und schildern Sie diese im Plenum.
2. Überlegen Sie ihre eigene Situation, wenn ihre Eltern, Geschwister etc. pflegebedürftig werden sollten. Welche Konflikte können auftreten?
3. Hätten Sie Probleme ihre Angehörigen in Tabubereichen z. B. im Intimbereich zu pflegen?

9.3 Ethische Verantwortung der Gesellschaft

Aufgaben

1. Diskutieren Sie in Gruppen die ethische Verantwortung der Gesellschaft zwischen Anspruch und Wirklichkeit.
2. Wo hat die Gesellschaft ihre ethische Verantwortung definiert?
3. Wie wird dies in die Realität umgesetzt?

Wie in den vorangegangenen Kapiteln zu erkennen ist, wird die ethische Verantwortung individuell unterschiedlich definiert. So kann das Pflegepersonal andere Schwerpunkte setzten als der Angehörige. Pflegekräfte und Angehörige sind aber Teil der Gesellschaft, die wiederum ihre Werte und Normen und somit die ethische Verantwortung zu definieren versucht. In Art. 1 GG wird der ethische Anspruch unmissverständlich formuliert: „Die Würde des Menschen ist unantastbar".

Richtet man dagegen den Blick auf die Realität, so drängen sich angesichts der politischen Diskussionen u. a. folgende Fragen auf:

- Welchen Stellenwert haben pflegebedürftige Menschen in unserer Gesellschaft?
- Wie viel Geld stellt die Gesellschaft für Pflegebedürftige zur Verfügung?
- Welchen Preis ist uns eine ganzheitliche, aktivierende Pflege tatsächlich wert?

Die ethische Verantwortung bewegt sich zwischen einer menschenwürdigen und allumfassenden Pflege von hilfsbedürftigen Menschen und einem sparsamen bzw. wirtschaftlichen Umgang mit finanziellen Mitteln.

Immer wieder werden Errungenschaften der produzierenden Industrie in der Pflege übernommen, so z. B. Bereiche der Qualitätssicherung. Auch wenn vieles übertragen werden kann, sind die Bereiche gerade in Bezug auf die ethische Verantwortung nicht so einfach vergleichbar.

Die ethische Verantwortung in der Automobilindustrie unterscheidet sich doch wesentlich von der ethischen Verantwortung im Pflegebereich. Wirtschaftliches Arbeiten wird zunehmend unter dem Kosten-Nutzen-Faktor betrachtet. Im produzierenden Bereich ist dies durchaus legitim. Im zwischenmenschlichen, also pflegerischen Bereich dagegen greift die Wirtschaftlichkeitsprüfung unter dem Kosten-Nutzen-Aspekt viel zu kurz bzw. ist nicht möglich, sobald die Ethik mit berücksichtigt wird. Wie soll die Kosten-Nutzen-Rechnung bei der Betreuung einer dementen pflegebedürftigen Person aussehen?

Ethisch verantwortliches Handeln an Menschen kann nicht in Minuten verrechnet werden.

Angesichts der steigenden Zahlen an pflegebedürftigen Menschen wird die gesellschaftliche Verantwortung im Umgang mit alten Menschen sich neuen Herausforderungen stellen müssen. Die gesellschaftliche Diskussion steht am Anfang. Antworten auf die oben gestellten Fragen werden in den kommenden Jahren zeigen, wie es unsere Gesellschaft mit der ethischen Verantwortung gegenüber hilfsbedürftigen Menschen tatsächlich hält.

9.4 Ethisch Handeln zwischen Anspruch und Wirklichkeit

Der ethische Anspruch in der Pflege lautet, so zu handeln, dass in der Pflege die Anliegen aller Beteiligten ernst genommen werden und in der Auseinandersetzung mit den Betroffenen ein positives Handeln ermöglicht wird.

Ethische Vorstellungen sind zumeist subjektiver Natur. Auch die Ethik im pflegerischen Handeln wird in der Praxis individuell unterschiedlich und sehr subjektiv umgesetzt. So wird der Auftrag an die Pflegekräfte, alte Menschen in den Lebensbereichen zu unterstützen, wo sie Hilfe brauchen von verschiedenen Faktoren beeinflusst:

- Wertvorstellungen der Mitarbeiter, Pflegebedürftigen, Angehörigen etc.
- Wirtschaftliche Situation der Pflegebedürftigen bzw. der Gesellschaft
- Wünsche und Bedürfnisse der Betroffenen
- Selbstwertgefühl der beteiligten Personen
- Bewusstmachen der ethischen Verantwortung

Folgende Fragestellungen könnten dazu beitragen, das ethische Bewusstsein von Altenpflegekräften zu schärfen:

- Bereichere ich durch meine Pflege die hilfsbedürftigen Menschen?
- Unterstützt meine Pflege die pflegebedürftigen Menschen in ihren alltäglichen Verrichtungen ohne sie zu entmündigen?
- Nehme ich den Pflegebedürftigen nur die Verrichtungen ab oder fördere und fordere ich Eigenständigkeit?
- Berücksichtige ich als Pflegekraft den Willen und die Bedürfnisse der pflegebedürftigen Menschen? Höre ich den Willen überhaupt an?

Aufgaben

1. Um leichter Anworten zu finden, stellen Sie sich in einer kurzen Übung vor, dass Sie selbst pflegebedürftig sind und von Ihnen selbst gepflegt werden.
2. Wie soll meine Pflege aussehen? Wäre ich als pflegebedürftige Person mit meiner Pflege auch unter ethischen Gesichtspunkten zufrieden?

Stichwortverzeichnis

Bildquellenverzeichnis

Archiv für Kunst und Geschichte, S. 6
BilderBox, S. 112, 133, 150
v. Bodelschwinghsche Anstalten Bethel, S. 83, 118
Bundeszentrale für gesundheitliche Aufklärung, S. 165
Das Rauhe Haus, S. 37, 135
Günther Hißleitner, Diakonie Neuendettelsau, S. 14, 60, 80
Gustav Werner Stiftung zum Bruderhaus, S. 92 (li.)
Kunstsammlung Nordrhein-Westfahlen, S. 24
Cornelia Kurtz, S. 127
Pfrimmer Nutricia, S. 143
Birgit Ratlinger, S. 18, 45, 55, 130
Schädel-Hirnpatienten in Not e.V., S. 143
Carola Wolny-Hubrich, Evangelische Stiftung Volmarstein, S. 78

Leider ist es uns nicht gelungen, zu allen Abbildungen die Inhaber der Bildrechte zu ermitteln. Sollte hiervon jemand betroffen sein, bitten wir ihn, sich zu melden.